スポーツ組織の社会学
― 日本サッカー協会の制度 ―

笠 野 英 弘 著

不昧堂出版

推薦のことば

スポーツからの本格的な組織論へ

　本書は，今日のスポーツ界が求め，求められている組織のあり方を社会学的観点から論じた本格的な研究書である。わが国では，戦前においてすでに日本職業野球連盟というプロ・スポーツ組織が設立されているが，これがその他のアマチュア組織と断絶する中で企業組織に依存するモデルを形成してきたことは，本書と同じ不昧堂出版から1993年に出版された拙著『近代プロ・スポーツの歴史社会学』（現在改訂中）でも指摘しておいた。そこでは，くしくも同年に発足したJリーグを支える日本サッカー協会というプロ組織が，これからのわが国におけるスポーツ組織の重要な制度的モデルとなることを予言したつもりであったが，4半世紀を経てようやく研究レベルで本格的な著書が出版されたという思いである。

　著者の笠野英弘氏は，彼が社会人大学院である筑波大学大学院スポーツ健康システム・マネジメント専攻（修士課程）からその後の同大学院体育科学専攻（博士課程）に在籍中，主指導してきた社会人院生であり，そこで指導した初めての博士号取得者でもある。本書のもとになっている博士論文の原初的な問いは，彼が民間のスポーツイベント会社に勤務していたときに，サッカー協会とは全く関係のないサッカー大会に興じるサッカー愛好者の多さと，そこに隠された彼らの「物足りなさ」が個人的性格とは別に，むしろ社会的に（ここではオーソライズされた組織＝協会との関係において）形成されているのではないか，というものであったように思う。このような「問い」の形成は，自らの社会人経験をいかに研究レベルにおいて文化資本化し，それを「問い」の連続として蓄積できるのかにかかっている。

　その意味で本書は，社会人院生だからこそ到達しえた，スポーツからの本格的な

ii

社会学的スポーツ組織論である。ゆえに，学会関係者はもとよりスポーツを愛好する多くの人々や彼らをスポーツ推進の立場からいかに組織化すべきかを考えなければならないスポーツ関係者等の必読書として，ここに推薦するものである。

　2019年9月

筑波大学教授

日本スポーツ社会学会会長

菊　　幸　一

ま　え　が　き

　近年，暴力・体罰問題，パワハラ問題，補助金・助成金の不正流用，収賄など，スポーツ組織をめぐる様々な問題が噴出している。しかし，それらの諸問題に対するメディアや学術界からの反応は，経営・マネジメント論的視点やコンプライアンス等の法的視点によるスポーツ組織への指摘や提言にとどまっており，スポーツそのものの在り方からスポーツ組織を批評するような，いわばスポーツ組織論的視点からの議論には至っていない。

　そもそも日本におけるスポーツは，学校組織（教育制度）と企業組織（経済制度）を通じて発展してきた歴史があり，教育のためのスポーツや企業（経営）のためのスポーツというような手段的なスポーツとして捉えられる傾向にあった。そのため，スポーツ組織はそのような手段的なスポーツを扱う組織として，教育的な組織論や経営・マネジメント論的な企業組織論の分析枠組みを援用して議論されてきた。

　また，東京2020オリンピック・パラリンピック競技大会に向けてスポーツ組織は競技力向上に注力せざるを得ない状況にあり，教育，経済，政治，社会等々の外在的，手段的価値に応える競技力向上という側面からスポーツ組織の社会的役割が論じられる傾向にある。

　しかし，人間とスポーツの原初的な関係であるスポーツにおける私的な楽しみや自己目的的な価値，すなわち，プレイ性をスポーツの文化的特性とするならば，ポスト2020のスポーツ組織の社会的役割は，むしろこのスポーツの文化的特性が発揮されるような，自己目的的なスポーツを扱うスポーツ組織として論じられる必要があるように思われる。

　そこで本書では，そのようなスポーツ組織を，これまでの主に学校組織（教育制度）と企業組織（経済制度）に依存してきたスポーツ組織（依存型スポーツ組織）に対して，「自立型スポーツ組織」として設定し，理念型モデルとしての「自立型スポーツ組織」が生成する制度的構造と日本サッカー協会が生成する制度的構造とを比較することにより，スポーツ組織が生成する制度的構造の現状と課題を明らかにすることを目的とした。

iv

　また，その結果から，これからのスポーツ組織が生成する制度的構造の改革の方向性について提言を試みた。分析においては，主にガース・ミルズ（1970）による「性格と社会構造」に関連する組織モデルを援用しつつ分析枠組みを設定し，日本サッカー協会の機関誌分析，サッカー愛好者に対するスポーツ行動予測モデルに基づく質問紙法，及びサッカー競技者を対象としたライフヒストリー分析を用いて解釈を行った。

　本書は，このような分析を通して，スポーツそのものを目的とする「スポーツ組織」研究自体が停滞していた現状に対して，その「スポーツ組織」研究の重要性を示し，さらなる本格的なスポーツ組織研究の可能性について論じることを目指したものである。本書で示すスポーツ組織のモデルが，これからのスポーツ組織の在り方を本格的に議論する機会を提供するものとなれば幸いである。

　なお，本書は，2015年2月に筑波大学に提出した博士学位論文「日本サッカー協会が生成する制度的構造に関する研究―スポーツ組織とスポーツ行為者との関係に着目して―」に若干の修正を加えたものである。

　本刊行物は山梨学院大学学術研究業績出版助成金制度の助成を受けたものである。

　2019年9月

笠　野　英　弘

V

目　　　次

推薦のことば…………………………………………………… 菊　　幸一 … i

まえがき……………………………………………………………………………iii

序　章　問題の所在及び研究の目的……………………………………… 1

   1　問題の所在　*1*

     (1)　現代スポーツの特徴：高度化への偏重　*1*

     (2)　高度化への偏重が生起する構造　*5*

     (3)　スポーツ組織の自立と日本サッカー協会　*10*

   2　本研究の目的と意義　*19*

第1章　先行研究の検討………………………………………………………25

   1　スポーツ的社会化論　*25*

   2　スポーツ組織論　*30*

   3　組織論と制度論　*35*

     (1)　組織論　*35*

     (2)　制度論　*41*

     (3)　スポーツにおける制度論　*44*

   4　社会的性格・性格構造　*49*

   5　まとめ　*51*

vi

第2章　分析の枠組みと方法 ………………………………………………55

1　分析の枠組み　*55*

(1)　性格と社会構造　*56*

(2)　新たなスポーツ組織論　*62*

(3)　方法論的論拠　*70*

2　分析の方法　*74*

3　まとめ　*79*

第3章　日本サッカー協会によって形成されてきた制度 ………………85

1　分析の方法　*85*

(1)　機関誌の概要　*85*

(2)　機関誌分析の方法　*90*

2　日本サッカー協会が創りだした制度的特徴　*93*

3　まとめ　*116*

第4章　日本におけるサッカー行為者の社会的性格の問題 ……………119

1　スポーツ行動予測モデルと調査方法　*119*

2　調査結果と考察　*128*

(1)　スポーツ意識の型の6分類による比較　*128*

(2)　スポーツ意識による比較　*130*

(3)　主体的・制御可能要因（スポーツ条件）による比較　*131*

(4)　客観的・制御不能要因，スポーツ行動及び行動意図による比較　*132*

3　まとめ　*135*

vii

第5章　日本サッカー協会とサッカー行為者の社会的性格との関連 ……………139

- ① ライフヒストリー分析の方法　*139*
- ② サッカー行為者が捉えるサッカー制度の特徴　*144*
  - (1) M氏のライフヒストリーとそこから解釈される制度的特徴　*144*
  - (2) S氏のライフヒストリーとそこから解釈される制度的特徴　*166*
- ③ サッカー行為者の社会的性格の特徴と制度的構造との関係　*191*
  - (1) M氏の社会的性格の特徴　*191*
  - (2) S氏の社会的性格の特徴　*194*
- ④ 日本サッカー協会が生成する制度的構造の現状と課題　*197*
- ⑤ 制度を生成する日本サッカー協会　*201*
- ⑥ まとめ　*205*

結章　まとめ，課題と展望 ………………………………………209

- ① 日本サッカー協会が生成する制度的構造と改革の方向性　*209*
- ② 課題と展望　*213*

文　　献 ………………………………………………………218

あとがき ………………………………………………………227

序　章

問題の所在及び研究の目的

① 問題の所在

(1)　現代スポーツの特徴：高度化への偏重

　平成23年（2011年）7月15日，公益財団法人日本体育協会（以下「日本体育協会」と略す）は，前身である大日本体育協会が明治44年（1911年）に創立されてから100年目を迎え，日本のスポーツが100周年であるとしてこれを記念し，「スポーツ宣言日本—二十一世紀におけるスポーツの使命—」[1] を宣言した。この宣言は，大日本体育協会を創立した際に嘉納治五郎が記した趣意書[2] の志を受け継ぎ，新たな100年に向けた日本スポーツ界の志を表明したものである。

　その宣言の中で，「現代社会におけるスポーツは，それ自身が驚異的な発展を遂げたばかりでなく，極めて大きな社会的影響力をもつに至った。今やスポーツは，政治的，経済的，さらに文化的にも，人びとの生き方や暮らし方に重要な影響を与えている。したがって，このスポーツの力を，主体的かつ健全に活用することは，スポーツに携わる人々の新しい責務となっている」と，現代社会に生きる人々の生活にとってスポーツが極めて重要な位置を占めていることを説明している。

　それは，平成10年（1998年）にスポーツ振興投票の実施等に関する法律[3] が制定されたこと（スポーツ振興くじ toto の開始）を皮切りに，平成12年（2000年）のスポーツ振興基本計画[4] の策定，平成14年（2002年）の独立行政法人日本スポーツ振興センター法[5] の制定，平成22年（2010年）のスポーツ立国戦略[6] の策定，平成23年（2011年）のスポーツ基本法[7] の公布・施行，平成24年（2012年）のスポーツ基本計画[8] の策定など，スポーツに関する法律や政策が近年次々と打ち出されている

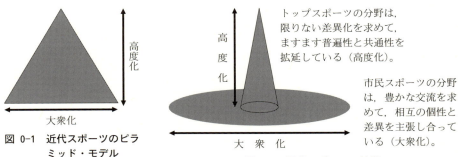

図 0-1　近代スポーツのピラミッド・モデル

図 0-2　現代スポーツの特徴

事実からも明らかである。

　佐伯（2006）は現代スポーツの特徴について，グローバリゼーションと中心化に向かって進展するトップスポーツの分野は限りない差異化を求めて，ますます普遍性と共通性を拡延し（スポーツの高度化），多様化に向けて発展する市民スポーツでは豊かな交流を求めて相互の個性と差異を主張し合っており（スポーツの大衆化），この状況は「高度化」と「大衆化」の2つのベクトルの巨大な力によって，近代スポーツ界の理想的で調和的なモデルとされたいわゆるピラミッド・モデル（図0-1）が崩壊していく状況であるという（図0-2）。また多木（1992, pp. 379-380）は，現代のスポーツは，「特殊に訓練された技能になるか，大衆化して余暇の過ごし方になるか，どちらかの道をたどる」と述べ，松村（1999）は，このような多木の提唱を「スポーツ分解論」と呼ぶ。

　さらに金芳（2004）は，現代のスポーツ実践について，「伝統的なチャンピオンスポーツ以外にも，レジャースポーツ，健康スポーツ，リゾートスポーツ，アドベンチャースポーツなどといった，さまざまな価値観をもったスポーツ形態がつくりあげられ，まさにスポーツの多様化時代を迎えている」という。大衆化を促進する生涯スポーツという概念に基づいて，ニュースポーツと呼ばれる新たなスポーツが次から次へと生み出され，これまでスポーツとしては捉えられていなかったチェスが2006年にドーハで開催された第15回アジア競技大会から正式競技となり，対戦型のコンピューターゲームやビデオゲームをeスポーツ（エレクトロニック・スポーツ）と総称してスポーツ競技として捉えるなど，スポーツの多様化は止まるところを知らない。さらに，従来の自己鍛錬志向の「柔道」とスポーツ・競技志向として

序章　問題の所在及び研究の目的　　**3**

の「JUDO」が近年区別されることがあるように，1つの競技種目でも志向に応じて異なるスポーツとして捉えられることがあり，これを多様化の一側面とみることもできる。このように，現代のスポーツは，高度化，大衆化，多様化という言葉によってその特徴を説明することができる。

　上杉（1984，pp. 194-196）は，高度化，大衆化，多様化の関係について述べており，現代のスポーツ事情は，大衆化（量的側面と質的側面を包括した現象）・高度化という概念によって特徴づけられ，大衆化の質的側面は多様化と呼ぶことができるという。一方スポーツの高度化は，スポーツの技術的層化現象であり，行為目的・行為方法の分化と関連した技術レベルの多様化といえるため，高度化現象は大衆化現象における多様化の一面として捉えることができると述べている。ここで，現代スポーツの大衆化における多様化（質的変化）は，スポーツ人口の増大（量的変化）に伴う現象だと考えられているが，「新たにスポーツを行う可能性をもった人々が，新しい領域・行為目的・行為方法を採用するとは限らない」ことから，「量的変化は質的変化を可能にはするが，量的変化が必然的に質的変化を引き起こすとは断言できない」ことが指摘されている（上杉，1984，p. 195）。

　彼は，人口増大の問題とは別に多様化の問題（現代スポーツはなぜ様々な領域・行為目的・行為方法に分化したのか）があると述べ，その問題を個人の価値意識に因るものとして捉えている。すなわち，「スポーツの多様化は，諸個人がスポーツを行うにあたって多様な価値選択をする結果生じる現象と考えることができる」ことから，「多様化は，一元的な価値意識から多元的な価値意識へという変化を示している」という（上杉，1984，p. 196）。この説明によれば，日本におけるスポーツは多様化が進み，多元的な価値意識へと変化しているとされる。

　しかし，「身体よりも根性・闘志に代表される“精神主義”や，スポーツに熱中するあまり，遊びを忘れた極度の“勝敗主義”」（山口，1988，p. 58）がこれまで日本人のスポーツ観の特徴とされていたという歴史的背景などから，上杉（1984）がいうように高度化を多様化の一面として捉えた場合，様々な志向のスポーツに比べて，高度化志向のスポーツの価値が高いというような価値の序列化が生じていると考えることもできる。

　例えば，大学の運動部活動に所属している正選手と補欠選手を比較すると，正選手の方が就職に際しての便益などの社会的利益を運動部参加の重要な要因にしてい

4

る（山本，1990）。また大学の運動部に所属している部員は，同好会に所属している学生に比べて，実社会に出てからも役に立つというような社会的有用性を求めている（蔵本・菊池，2006）。これらは，少なくともスポーツにかかわる社会においては高度化・競技力向上の価値が高いものとして捉えられていると考えられる。

そして高度化・競技力向上は，オリンピックのメダル獲得数，各スポーツ種目のワールドカップや世界大会のランキングなど，明確な目標設定や評価が容易なことから政策として掲げられ，競技者の活躍は国民に夢と希望，活力を与え，青少年の育成・教育につながるという大義名分のもと，最先端の科学技術や装置を使ったトレーニングの実施などのために，国から多くの予算が投入される[9]。

これはメディアなどによって，トップアスリートが，日本人のスポーツ観の特徴とされてきた精神主義や勝敗主義に関連付けられる，努力，鍛錬，修養，真剣，真面目，一生懸命，向上，練習，速い，高い，強い，といった語彙を用いて美化されるとともに目標や理想とされ，スポーツの高度化・競技力向上の価値が極めて高いものとして人びとに受け入れられているからと考えられる。ひいては，高度化・競技力向上を志向するスポーツこそが正統なスポーツであると捉えられていると考えられるのではないだろうか。さらに図 0-1 のように，大衆化における多様化の一面である高度化のみを取り上げてピラミッド・モデルを示し，これまで近代スポーツの理想的で調和的なモデルとされたことからも高度化重視の傾向を理解することができる。

上杉（1984）が述べるように，高度化が多様化の一面であるとすると，現代スポーツの状況は，高度化のほかにもさまざまな志向のピラミッド・モデルがあると考えられる。その中で高度化のピラミッドが突出した状況が，現代スポーツの特徴として捉えられよう。

一方で，高度化と同じように多様化の側面である楽しみ，ストレス発散，健康維持などを志向する生涯スポーツは，スポーツの高度化の対概念として政策に掲げられはするものの，予算の比較に見られるように，高度化を志向するスポーツに比べて価値が低いものとして位置づけられていると考えられる[10]。このことはスポーツの高度化推進者が，図 0-1 のピラミッド・モデルを用いて，高度化を進めるための「底辺」または「裾野」の拡大として大衆化が必要であると力説することからも窺える[11]。したがって楽しみを求める遊びのスポーツや，健康維持のために行うスポ

ーツなどは，（正統な）高度化のためのスポーツに比べて，その価値が低く考えられる傾向にあると捉えられる。なお本研究では，「高度化」を，競技力向上だけでなく，先に説明した日本人のスポーツ観の特徴である精神主義や勝敗主義に関連付けられる，努力，鍛練，修養，真剣，真面目，一所懸命，向上，練習，速い，高い，強い，といった意味を含み，勝利至上主義にもつながる概念として捉えるものとする。

このような現代スポーツの特徴としての高度化への偏重は，ドロップアウトやセカンドキャリアの問題などの弊害ももたらしている。例えば，「トップアスリートが競争相手よりパフォーマンスを卓越させるために身体の強化へ専心していけばいくほど，逆説的にスポーツキャリアそのものの社会的価値は下がっていくことにつながることになった」（吉田，2008a）というような問題である。

高度化のために「スポーツ界では選手は正に使い捨てされているとも言えよう」（吉田ほか，1999）という指摘も同じ問題である。さらに，2012年大阪市立桜宮高等学校における部活動で指導教師によって暴力を受けた高校生が自殺するという事件や，2013年女子柔道におけるトップアスリートへの指導者による暴力事件をきっかけに大きな問題となった体罰も，高度化への偏重による弊害として考えることができる。

体罰に関する報道事例を分析した伊東（2013）は，指導者が体罰を行う理由の1つとして「競技に勝たせるため」という理由が挙げられるという。体罰・暴力を用いることは，薬物に頼って競技力を向上させようとするドーピングに近い面を持っていると指摘している。これらの問題は高度化への偏重のみにその原因があるものではないが，それが大きな要因の1つであることは否定されるものではないだろう。

⑵　高度化への偏重が生起する構造

前項で述べた様々な問題を生じさせる可能性がある高度化への偏重は，日本において明治期に西欧から移入されたスポーツが，学校という教育機関を通じて普及したことによって生じているものと考えることができる。佐伯（2004，pp. 60-61）は，西欧人教師と学生がともに楽しむものであった当初のスポーツは，次第に学校を代表する学校運動部による対抗戦に発展し，その学校運動部は，対抗戦に勝利するための練習を通じて選手を鍛えるとともに，選手を選抜する公的なスポーツ組織にな

ったという。

　そして学校運動部のキャリアは，中学3年間，高校3年間，大学4年間という年齢によって絶対的に終了し，次第に狭くなるキャリア・ルートであるため，愛好者をふるい落とし減少させるシステムとして機能するのだという。したがって学校運動部は，愛好者のための組織ではなく，選手（競技者）のための組織という特徴をもち，日本のスポーツ組織の基本的なモデルとなった（佐伯，2004，pp.60-61）。この学校運動部以外にはスポーツ組織モデルがなかったため，職場の同好会からスタートした企業スポーツ組織も，その取り組みが活性化すればするほど，学校運動部モデルに近づき，結局，愛好者の不在が特徴・弱点のスポーツ組織になるという。また，教育機関を通じてスポーツが普及したことにより，菊（2013b，pp.111-113）が指摘するように，日本においてはスポーツが教育（体育）の枠内で捉えられ，その教育的効果に公共的意義が認められてきた。

　それはスポーツが，教育を目的として手段化されたものであり，高度化や勝利のために足りないものや欠けているものを補い，克服しなければならないものとして，あるいは勝たなければいけない，上手くならなければいけないものとして捉えられることになる。さらに勝利や高度化が達成できなかった場合でも，努力や鍛錬といった教育の言説によって，その過程は支持あるいは納得されるため，より一層の高度化や勝利至上主義に陥ることもある。このような手段的なスポーツとしての体育概念も相俟って，学校運動部というスポーツ組織モデルが，高度化への偏重をもたらす大きな要因になっていると考えられよう。

　さらに佐伯（2004，pp.62-65）は，全国的なスポーツ組織の発展過程とその特徴にも言及し，その問題点を指摘している。日本のスポーツ全国組織は，愛好者組織を束ねるものとしてではなく，日本を代表する選手を選抜するための競技大会を開催する組織として結成され，発展してきたという。これは日下（1985，1988）によっても指摘されている。したがって日本のスポーツ組織は，選手権をめざし，国際競技で活躍することをめざす選手が学校・企業の運動部を通じて，競技会に参加するために選手登録をすることによってメンバーとなる組織となった（佐伯，2004，p.62）。そして，日本の全国スポーツ組織は，その会員基盤を学校・企業の運動部（の選手・競技者のみ）に依存するという特徴を持つことになったのだという。

　しかし，「学校は教育上のメリットを，企業は経営上のメリットを考えて運動部

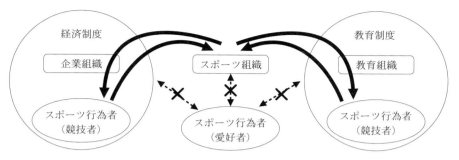

図 0-3 依存型スポーツ組織

を設置しているのであり，両者ともスポーツのためにスポーツ組織を置いているわけではない」（佐伯，2004，p. 62）。日本のスポーツ組織は，スポーツのための組織という自立的な組織基盤を持たず，組織の性格，組織活動，組織運営等を基本的に他の制度や機構に依存するものとなっているという（佐伯，2004，pp. 62-63）。これを「依存型スポーツ組織」と呼ぶことにすると，図 0-3 のように示される。

このようなスポーツ組織が，学校運動部モデルを介してスポーツ行為者との関係を維持する構造では，先に説明したように，学校運動部モデルは優れたもの以外を排除するという特徴を持つため，多くの愛好者を吸収し，統括する術はない（佐伯，2004，p. 64）。

佐伯（2004，pp. 64-65）によれば，その結果，日本のスポーツ体制は，無数の未組織な大衆スポーツと突出したミサイル型の競技者組織との分極化構造を持ち，総体としてのスポーツエネルギーの結集に失敗してきたのだという。これが高度化への偏重が生起する構造として説明されるものと考えられる。すなわちスポーツ組織が，スポーツ行為者の組織化を学校や企業という組織や制度に依存し，自立的基盤を持っていないことが高度化への偏重の大きな要因であると捉えられよう。

なお佐伯（2004，p. 59）は，その構造によって「いたずらに消費されている」愛好者のスポーツエネルギーを，「有機的に関連付け，有効に組織化し，社会的なスポーツパワーに変換する仕組み，それこそがスポーツ体制の役割であり，その存在の意義であるはずである」という。それは図 0-4 のように，選手（競技者）に加えてスポーツ愛好者を，自立的に組織化していくスポーツ組織（これを「自立型スポーツ組織」と呼ぶことにする）が求められていると考えられる。

図 0-4 自立型スポーツ組織

　ここで，佐伯（2004）によって，愛好者を組織化し，社会的なスポーツパワーに変換する必要性が指摘されているが，愛好者にとってそれはどのような意味をもつのだろうか。人びとは合理的な基準ではなく，道徳的な感情（基準）により行為するということを説明したコリンズ（2013）は，集団に所属することの主要な利点の1つは，1人ではできないこと，あるいはしようとも思わないことが，大勢でならできるようになるという感情エネルギーを得られることであるという。スポーツ競技会で，固く団結したチームの一員としてプレーしている選手たちが，普通ではとてもできないと自分でも思うような見事なプレーをやってのけることを，その例として挙げている（コリンズ，2013，p. 60）。

　また，「群衆の一部をなしているとき，人々はまた，道徳的に正しいことをしていると感じがちになる」（コリンズ，2013，p. 60）という。すなわち，「集団の力とは，その集団のエネルギーであり，またその集団の道徳的な影響力である」（コリンズ，2013，p. 65）というように，愛好者を組織化すると，通常1人ではできないような行為ができるように愛好者の感情エネルギーを高め，その行為が道徳的に正しいという自信やその行為の正当性を与えることができると考えられる。それは，そのスポーツ組織（集団）の社会における道徳的な影響力を高めることにもつながると考えられる。

　例えば，高度化に偏重していると捉えられる現代スポーツにおいて，より楽しみを求める遊びとしてのスポーツや，健康維持のために行うスポーツなど，高度化以外を主な目的とする愛好者が組織化されることにより，それらのスポーツ行為は，高度化の価値に劣るものとしてではなく，高度化のためのスポーツと同様に，正し

い（正統な）スポーツとしてその社会に受け止められるようになることが考えられる。しかし、この集団のエネルギーと道徳的力は、きわめて強力であると同時に、危険の可能性をも秘めている（コリンズ、2013、pp. 60-61）ことが指摘されており、それは、スポーツにおいて高度化が道徳的に正しいものとされた場合に、高度化への偏重とそれによる問題を生じさせることになるものと考えられる。これが現代スポーツの状況として捉えられる。したがって、愛好者を組織化するということは、単にスポーツ組織に選手登録をさせることではない。

　例えば、スペインのFCバルセロナというクラブが行っている「ソシオ」と呼ばれる会員制度[12]のような、ゆるやかなかかわりの組織化である。そして、オーストラリア出身のメディア王であるルパート・マードックの有料衛星テレビ局が、イングランドのプレミアリーグのテレビ放送権を独占したことがきっかけで、W杯や五輪等の大衆に人気のあるスポーツ大会を「ただで観る権利」（ユニバーサルアクセス権）が法的に擁護されるようになった（広瀬、2006、p. 40）ように、それは個人的あるいは企業の経済目的のためにスポーツを手段とすることから、純粋なスポーツ愛好心によって支えられる（公共的な）スポーツを守るという力になるものである[13]。

　すなわち本研究でいう愛好者の組織化は、愛好者が外発的に拘束されるのではなく、純粋なスポーツ愛好心という内発的なコントロールによって組織化されることを指している。また、エツィオーニ（1966）は、教会と教会員の関係について、教会員は教会という組織のなかに含むものとして捉えているが、定期的に教会で祈りを捧げるような熱心な教会員から、不定期に教会を訪れるような教会員、あるいは教会には一切行かないが自らを教会員であるとする者などがいるように、本研究における愛好者の組織化も、そのような多様なかかわり方を許容するような組織化として捉えている。したがって公益財団法人日本サッカー協会（以下「日本サッカー協会」と略す）が2014年度からはじめたようなエンジョイプレーヤー登録[14]のようなものもこのような組織化の1つとして捉えられよう。

　以上から高度化への偏重を解消するためには、学校・企業の組織や制度を介さずに、スポーツのための組織や制度を通してスポーツ行為者を組織化する自立的なスポーツ組織が必要になる。自立的なスポーツ組織が、選手（競技者）だけでなく、スポーツ愛好者をも組織化することが求められている。このような自立型スポーツ

10

組織が成立するためには，スポーツ組織が愛好者を含むスポーツ行為者を自立的に組織化していくことができる制度を創出・形成していく必要がある。そのような自立型スポーツ組織が創り出す制度的構造の理念型モデルを，ここでは「自立型スポーツ組織による制度的構造モデル」と呼ぶことにしたい。

⑶　スポーツ組織の自立と日本サッカー協会

近年，先に述べたスポーツ振興基本計画等により，総合型地域スポーツクラブの推進がなされ，学校運動部から地域のスポーツ組織へと，スポーツの場の転換が進められている。これは，スポーツのためのスポーツ組織が，学校運動部という教育組織を介さずにスポーツ行為者を組織化していくものとして捉えられる。また，経済不況による企業スポーツの衰退により，企業運動部という企業組織も介さずに，スポーツ組織がスポーツ行為者を組織化することが求められている。このような状況は，主体的か受動的かは別として，スポーツのための組織や制度を通して，愛好者を含むスポーツ行為者を組織化する「自立型スポーツ組織」の成立が期待されるものである。

なお，「スポーツ組織」とは，「スポーツに関する特定の目標を達成するために，複数の個人及び集団の活動を統制する地位と役割の統一体」であり，スポーツ界において一般的にいわれるスポーツ組織は，「組織体としての各スポーツ集団を統括する権限と義務をもつ上位の組織」であるスポーツ団体を指すという（佐伯，1987，pp. 608-609）。また生沼（1988，p. 43）は，「関係する競技者やクラブ等を結びつけ，それを統括する団体」が狭い意味でのスポーツ組織であるという。

これらの定義から本研究においては，ひとまず，「日本における各スポーツ競技を統括する権限と義務をもつ各スポーツ競技の国内統括団体であるスポーツ競技団体」を「スポーツ組織」とする。例えば，スポーツ競技団体の1つである日本サッカー協会を具体的に示すと，図 0-5 のとおり，評議員会，理事会，常務理事会，裁定委員会，13の専門委員会，2つの大会実施委員会，5つの特別委員会，事務局で構成されている法人を「スポーツ組織」と捉えるものとする。

また，「自立」とは，「他の援助や支配を受けず，自分の力で判断したり身を立てたりすること」（新村編，2008，p. 1426）であるから，自立したスポーツ組織とは，教育組織や企業組織の援助や支配を受けずに，自らの力で身を立てることができる

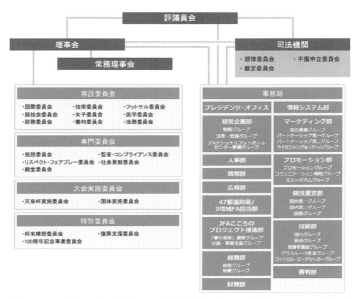

図 0-5　日本サッカー協会組織図（日本サッカー協会ホームページより）

組織ということになる。すなわち，金銭的な自立が大きな条件となる。ただしスポンサー企業や協賛企業などから資金の提供を受けることは，スポーツ組織が自立的に交渉・契約する限りにおいて，援助を受けているものとは捉えない。

　さらに自分の力で判断するということは，「自律」という要素が求められる。「自律」とは，「自分の行為を主体的に規制すること。外部からの支配や制御から脱して，自身の立てた規範に従って行動すること」（新村編，2008，p.1426）である。このような「金銭的な自立」と「自律」を含む「自立」の概念は，まさに，菊（1993）の「純粋な」プロフェッショナルという概念と意味を同じくするものと考えられる。菊（1993）がいう「純粋な」プロフェッショナルの条件とは，スポーツの金銭化と自律性である。

　したがって，自立したスポーツ組織（これは，純粋なプロフェッショナル・スポーツ組織と呼ぶこともできよう）とは，自ら金銭化を成し得る事業（プロ・リーグやトップ・リーグなど）をもち，その統括するスポーツ（種目）を主体的に規制することができる組織であると考えることができる。先の佐伯（2004）の議論を踏ま

えるならば，自ら金銭化を成し得る事業とは，スポーツ組織が行うスポーツのための事業であり，プロ・リーグやトップ・リーグなどはスポーツのためのチーム・クラブ（組織）によって構成されていること，さらに選手（競技者）はスポーツによって金銭を得ることができることが前提になるものとして捉えられる。すなわち佐伯（2004，p. 63）がいう「組織の性格，組織活動，組織運営等を基本的に他の制度や機構に依存」せず，「自立的基盤」を持つスポーツ組織であると考えられよう。

　この自立したスポーツ組織という視点から日本におけるスポーツ組織をみてみたい。自ら金銭化を成し得る事業は，そもそもスポーツ組織は競技大会を開催する組織として発展してきたため，その規模の大小を考慮しなければ，多くのスポーツ組織が観戦料や放映権料によって金銭化できる事業を行っている。しかし競技会の参加者が，スポーツのためのチーム・クラブ（組織）や，スポーツを行うことで金銭を得ることができる選手（競技者）によって構成されているのは，野球とサッカーが代表的なものとして挙げられる。ラグビーのトップ・リーグは，企業が保有する企業チームが参加し，陸上競技の駅伝なども企業チームや大学チームなどが参加する競技会である。

　プロ野球やＪリーグは，株式会社という企業の形態ではあるが，スポーツのためのチーム・クラブであり，所属する選手はスポーツによって金銭を得ている。このような意味で，野球とサッカーが先に定義したような自立したスポーツ組織としての１つの条件を満たしていると考えられる。

　野球における組織は，多くの組織（プロ野球機構，社会人野球連盟，大学野球連盟，高校野球連盟，軟式野球連盟，少年野球連盟等）に分断されており，野球という種目全体を統括する組織は存在していない。したがって野球を主体的に規制する組織がないことになる。

　それに対して，サッカーの場合は，日本サッカー協会が日本におけるサッカーという種目を統括しているものとして捉えられる。また自立したスポーツ組織のもう１つの条件である「その統括するスポーツ（種目）を主体的に規制すること」についても，Ｊリーグ百年構想やJFA2005年宣言などのサッカー関係者主導の理念や規範を示している[15]点で，日本サッカー協会は自立したスポーツ組織の主要な条件を満たしていると考えられる。

　ただし，特に高校サッカーの人気などにみられるように，現在においても学校運

動部に依存している側面として捉えられる点がみられ，完全に自立したスポーツ組織になっているとはいえないことは確かである。

日本サッカー協会は，その目的を，「この法人は，日本サッカー界を統括し代表する団体として，サッカーを通じて豊かなスポーツ文化を創造し，人々の心身の健全な発達と社会の発展に貢献することを目的とする」（日本サッカー協会ホームページから抜粋）と掲げている。同協会は，1993年のJリーグ発足に伴い，日本国内では初めてプロからアマチュアまでのすべてを統括したと言われている[16]。高度化という面の競技レベルにおいては，J1リーグ及びJ2リーグのプロ・リーグをトップとし，日本フットボールリーグ，関東リーグや関西リーグなどの地域リーグ，さらには都道府県リーグ（東京都にあっては1〜4部）まで競技会を充実させており，これらのリーグは相互に関連してピラミッド型を形成している。

そして大衆化という面のサッカー人口においては，2012年度の選手登録者数が95万人を超えるなど，規模が最も大きなスポーツ組織の1つとなっている。さらに奈良（2009）の報告では，日本体育協会及び公益財団法人日本オリンピック委員会に加盟している各競技種目を統括する中央競技団体は2007年8月時点で65団体あり，そのうち収支報告書を確認できた30団体のなかで，日本サッカー協会の収入及び支出が，他の団体に比べて圧倒的に多かったことが示されている。

2012年度の加盟登録チーム数[17]は，28,429チームであり，そのうち小学生年代は8,568チーム，中学生年代は7,207チーム，高校生年代は4,149チームである。中学生年代に注目してみると，全国中学校体育大会競技加盟校[18]は6,954校あり，一般財団法人日本クラブユースサッカー連盟加盟クラブ[19]（U-15）は1,254クラブである。高校生年代に注目すると，全国高等学校体育連盟加盟校[20]は4,175校，一般財団法人日本クラブユースサッカー連盟加盟クラブ（U-18）は107クラブであり，大学の部活動や同好会，地域のクラブチーム，Jリーグクラブのアカデミー等々を考慮すると，「育成機関の多様性が日本サッカーの強み」であると，日本サッカー協会副会長の田嶋（2012）はいう。

2012年度の日本サッカー協会公認指導者資格取得者[21]は，70,685人であり，同協会加盟登録チーム数の28,429チームに対して，公認指導者資格取得者が70,685人であるということは，単純計算でも1チームあたり，2〜3人の公認指導者資格取得者がいるということになる。そして公認指導者資格取得者は，4年以内に40ポイン

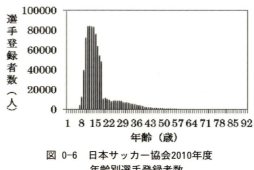

図 0-6　日本サッカー協会2010年度
年齢別選手登録者数

　トのリフレッシュポイントを，日本サッカー協会主催の講習会等に複数回参加するなどして獲得する必要がある[22]。したがって教育組織に属さないクラブチームや公認指導者等を通して，サッカー行為者を主体的に規制し，自身の立てた規範に従って行動させることが，他のスポーツ組織に比べて現実的に可能な状況にあると考えられる。

　しかし，多様な愛好者を組織化することができていないという課題を指摘できる。図0-6は，2010年度年齢別選手登録者数[23]であり，高校卒業時に登録者数が激減していることがわかる。これは，学校運動部に依存している日本におけるスポーツ組織一般についていえることである。鈴木（2006，p. 101）は，スポーツ組織の競技者登録者の同年代の人口に占める割合は，中学生では35.1％，高校生では，29.1％だが，大学生では7.0％，社会人では1.9％と高校卒業時に激減するという。この原因としてまず考えられることは，スポーツを行う者そのものの減少である。

　『体力・スポーツに関する世論調査』（内閣府，2009）によると，この１年間に行った運動・スポーツの日数が週に１日または２日であったスポーツ実施者は，20歳代では20.9％，30歳代では25.4％，40歳代では28.0％，50歳代では35.4％，60歳代では28.2％，70歳以上では26.6％であり，週に３日以上では，20歳代では11.1％，30歳代では14.8％，40歳代では20.4％，50歳代では26.2％，60歳代では46.8％，70歳以上では60.1％となっている。

　また，『スポーツ白書』（笹川スポーツ財団，2011）によると，週３回以上の運動・スポーツ実施者は，４歳から９歳までは70.2％，10歳代では64.6％であるのに対し，

週2回以上では，20歳代は40.6%，30歳代は44.4%，40歳代は44.1%，50歳代は47.2%，60歳代は62.9%となっており，10代から20代になるとその数は大きく減少し，20歳代頃の成人のスポーツ実施率は最も低いことがわかる。確かにこのような事実から，成人のスポーツ実施率が低くなったことがスポーツ組織の競技者登録者減少の原因とみることもできるが，原因はそれだけではないようである。

日本では，日本サッカー協会とは関係のない民間営利企業がサッカー大会を企画及び運営し，日本サッカー協会に競技者登録をしていない多くのサッカー愛好者が参加している。「サッカー」，「草」，「大会」，「アマチュア」などのキーワードを組み合わせてインターネット検索をすると，サッカー大会を企画及び運営する複数の民間営利企業が確認できる。

徳田（2004）によれば，そのなかの1つである株式会社セリエが主催する大会には年間20,000人以上が参加しているという。また澤井（2010）によれば，笹川スポーツ財団のスポーツライフ・データの2次分析の結果，1996年以降，サッカーとフットサルの過去1年間の実施率が明確な増加傾向を示しているにもかかわらず，日本サッカー協会の競技者登録者数は同時期に増えていないという。このことは競技者登録をしないサッカー愛好者の存在を示すものであり，近年急速に普及したフットサルにおいても競技者登録をしていないフットサル愛好者が数多く存在することや，野球においては「草野球」といわれる競技者登録をしていない野球愛好者が，陸上においては競技者登録をしていない「マラソン愛好者」など，その他の種目でも競技者登録をしていないスポーツ愛好者が数多く存在していることは容易に想像できよう。

したがって，高校卒業時におけるスポーツ組織の競技者登録者数の激減は，単にスポーツ実施率が減少することだけが理由ではなく，成人スポーツ愛好者がスポーツ組織に登録をしないことも大きな要因の1つなのである。

日本におけるスポーツ組織は，「公式競技会開催や選手派遣のための代表選考に重点を置」（杉浦，2006，p. 150）いており，これまでは競技者（高度化）のための組織であったといえる。スポーツ愛好者がスポーツ組織に競技者登録をしないことは当然の現象であるといえる。しかし，愛好者の組織化が重要である理由は先に示したとおりである。

これからのスポーツ組織には，「1つの競技に打ち込む競技者モデルから，さま

ざまなスポーツをシーズンに応じて楽しむ一般のスポーツ愛好者を想定した新しい
モデルを提案することがまず必要である」と，杉浦（2006，p.152）も指摘してい
る。さらに鈴木（2006，p.110）も，「競技団体が種目のカテゴリーで国民スポーツ
を支える組織になるためには，役員や審判などの競技大会関係者と競技者のみの組
織から，多様なスポーツ愛好者の組織に変わることが求められる」と，競技者のた
めの組織から多様な愛好者を迎え入れた組織へ変革していくことの必要性を説いて
いる。

　愛好者の側から考えると，スポーツ愛好者は，スポーツ組織に登録をせずともス
ポーツを実施できるし，未登録であっても自由に自立して気軽にスポーツを楽しむ
ことができるという状況を問題視する必要はないともいえる。さらにスポーツ組織
（若しくはその規定やルール）に縛られることを避け，スポーツを楽しむために未
登録となった者を再度登録させようとすることは，矛盾しているという捉え方もで
きる。しかし，日本においては高度化を志向するスポーツこそが正統なスポーツで
あると捉えられているとすれば，スポーツ組織に競技者登録をしていない愛好者は，
正統なスポーツから逸脱したと考えることによる疎外感や，ドロップアウトした者
であると見下されることによって感じる劣等感などを抱くことが予想できる。

　例えば，当時フットサル日本代表だった木暮賢一郎選手は，「『サッカーで駄目だ
からフットサルの代表になったんでしょ』と言われれば，否定はできません。実際
にサッカーではプロになれませんでしたからね」といい，「サッカー選手に認めら
れるフットサル選手になりたい」（朝日新聞，2012b）と述べている。このことは，
サッカーの競技力向上という競争からドロップアウトした劣等感や，サッカー界の
（正統な）高度化路線から外れたという疎外感などを抱いている1例であると考え
られる。

　佐伯（2004）がいうように，愛好者の力を競技者の力と統合して社会的な力にし
ていくことがスポーツ組織の役割かつ存在意義であるとすれば，依然として愛好者
を組織化することができていない点に，日本サッカー協会の課題を指摘できるもの
と考える。すなわち，愛好者を含むスポーツ行為者を，スポーツのための組織や制
度を通して組織化した「自立型スポーツ組織」と捉えられる段階までには至ってい
ないということである。

　中塚（2013）は，各サッカーチームにおける補欠者によるリーグや，競技レベル

が低いサッカー愛好者によるリーグ戦などについて，公認化によって環境は整備されたが，「上に合わせよう」，「きちんとやろう」という意識が強まり，「遊び心（スポーツマインド）」が失われてきたという。これを競技志向で「道」を究める姿が求められるというような「プレイ（遊び）」の否定という日本人のスポーツ観が，まだスポーツ現場では一般的であるためだという。このことが，愛好者を競技者（高度化志向）に変換してしまい，依然として競技者のための組織になってしまっていることを示す1つの例として捉えられる。

　スポーツ（組織）は，「時代と共に変化するスポーツに対する社会的課題や社会的要求に応えねばならない」（佐伯・仲澤，2005，p. 14）という。佐伯（2004，pp. 65-66）や菊（2006）が指摘するように，スポーツ組織は，社会の変動である高齢化社会や環境破壊等による健康不安から必要とされるスポーツを実践していくことが求められている。あるいは高度経済成長に伴う生活水準の向上や自由時間の増大，レジャー欲求の増大などによって，人生を豊かにする可能性をもった，楽しみや生きがいとしてのスポーツの拡大も求められている。これらはスポーツの大衆化の側面であるが，一方で，現代スポーツの高度化への偏重やサッカー日本代表の注目度などを鑑みれば，社会からはより高度化を期待されていると考えられる。

　このような高度化という社会の要求に対して，その高度化への偏重による様々な問題は先に述べたとおりであり，それらの問題の責任はスポーツ組織である日本サッカー協会が負わなければならない。したがって，この高度化の要求に応えつつも，大衆化の側面の要求にも応えていかなければならない。それは，愛好者を含むスポーツ行為者を，スポーツのための組織や制度を通して組織化する「自立型スポーツ組織」として成立することであり，そのような組織の主要な条件を満たしている状況だからこそ，このような議論が「可能」になるものと考えられる。

　以上みてきたように，自立したスポーツ組織の主要な条件を備えている日本サッカー協会が，愛好者を組織化できず，むしろ愛好者を競技者（高度化志向）に変換してしまい，依然として競技者のみを組織化するスポーツ組織になっていると考えられるところに，本研究の問題の所在が示される。

　すなわち，①自ら金銭化を成し得る事業（Ｊリーグというプロ・リーグ）の参加者が，スポーツのためのチーム・クラブ（組織）や，スポーツを行うことで金銭を得ることができる選手（競技者）によって構成されており（金銭的な自立），②そ

の統括するスポーツ（サッカー）を主体的に規制している（自律）という2つの条件を備えていると捉えられる日本サッカー協会（自立したスポーツ組織）が，それらの条件に加えて，③愛好者を組織化（愛好者を含むスポーツ行為者を，スポーツのための組織や制度を通して組織化）しているという条件を加えた「自立型スポーツ組織」にはなっていないというところに本研究の問題の所在がある。

　すべてのスポーツ組織がこの自立型スポーツ組織になる必要があると主張しているのではなく，これまでの学校や企業への依存型スポーツ組織の対抗軸として自立型スポーツ組織が成立することによって，比較対象ができることに意義があると考えている。

　例えば，自立型スポーツ組織が成立することによって，学校や企業との望ましい関係性（依存の仕方）が明らかになるかもしれない。両者の利点や有意性が明らかにされることで，依存型スポーツ組織と自立型スポーツ組織の共存・共生の必要性が示される可能性もある。本研究では，自立型スポーツ組織が成立していく段階について議論するが，いずれは依存型スポーツ組織と自立型スポーツ組織の共存・共生という段階の議論も必要になろう。

　なお佐伯（2004）がいうスポーツ愛好者は，スポーツ実施者に限らず観戦者等も含む概念として捉えられるが，本研究においては，上述した問題関心・問題意識により，スポーツ実施者のうち，特に18歳以降（高校卒業時）にスポーツ組織への競技者登録をしなくなった者を中心に，スポーツ愛好者と呼ぶことにする。

　一般的に「スポーツ愛好者」とは，競技レベルが低い者として捉えられる場合が少なくないが，「愛好」とは「物事を愛し好むこと」（新村編，2008，p.5）と広辞苑で説明されるとおり，競技レベルの高低とは関係がない。競技レベルの差による勝敗や結果よりもスポーツそのもの（スポーツを行う過程）を愛し好む者，すなわち，スポーツを自己目的的に行う者がスポーツ愛好者であり，競技レベルが高い競技者にもスポーツ愛好者は存在する。これは，かつての英国の上流階級が「結果よりも…過程（process）を楽しむ方法を重視」し，「困難な課題を設定して，労働での苦労とは異なる苦労を楽し」（菊，2013a，pp.20-21）んだという近代スポーツの起源とその性格を考えれば，むしろ，高い技術や競技レベルを必要とする，より困難な課題に挑むようなスポーツを自己目的的に行い，それを愛し好んでいる者こそが，真のスポーツ愛好者と呼べるかもしれない。

序章　問題の所在及び研究の目的　**19**

　また，みずから様々な制約をつくり，目的達成までの過程を意図的に長く保つという狩猟の特徴が近代スポーツの主要な要素である（中江，2012，p. 70）ことを考えれば，このようなスポーツを愛好する者は，自律（自立）的であると考えることもできる。ただし，競技者と愛好者を厳密に区分することは困難であることから，本研究での愛好者は，先に定義した高度化という概念を志向する競技者と対比される概念として捉える（健康やストレス解消，交流などを目的とするようなスポーツ行為者は，スポーツそのものを自己目的的に行う者とはいえないかもしれないが，高度化を志向する競技者との対比から，本研究ではスポーツ愛好者として捉える）ものとする。

② 本研究の目的と意義

　次のようにまとめることができる。

　現代スポーツは，その特徴として，高度化への偏重が指摘され，スポーツにおけるドロップアウト・バーンアウト，体罰やドーピングなどの様々な問題を生じさせている。この高度化への偏重が生じるのは，これまでの日本のスポーツ組織が，教育組織・制度（学校運動部）あるいは企業組織・制度を介してスポーツ行為者との関係を維持する構造となっていたためであったことが指摘できる。そして，そこでのスポーツ行為者は専ら高度化志向の選手（競技者）であり，愛好者の不在という特徴をもっていた構造が大きな問題として捉えられる。

　高度化への偏重の解消には，愛好者を含むスポーツ行為者を，スポーツのための組織や制度を通して組織化する「自立型スポーツ組織」が求められることになるが，実際に，日本におけるスポーツ組織は，教育組織や企業組織を介さずにスポーツ行為者を組織化していく方向に向かっているものとして捉えられる。

　そのなかで，日本サッカー協会は，他のスポーツ組織と比較する限り，自立したスポーツ組織の主要な条件を備えた組織になっていると考えられるが，多様な愛好者が排除されているだけでなく，同協会によって，愛好者が競技者（高度化志向）へと変換されてしまうという問題がある。これは，愛好者を愛好者として自立的に組織化していくことができる制度的構造を創出・形成していない状況として捉えら

れ，「自立型スポーツ組織による制度的構造モデル」という理念型モデルに向けた課題として捉えられるものだろう。

　以上から，日本サッカー協会を事例として，わが国のスポーツ組織が潜在的なスポーツ愛好者を組織化する自立的なスポーツ組織として成立するために，スポーツ組織が生成する制度的構造の現状と課題を明らかにすることを目的とする。そして，それを踏まえて，制度的構造の改革の方向性について若干の提言を試みたい。

　次章で詳しく述べるが，スポーツ組織が自立的にスポーツ行為者を組織化するという視点から，スポーツ組織と個人（のスポーツ観や性格特性）との関係を中心に論考する。例えばリーヴァー（1996，pp. 172-174）は，ブラジルのサッカーを事例として，スポーツ組織に所属しているスポーツ行為者の方が，組織に所属せずに，いわゆる遊びとしてスポーツを行う者よりも，そのスポーツのファンとしての関与の度合いが高くなることを示している。

　黒須（1988）は，クラブ育ちのスポーツ行為者と学校運動部育ちのスポーツ行為者の性格等について育成の観点から比較した。その比較によれば，クラブ育ちの選手は，運動部育ちに比べ，「相対的に自己本位的であり，また，タテ意識，伝統主義を軽視し，派手志向であり，手段主義に対して肯定的な傾向」（黒須ほか，1987，p. 126）があるという[24]。これらは組織への所属の有無や，異なる組織・集団におけるスポーツ行為者のスポーツ観や性格が異なることを示唆しているものとして捉えられる。本研究は，これらの延長線上にあり，サッカー行為者のスポーツ観や性格特性が形成される構造を，日本サッカー協会との関係に着目して明らかにしていくものである。すなわち，スポーツ行為者の高度化志向や，競技者登録をしていない愛好者の劣等感や疎外感などは，彼らにもともと備わっていた要素ではなく，社会的に形成されてきたものとして考え，議論していくこととする。

　なお日本のスポーツ組織は学校運動部モデルに依存してきたため，学校運動部を議論から外してスポーツ組織（あるいはスポーツ組織と個人のスポーツ観や性格特性との関係）を論じることは困難であった。しかし，自立的基盤を持つ日本サッカー協会を，直接サッカー行為者のスポーツ観や性格特性を形成し得るものとして捉え，スポーツ組織論として論じるところに本研究の特徴を示すことができるものと考える。

　これからのスポーツ組織が，これまで正しいとされてきた高度化を軸とする制度

的構造を生成するのではなく，高度化による弊害などからその誤りを批評し，多様な愛好者を組織化する制度的構造の生成を想定することにより，問題解決を図っていく必要があると考えている。これから求められるスポーツ組織（＝自立型スポーツ組織）を分析対象とし，そのスポーツ組織が生成する制度的構造の理念型モデルに向けた課題を指摘しようとするものである。これまでに形成してきた制度的構造を，その理念型モデルからみて評価し，その課題を示すことでもある。その課題が生じる構造を示すことで，その構造を主体的に制御して解決する方法（構造改革）に示唆を与えるものとなる点が成果として期待できよう。

　なお，日本サッカー協会を事例とするため，その成果は，あくまでも同協会の特殊性を示すものではある。しかし，他のスポーツ組織が注目する成功モデルの1つになっており，他のスポーツ組織も「自立型スポーツ組織」に向かうことが求められると予想されるため，この成果が日本における他のスポーツ組織にも応用される可能性は高いものと考える。

　さらに学術的な意義も挙げることができる。そもそも日本におけるスポーツ組織論は低調であった（武隈，1995）と同時に，これまでのスポーツ組織論は，主に企業組織を対象として開発された組織論をスポーツ組織に援用してきた（清水，2009）という。したがって，企業としての課題に対するスポーツ「組織」論であり，スポーツの課題を克服するような「スポーツ組織論」は展開されてこなかったといえよう。しかしスポーツ側からの課題である，愛好者の組織化という課題を克服していくための「スポーツ組織」論の展開を試みる。そして，サッカー行為者のスポーツ観や性格特性が形成される制度的構造を，日本サッカー協会との関係から明らかにすることで，スポーツ行為者に対するスポーツ組織の対峙の仕方に示唆を与えるものにもなろう。

　本論文の構成を簡単に述べておく。第1章では，これまでのスポーツ組織論の展開とその問題や限界を指摘する。スポーツ組織とスポーツ行為者との関係を分析する枠組みを構築するため，組織論，制度論，スポーツにおける制度論を検討する。それらから，スポーツを制度として捉えて分析する視点の有用性を示すとともに，その視点を踏まえたうえで，「スポーツ組織論」として議論していくことの意義と可能性を説明する。

　第2章では，第1章での検討を踏まえ分析枠組みを提示する。まず先行研究でも

援用され，制度と個人との関係を説明するうえで有用であると考えられる『性格と社会構造』（ガース・ミルズ，1970）の理論から，新たなスポーツ組織論を提示する。

制度をスポーツ組織とスポーツ行為者の性格構造とを媒介するものとして捉え，日本におけるサッカー行為者の性格構造と日本サッカー協会との，サッカー制度を媒介とした構造的関係を理論的に解釈するとともに，「自立型スポーツ組織による制度的構造モデル」（理念型モデル）を示す。なお『性格と社会構造』（ガース・ミルズ，1970）という方法論の今日における適用妥当性についても述べることとする。

その理念型モデルに基づき，第3章では，日本サッカー協会が愛好者を組織化する自立的なスポーツ組織として成立するための，同協会のサッカー行為者の組織化の方向性の現状を，同協会が創り出している制度的構造の特徴を解釈することで示す。

同様に，第4章では，サッカー行為者が組織化される，あるいは組織化されないことでどのような問題を抱えているのかを明らかにする。

そして第5章では，第2章で示した理念型モデルに基づき，第3章と第4章の結果を踏まえ，「自立型スポーツ組織」に向けた日本サッカー協会とサッカー行為者との構造的関係の現状を解釈するとともに，その課題を示す。

結章では，これまでのまとめから，制度的構造の改革の方向性について若干の提言を試み，本研究の課題と展望を述べて結びとする。

注

1) この宣言（森，2011）は，平成23年7月15日に開催された日本体育協会・日本オリンピック委員会創立100周年記念シンポジウムにて，福島，京都，広島の3地域で実施したシンポジウムの成果を基に，加盟団体とパブリックコメントに寄せられたスポーツ愛好者等の意見を，21世紀におけるスポーツの使命に集約したもので，同シンポジウムにて採択され，日本体育協会・日本オリンピック委員会創立100周年記念事業実行委員会会長の森喜朗が宣言した。
2) この趣意書（嘉納，1911）は，明治44年（1911年）10月7日に嘉納治五郎が記し，体育（スポーツ）の振興と組織体制の整備の必要性について述べている。
3) この法律は，いわゆるサッカーくじ toto に関する事項を定めたものである。
4) この計画（文部省，2000）は，平成12年9月に文部大臣告示として策定され，平成13年度（2001年）〜平成22年度（2010年）の10年計画を示したものである。また，計画策定から5年が経過した時点で，中央教育審議会スポーツ・青少年分科会の意見を踏まえ，平成18年9月に計画を改定している。
5) この法律は，日本におけるスポーツ振興を図る独立行政法人としての日本スポーツ振興セン

ターに関する事項を定めたものである。

6) この戦略（文部科学省，2010）は，文部科学省が，今後の我が国のスポーツ政策の基本的方向性を示すものとして策定した。

7) この法律は，昭和36年（1961年）に制定されたスポーツ振興法が50年ぶりに全部改正されたものである。

8) この計画（文部科学省，2012a）は，文部科学省が，スポーツ基本法の規定に基づき策定したもので，10年間程度を見通した基本方針を定めるとともに，平成24年度から概ね5年間に総合的かつ計画的に取り組む施策を体系化している。

9) スポーツ予算関係資料（文部科学省，2012b）によると，平成24年度のスポーツ関係予算は約238億円であり，その68.2%が競技スポーツ関連予算となっている。

10) 朝日新聞（2012a）では，開催が迫ったロンドン五輪における我が国のメダル至上主義に対する批判を述べた社説の中で，五輪の有望種目を手厚く支援する事業には，3年前から9倍に予算が増えていることを指摘している。また注9）でも示したように，競技スポーツ関連予算はスポーツ関連予算全体の68.2%であるが，生涯スポーツ関連予算は9.6%に止まっている。このような状況に対して，同社説では，国がメダル数を目標に掲げることは，特に世界で競技人口が少ない種目の方がメダル獲得を期待できることから愛好者が少ない競技に国費を注ぎ込み，広く人気があるがメダル獲得が期待できない種目には国費を投入しないという状況を生むこととなり，本末転倒であると指摘している。

11) 柳沢（2012）は，スポーツ立国戦略において，表面上は地域スポーツ振興に軸足をおいたと評価されているが，内実は，地域スポーツが競技力向上の乗り物や草刈り場となっていると痛烈に批判している。

12) FCバルセロナによれば，15歳以上の希望者が会員になるためには，年会費170ユーロを支払う必要があるが，それに対して会員が受け取るのは，写真付きの会員カード，クラブ憲章，ブロンズバッジ，ウェルカムレター，名前入りの会員証のみである。しかし全世界に会員が約14万人もいる（日本商工会議所，2007）という。これは多くの愛好者が，FCバルセロナというクラブを応援したいという純粋なスポーツ愛好心によって組織化されているものとして捉えられよう。

13) この事例は，愛好者が組織化されたことによる成果と断定することはできないが，少なくとも，多くの愛好者の純粋なスポーツ愛好心が結集したことによって，このような権利が主張されるに至ったと捉えることができよう。

14) 松崎（2014）によれば，日本サッカー協会は2014年度から，全国の民間フットサル施設と提携して，施設が主催する大会やイベント情報を閲覧できるような，無料のエンジョイプレーヤー登録をスタートしたという。

15) 「地域に根差したスポーツクラブ」を核としたスポーツ文化の振興活動であるJリーグ百年構想（日本サッカー協会）や2015年までの中期目標と2050年までの長期目標を示したJFA2005年宣言（日本サッカー協会）という理念や規範を示しているだけでなく，国連グローバル・コンパクトへの参加や環境プロジェクト／地球温暖化防止国民運動「チャレンジ25キャンペーン」への参加，JFAこころのプロジェクトやJFAグリーンプロジェクト／ポット苗方式・芝生化モデル事業などの様々な社会貢献活動も行っている（日本サッカー協会）。

16) 産経新聞（2010）には，日本サッカー協会が草の根から代表までを統括しているという記事

が掲載されている。

17) 日本サッカー協会のデータボックスのチーム登録数を参照。

18) 日本サッカー協会では，女子のカテゴリーがあり，中学生年代の登録数は男子のみのチーム数であると考えられるため，全国中学校体育大会競技加盟校数（公益財団法人日本中学校体育連盟）についても，男子の加盟校数のみとした。

19) 一般財団法人日本クラブユースサッカー連盟の連盟概要を参照。

20) 18) と同様，全国高等学校体育連盟加盟校数（公益財団法人全国高等学校体育連盟）についても，男子の加盟校数のみとした。

21) 日本サッカー協会のデータボックスの指導者登録数を参照。

22) 日本サッカー協会のJFA公認指導者ライセンスの公認指導者登録制度を参照。

23) 図 0-6 は2011年 6 月24日に日本サッカー協会から提供されたデータをもとに筆者がグラフ化した。

24) この結果はコリンズ（2013，pp. 60-61）が指摘する危険の 1 つの例として捉えられる。すなわち，クラブという集団のエネルギーと道徳的力が，必ずしも社会的には良しとされないような道徳を選手に正しいものとして捉えさせてしまう可能性もあるということである。

第1章

先行研究の検討

　愛好者を組織化するスポーツ組織を検討するには，スポーツ組織とスポーツ行為者との関係を分析する視点が必要である。その分析視点は，スポーツ組織側からスポーツ組織研究としてアプローチする方法と，スポーツ行為者側からスポーツ的社会化研究としてアプローチする方法が考えられる。本研究では，前者のアプローチを採用して分析を試みるが，後者のアプローチの課題を示すことでその根拠としたい。また，前者のスポーツ組織研究を概観してみると，組織論の検討の必要性が示される。そして，その組織論の検討からは，組織に類似した概念としての制度論を踏まえて，スポーツにおける制度論が本研究に役立ちうる分析視点を与えるものとして導かれる。

　したがって本章では，まずスポーツ的社会化研究として，スポーツ行為者側からスポーツ組織との関係を分析する課題を示す。そしてスポーツ組織研究，組織論及び制度論，さらにスポーツにおける制度論を検討し，本研究の分析枠組み構築のための材料としたい。

1 スポーツ的社会化論

　スポーツ的社会化研究は，特に1970年代から80年代にかけて数多くの研究成果が発表され，山口・池田（1987）及び山本（1987）がその研究動向や課題について詳細にレビューしている。また，吉田（2008b，pp. 19-22）もセカンドキャリア問題を捉える視角として，スポーツ的社会化論についての先行研究文献の総覧を作成している。スポーツ的社会化研究の方法は大きく2分され，1つは，ケニヨン・マクファーソン（1988）によって提示された社会的役割・社会システム論的アプローチ

であり，スポーツへの社会化（スポーツ活動に参与するようになるのはどのような社会的諸条件によるのか）の理論的枠組みであるといわれている。

そしてもう1つは，ロイ・インガム（1988）が先駆的な立場をとる方法であり，スポーツによる社会化（スポーツ活動に参与することで，どのような人間形成がなされるか）というスポーツを独立変数とする方法である。しかしこれら2つの方法は，具体的な問題になると重なり合い，区別が難しい状況となるため，どちらにより力点をおくかということで区別されるという（影山ほか，1984）。スポーツ的社会化研究では，例えば，嘉戸ほか（1984）は，これまでの研究の多くは，現在の人々のスポーツ実施程度やスポーツへの態度，意識等に関するものが多いと批判している。そして，誕生から成人に至る各ライフステージにおけるスポーツに関する社会的状況や社会化エージェントの影響の度合いが相互連関して，人々のスポーツ関与の質と量が決められるという仮説に基づき，直接的スポーツ関与に関する調査研究を行っている。

また小椋ほか（1984）は，スポーツに対する人々の態度（価値意識）は，社会の一般的価値体系を反映しているといわれているため，文化体系により異なり，歴史的にも変化がみられると考えた。そして質問紙調査により，環境要因がスポーツ以外の一般的価値志向を規定し，その一般的価値志向がスポーツにおける価値志向を規定しているという仮説を導いた。しかしスポーツ的社会化研究は，文化の受動的な側面が強調されているとの批判から，主体的側面を主張する研究が見られるようになる。岡田・山本（1983）は，社会化の担い手である Social Agent と社会化される個人である Socializee の相互作用の観点から，Socializee の主体性の理論的包摂について考察した。

吉田（1990）も，スポーツ的社会化研究に対する同様の批判的認識から，主体的自我論という理論を持ち出し，主体性を失わないスポーツ行為者について検討した。そこでは，「主体性」を「交渉性と個性を前提要件とし，自己の置かれた社会的状況に応じて，自律的に適切な行為を顕現していくことを可能とする性能」（吉田，1990，p. 114）と考え，「主体性とは個人と社会との相互規定的関係（個人の主体的・積極的側面と拘束的・受身的側面）をも相即的に内包している概念」（吉田，1990，p. 115）として捉えている。

このような研究動向について，吉田（1992）は，初期のスポーツ的社会化論は，

当時の規範的パラダイムと評されていたパーソンズに代表される構造機能主義による受身的社会化論であったが，解釈的パラダイムと称される社会学理論（シンボリック相互作用論，現象学的社会学，エスノメソドロジー等）に触発され，個人を主体的に捉えようとする主体的社会化論が台頭するようになってきたという。

そして彼は，スポーツにおける主体性に関する議論は，スポーツ的社会化論の展開上からのみ必要なのではなく，今日のスポーツ状況（政治的権力や市場の論理等が浸透することによりスポーツの自律性が失われていく危険性が大きい状況）からも強く要請されるとし，ミードの理論を援用してスポーツにおける主体的行為の概念図式として図 1-1のような理論的枠組みを提示している（吉田，1992）。この理論的枠組みは，スポーツ役割期待とスポーツ役割観念が一致しない問題的状況において，スポーツ役割期待やスポーツ役割観念が変容する可能性があることを示してい

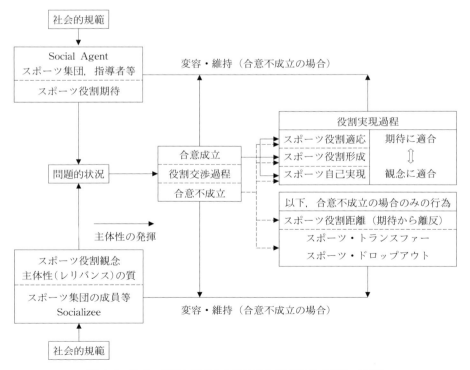

図 1-1　スポーツにおける主体的行為の概念図式（吉田，1992）

る。すなわちスポーツ役割期待を客観的なスポーツの価値とし，スポーツ役割観念をスポーツ行為者という主体が持つスポーツに対する価値意識とするならば，そのような問題的状況においてスポーツが持つ価値とスポーツ行為者のスポーツに対する価値意識が一致していく（ズレが縮まる）可能性があることを示唆している。

そして，このようなスポーツ的社会化論という理論的枠組みの中で，スポーツ選手のドロップアウト，バーンアウト，リタイア，キャリア形成・セカンドキャリア等に関する研究が，例えば海老原（1991），山本ほか（1999a，1999b），吉田（2006），吉田・松尾（1992），吉田ほか（1998，1999）などによって数多く進められてきている。

ここで，Social Agent の1つとしてスポーツ組織を取り上げ，Socializee をスポーツ行為者とするならば，スポーツ組織とスポーツ行為者との関係を分析する枠組みを示すことができるものと考えられる。しかしこの枠組みでは，Social Agent はスポーツ組織という1つのものを指すのではなく，様々な社会化の担い手を指し，それらの影響が統合されたものをスポーツ役割期待として想定している。そのため，Social Agent の1つであるスポーツ組織とスポーツ行為者との関係を分析する枠組みとしてはさらなる検討が必要である。

また，この図式を含めたスポーツ的社会化研究は，Social Agent あるいは重要な他者として，指導者，学校の先生，親，友人等を取り上げて分析し，その議論がスポーツ組織にまで及ぶことはほとんどない。さらにこの図式は，社会的規範やスポーツ役割期待などの社会的要因が明示されているものの，あくまでもスポーツ行為者の主体性の発揮という，個人のなかの変容を中心に分析する枠組みとなっている。

すなわちこの主体的社会化論では，Socializee が社会的なものであるとしながらも，その中心的議論は個人の問題として捉えるに止まっているように思われる。しかし影山ほか（1984，p. 13）は，「本当の参与研究や社会化研究は，…体制変革のための中核となる科学であり，またそうでなければならない」と述べており，これは，スポーツ的社会化論は個人の問題を中心として捉えるのではなく，Social Agent の側を変革していく視点の必要性を指摘しているものといえよう。したがって，ここにスポーツ的社会化論の限界が示され，ゆえに本研究は，その成果の先にスポーツ行為者の価値意識等に影響を及ぼすスポーツ組織の構造的な変革を視野に入れて

いるため，スポーツ組織側からのスポーツ組織研究としてのアプローチを試みるのである。

なおスポーツ行為者の性格特性等を対象とした研究は，心理学の立場から動機づけの問題としても扱われてきた（伊藤，2007）。そして，他者の承認や賞罰による動機づけを外発的動機とし，運動やスポーツそれ自体の魅力やおもしろさによる動機づけを内発的動機として2つに分類し，内発的動機づけが好ましいものとしている。しかし心理学では，内発的動機づけはアプリオリに好ましいものとされており，なぜそれが好ましいものなのかということを説明することは難しいだろう。それは内発的動機づけにしても，外発的動機づけにしても，それらは社会的同意が必要だからである。すなわち，個人の価値意識は社会的同意から形成されるものであり，個人内部のみで価値を考える心理学的アプローチには限界があるといえる。それは，中込（2007，p. 4）が，「…社会の変化は，人間にとっての存在基盤である身体あるいは身体運動に対して新たな意味をさらに付与していくに違いない。そして運動・スポーツの心理学研究は，人間の『生き方』とさらに深いつながりをもちながら展開されていくだろう」と指摘していることからも，社会との関係を検討する必要性が理解できる。

また，動機づけの問題は個人の問題として捉えられ，個人それぞれの動機に対する処方箋を組織や指導者に期待することになるが，スポーツにかかわるすべての人の動機を把握してオーダーメードの施策を考えることは現実的には難しい。スポーツ行為者の内面を扱うセカンドキャリア問題において，「スポーツ心理学は，…スポーツ界のアスリートの育成の在り方という構造的問題に位置づけて論じられることはなく，その方策自体もアスリート個人に対する対症療法を示唆するに留まっている」（吉田，2008b，p. 30）と指摘されるように，スポーツ行為者の性格特性等は社会的な関係を含めて解明される必要がある。

社会心理学的な視点から動機について検討したミルズ（1971）は，動機は，個人の「内部に」固着した要素ではなく，社会的行為者たちによって行動の解釈が進められていくための条件なのであると述べ，行為者による，このような動機の帰属づけと言語的表現とは，社会現象として説明されなければならないのであって，人々が行為に対して与えるさまざまな理由の違いは，それ自体，理由なくして生じたのではないという。これらのことから，スポーツ的社会化論，あるいはスポーツ心理

30

学からのアプローチの課題が指摘できよう。

② スポーツ組織論

　武隈（1995）が述べるように，そもそも日本におけるスポーツ組織[1]の研究は極めて低調であった。その理由は，「スポーツ組織を実証的に分析するための概念的枠組みが準備されてこなかったことだけによるのではなく，研究対象として大方の関心を集めてこなかったことによるものと考えられる」（武隈，1995，p. 66）。彼によれば，その理由の前者については，「組織研究そのものを学問の成立基盤とするいわゆる『組織論』が，主に企業をフィールドとして発展し，そのため競技団体のように一般にボランティアによって活動が維持され，しかも共通の職場空間を持たないような非営利組織の分析に耐えうるような枠組みを提示してこなかったことが指摘できる」という。

　また後者については，「一部を除いて日本のスポーツ組織が組織としての体裁を整えたのが欧米に比べて遅れ，主に戦後以降であり，それ故，研究上固有の認識対象として意識されてこなかったことと関係している」（武隈，1995，p. 66）という。そして，その低調なスポーツ組織研究をレビューし，歴史社会学的な研究，経営組織論的研究，地域スポーツの組織に関する研究に分類している。また金（1997）も，スポーツ組織の研究は極めて少ない状況にあるといい，これまでのスポーツ組織研究を大きく分類すると，スポーツの組織化に関する研究とスポーツの組織体（全体構造，構成員，組織と組織との関係）に関する研究になるという。

　歴史社会学的な研究，あるいはスポーツの組織化に関する研究としては，日下（1985，1988）や菊（1993）の研究が挙げられる。日下（1985，1988）は，外来文化としてのスポーツが日本に移入されてから全国的な組織体が形成されるまでの発展の過程を検討した。菊（1993）は，プロ野球組織を中心にその成立過程を分析した。また佐伯（1987，pp. 608-613）の日本のスポーツ組織に関する記述や宮内（1988）の日本的スポーツ組織の歴史的・社会的性格についての記述などもスポーツの組織化に関する研究として捉えられる。

　これらの研究からは，組織の成立過程からみた日本のスポーツ組織の特徴が明ら

かにされており，いずれも本研究で対象とする成立後のスポーツ組織を分析したものではない。ただし日下（1985, 1988）や菊（1993）の研究は，それぞれの時期・時代のスポーツに関するイデオロギーを，スポーツの組織化・制度化の程度との関係から論じており，高度化志向というイデオロギーとスポーツ組織との関係を論じる本研究の分析枠組みに示唆を与えるものである。この点については追って，スポーツにおける制度論の検討を行う際に述べることにする。

　経営組織論的研究は，特に日本においては1993年のJリーグ発足や，1998年に成立した特定非営利活動促進法（NPO法）などにより，近年増加傾向にあると思われる。それはスポーツ組織がスポーツをビジネスとするような，いわゆる「企業」に似た組織として近年進展してきたことにより，先に述べた武隈（1995, p. 66）の「主に企業をフィールドとして発展」してきた組織論がスポーツ組織に適用できるようになったことが1つの要因として考えられよう。例えば大野（2004）は，日本のプロスポーツビジネスの経営戦略をテーマにプロ・スポーツ組織とステイクホルダーとの関係を分析した。

　また大野（2007）は，プロスポーツクラブのマーケティング戦略の対象としてのファンについて分析した。松橋・金子（2007）は，Jリーグのクラブを事例としてそれらの地域活動の実態とその成果を示すことで，スポーツ組織の地域コミュニティ戦略を検討した。これらの研究は，スポーツ組織と人との関係の議論を含んではいるが，本研究で議論したいスポーツ行為者とスポーツ組織との関係は議論されていない。一方で中西（2007）や坂口・菊池（1998）は，スポーツ組織が提供するサービスとそれを受容するスポーツ行為者との関係を論じた企業経営組織論的な研究を行っている。

　しかし既に述べたように，本研究は黒須ほか（1987）と黒須（1988）の研究のように，スポーツ組織によってスポーツ行為者の価値観や考え方，性格に差異が生じてくるというテーマの延長線上にあり，スポーツ組織とスポーツ行為者との関係を，企業（会社）と消費者（顧客）との関係として捉えているこれらの研究とは議論の視点が異なっている。

　地域スポーツの組織に関する研究としては，吉田（1996）が，地域スポーツクラブが量的に拡充してきた1980年代の中頃から，クラブの質を焦点とした問題が提起されるようになったと指摘し，地域スポーツクラブの質的課題を再考している[2]。

また飯田ほか（1997）は，異業種組織との複数の関係に着目した組織間関係論の視点から，地域スポーツクラブ構造の形成・維持形態を分析した。武隈（1995）は，これらの地域スポーツの組織に関する研究を歴史社会学的な研究と経営組織論的研究から区別しているが，上述したように，経営組織論的研究は近年増加し，そのなかでNPO法人総合型地域スポーツクラブの問題などが盛んに議論されており，地域スポーツの組織に関する研究は，経営組織論的研究の1つとして位置づけられる状況になっていると考えられる。

しかし武隈（1995，p.70）がいうように，「研究対象の多くが地域のスポーツ組織という，構造化や標準化が十分に進展していない組織を対象としている」ため，本研究で対象としている日本サッカー協会のような，いわゆる「中央競技団体の事例研究が行われていない」（赤岡，2009，p.56）ことが指摘される。実際に，体育経営学研究（第1〜4巻）と体育・スポーツ経営学研究（第5〜26巻）には，中央競技団体を研究対象の中心とした論文は，樫山ほか（2006）の「山鹿市ハンドボール協会の普及方策」という実践報告以外には見当たらない。厳密にいえば，山鹿市ハンドボール協会は地方競技団体であり，中央競技団体ではない。このほかに中央競技団体を対象とした研究では，稲福・粟木（2012），久木留（2011），松島（2010），田原（2012）が国際競技力向上を目的としたシステムや活動について論じている。

また清水（2009）や澤井（2007）は中央競技団体の構成員の特徴や雇用の実態を明らかにしている。そして赤岡（2009）や渡邉・永田（2009）は，中央競技団体のマネジメントの特徴，組織構造，事業，組織間関係について示しており，これらは金（1997）の分類では，スポーツの組織体に関する研究といえる。

しかし，これらの中央競技団体を対象とした研究のいずれも，トップアスリートや組織の構成員とは異なる一般的なスポーツ行為者という本研究の対象との関係までは論じていない。なお一般的なスポーツ行為者とは，「一般に，中学や高校の学校運動部員になることに始まり，公式競技会に出場するために競技団体に登録し会員となる。その後，大学や企業の運動部へ進めば，そのまま半自動的に競技者登録を通じて会員となっている。役員や審判などの競技団体における特定役割の取得がない場合には，競技者役割の終わりがそのまま脱会を意味する。つまり会員としての権利・義務の自覚を持たないまま会員になり，脱会しているのである」（鈴木，2006，p.110）と説明されるようなスポーツ行為者を指す。

第 1 章　先行研究の検討　**33**

　ここで地域スポーツの組織や中央競技団体をその対象として含む経営組織論的研究は，いずれも一般的な組織論をベースとした枠組みにスポーツ（組織）を援用してスポーツ組織論としてきた（いわゆる「組織論におけるスポーツ組織」）といえる。このことは，スポーツ組織の経営組織論的研究について，清水（2009，p. 2）が「企業組織（その多くは製造業）を対象として開発された，一般組織理論の概念（例えば，組織構造，組織文化，パワー，リーダーシップ等）や枠組み・モデル（官僚制組織論[3]，コンティンジェンシー理論[4]，組織文化論，組織間関係論等）等の理論用具を借用し，その適用可能性を検証するという方法でスポーツ組織の固有性を描こうとしてきた」ということからも明らかである。

　経営という言葉は，「企業の経済活動をイメージする人が多い」ため，「スポーツ経営はスポーツを手段にした企業活動と受け止められる傾向がある」（八代，2002，p. 10）が，それでは，「企業経営学以外に体育・スポーツ経営学は存在意義を持たない」（清水，2002，p. 19）という。清水（2002，p. 36）は，「体育・スポーツ経営とは，体育・スポーツ経営組織が，人々のスポーツ行動の成立・維持・発展をめざして，体育・スポーツ事業を合理的・効率的に営むことである」としている。

　そして宇土（1991）は，「スポーツ経営学の核となる関心はスポーツ事業にあることは言うまでもない」が，「スポーツの楽しみや喜びの深まり，生活スポーツに向かう機能など，スポーツそれ自体が最も機能するような活動内容やそのための施設作り，指導者の活動等を創造する活動」（宇土，1992）に関する議論が不十分であると指摘している。そして，「スポーツ活動の質を高めるために，スポーツの特性やプレーヤー・観戦者の特性を生かし，スポーツルールやスポーツを構成する要素を創造・調整する活動やその過程」（宇土，1992）と定義されるスポーツプロデュースという概念を示した。この概念は宇土（1993）が指摘するように，もともとは「見るスポーツ」を中心にプロデュースのあり方を問題にしてきたが，その後，「行うスポーツ」を加えながら検討している。本研究は日本サッカー協会というスポーツ組織を，八代（2002）や清水（2002）が指摘するように，スポーツを手段として企業経営をするのではなく，スポーツそれ自体を目的とした経営をするスポーツ組織として捉えている。この点で本研究は，経営組織論的研究の課題にも通じる議論が期待できると考えられる。

　なお企業組織と比較してスポーツ組織の問題を明らかにするという従来のスポー

ツ組織論では，スポーツ組織を（スポーツを手段とする）企業組織に近付けていくような解決方法が示され，純粋にスポーツにかかわることを自己目的化しているスポーツ愛好者の欲求を組織化するスポーツ組織やそのための構造変革という方向性・方法を示すことができない。ここに，従来のスポーツ組織論の限界が指摘されると考えられる。

　また清水（2009，pp. 3-4）は，機械をメタファーとした組織論を第1世代の組織論（古典的管理論や官僚制組織論），有機体というシステムをメタファーにした組織論を第2世代の組織論（人間関係論，近代組織論，コンティンジェンシー理論）とし，いずれもバーナード（1968）の組織定義（意識的に調整された2人以上の人々の活動または諸力の体系）を典型とするような，組織を「役割の体系」として捉え，「組織の構成員の主意性や主観性を排除した機能主義的立場に立つ」としている。

　しかし文化（社会組織の創発特性）をメタファーとし，組織を「意味の体系」としてみる第3世代の組織論においては，組織の成員の認識に見られる主意性や主観性を重視し，「行為」の解釈に着目する（清水，2009，p. 4）という。彼はこれを組織パラダイムの転換，すなわち，「仕事の組織」に対して「人間の組織」と見る立場への転換といい，「人間から組織を見る」という組織研究の原点回帰である（清水，2009，p. 4）と述べている。そしてこの視点は，「スポーツ行為者との関係からスポーツ組織を見る」という本研究の視点と同じであると考えられる。

　しかし清水（2009，p. 4）は，第3世代の組織論で重視する「人」を「経営や組織における行為者」，「組織の構成員」というように，組織体の内部でそれを構成する「人」と規定しており，本研究で対象とするスポーツ行為者とは，対象を異にしている。スポーツ行為者は，スポーツ組織への登録の有無によらず，スポーツ組織に従事する事務員等とは異なり，「経営や組織における行為者」と定義することはできないだろう。したがって組織の内部の構成員から，より広範なところに位置する「人」，すなわち，スポーツ組織が創りだすスポーツ制度内外の「人」を対象とした新たなスポーツ組織論が求められることになる。なおここでは，スポーツ制度を，スポーツ組織が創った制度での役割様式に従っている人びとである登録者が属している制度のことを指すこととし，未登録者は，スポーツ組織が創った制度での役割様式には従っていないという意味でスポーツ制度外の「人」と捉えるものとする。

　以上，スポーツ組織に関する先行研究の検討から，次のことがいえよう。

第1に，スポーツ組織研究は低調であったものの，スポーツ組織論は，主に経営組織論的研究において，企業組織論を援用して議論されてきたと考えられる。

第2に，その経営組織論的研究においては，スポーツ組織はスポーツを手段として企業経営をするのではなく，スポーツそれ自体を目的とした経営をするスポーツ組織として捉えて論じる必要性が指摘されている。すなわち，これまでのスポーツ組織論では，スポーツ組織を企業組織に近付けていくような解決方法が示され，本研究のような，スポーツ愛好者の欲求を組織化するスポーツ組織やそのための構造変革という方向性・方法を示すことができない点にその限界が指摘されよう。

第3に，これまでのスポーツ組織研究は，一般のスポーツ行為者とスポーツ組織との関係を論じた研究はほとんどなかったが，これからのスポーツ組織論は，「人間から組織を見る」という組織研究の原点の視点が必要であり，その「人間」を，組織の構成員から一般のスポーツ行為者にまで範囲を広げて論じることができるスポーツ組織論の必要性が指摘される。

したがって，次に「人間から組織を見る」という組織研究の原点といわれている視点について，組織論の先行研究を検討する必要があると思われる。なお，組織論の検討と同時に，組織に類似した概念としての制度論についても言及しておきたい。

③ 組織論と制度論

(1) 組織論

高瀬（1991, pp. 98-99）によれば，複数の行為者がおり，その間に持続的な相互行為ならびに社会関係が成立していて，それぞれがお互いに，共通の集まりに所属しているという意識を共有している場合，それは集団といい，さらにその集団が，何らかの目標をもち，その目標の達成のために調整されている場合を，組織という。また，梅澤（1988）は，集団における「地位と役割の分化」が明確にされ（構造化され），その構造化が徹底し，規模が大きくなった集団が組織であるという。

渡辺（2007, p. 1）によれば，「組織とは，全体社会の中で，特定のタイプの目標を達成するために組織された社会システムである」というパーソンズの定義が最も

簡潔な定義であるとしている。また彼は，アルドリッチの組織定義は，「目標に志向し，境界を維持する，社会的に構成された活動システム」（渡辺，2007，p. 3）であり，スコットは，「組織を社会構造，参加者，目標，技術，環境という5つの要素から」定義している（渡辺，2007，p. 4）という。このように，「組織の概念はひじょうに多義的であり，なお確定したものではない」（佐伯，1987，p. 608）ことから，それぞれの時代や分析視点によって，組織の定義が変化するといえる。なお清水（2009，p. 4）によれば，「近代組織論の始祖バーナード」の組織定義である，「二人以上の人々の意識的に調整された活動や諸力の体系」（バーナード，1968，p. 76）が，「今日でも最も有名な…組織定義」であるという。

　小林（1988）は，「社会学の基礎理論として，あるいは社会学の特殊部門の中に取り込まれて取り扱われてきた」組織研究は，「社会学以外に，経済学・政治学・行政学・心理学・社会福祉学などの諸分野においても，組織研究が積極的に行われており，組織現象に関する学際的・総合的研究も推進されてきている」という。そして，塩原（1980）は，社会学における組織研究について，社会学の学問的伝統の中に，組織論の発展に寄与しうる親和的なパースペクティブがあり，それらは，①集団類型論，②官僚制論，③社会再組織論，④集合行動論であると述べている。

　①集団類型論については，集団類型論が社会学の中で戦略的な拠点として重視されてきたという側面が組織論の発展に寄与してきたということである。これは社会学入門書や教科書的な著書の中で，「組織」は「集団」とセットで説明されていることからも確認できよう。集団の類型は，「テンニースの『ゲマインシャフト』と『ゲゼルシャフト』，クーリーの『第1次集団』，マッキーヴァーの『コミュニティ』と『アソシエーション』などが有名で」（高瀬，1991，p. 101）あり，現実の組織現象を類型複合体として理解し，いかなる複合化の論理をそこに読み込むかが組織理論の核心になるという（塩原，1980，p. 9）。

　②官僚制論の側面とは，社会学の組織研究がウェーバーの官僚制論を起点としており，官僚制研究が現代組織論の最重要な構成部分をなすに至ったという（塩原，1980，p. 10）。

　③社会再組織論は，「第一級の社会学者はつねに彼の生きた時代の課題を＜組織問題＞として受け止め，なんらかの提言をしてき」（塩原，1980，p. 10）ており，「社会学はふるくから巨視的なレヴェルで組織連関分析を取り上げてきた」（塩原，

1980, p. 10) ことが組織論に影響を与えてきたという。

④集合行動論については,「社会学の集合行動論が, 社会制度の解体と形成というコンテクストの中で, 未組織状態から組織状態への移行に関心を寄せてきたことが」(塩原, 1980, p. 10) 組織論の展開に対する寄与となっているという。

そして彼は, 社会学における組織研究を, 組織分析(1つの組織に焦点をおく), 組織連関分析(2つの組織の間の関係, 3つ以上の組織の諸関係のネットワーク全体, 全体組織ないし上位組織と部分組織ないし下部組織との包摂や分裂, といった諸現象を扱う), 組織化分析(制度解体の未組織状態から制度再形成の組織状態に至るプロセスを扱うナチュラル・ヒストリー論や動員過程を扱う動員論)の3つの研究領域に分類してその動向と課題を述べている。これらの組織研究が, 先に清水(2009)の指摘として示したように, 機械をメタファーとした組織論(古典的管理論や官僚制組織論)や有機体というシステムをメタファーにした組織論(人間関係論, 近代組織論, コンティンジェンシー理論)を展開し, 近年多くのスポーツ組織研究に援用されている「組織の構成員の主意性や主観性を排除した機能主義的立場に立つ」(傍点は筆者)組織論になっている。

先に述べたように, 組織の定義や扱われる学問分野は様々であり, 社会学においてだけでも, 組織分析, 組織連関分析, 組織化分析のそれぞれが「すでに広大な研究領域をなしている」(塩原, 1980, p. 16)。そこで,「人間から組織を見る」という組織研究の原点といわれている視点に絞って, 関連する先行研究として, 初期の組織論を展開したエツィオーニ(1967)の『現代組織論』を主に取り上げ, 関連する文献も踏まえながら検討する。

エツィオーニ(1967, pp. 3-5)は, 組織とは,「特定の目的を求めるため, とくに構成され, また再構成された社会単位(または人間集合)である」と定義し, それは,「企業, 軍隊, 学校, 病院, 教会, および刑務所などがそうであるが, 部族, 階級, 種族的集団, 友人集団, および家族などはのぞかれる」という。そして, 合理性を求める組織の要求と幸福を求める人間の希望との関係を『現代組織論』の中心的な論点としている。すなわち, これは, 人間(の幸福)から組織をみているともいえる。

彼は組織論において, 経営についての古典学派である科学的管理論と, その反動としてうまれた人間関係論を踏まえ, それらを結合した構造論的アプローチの重要

性を説明している。科学的管理論では、「最も能率的な組織は生産性と労働者の賃金の双方を極大化するから、同時に、最も満足的な組織である」（エツィオーニ、1967, p. 60）と考えられた。したがって、「合理性を求める組織の要求と幸福を求める人間の希望との関係には、なんらの基本的な矛盾または解決できないディレンマはない」（エツィオーニ、1967, pp. 59-60）とされていた。そして、経済市場に関する完全競争（合理的状態）の下では、組織目的と労働者の要求とのあいだの均衡は自然に成立するものと考えられた。

　他方、人間関係論では、理想的な状態を努力してつくらなければ、両者の均衡は成立しないとされた。すなわち、「労働者は、その経済的要求のみをみたす、冷たい、フォーマルな、『合理的』組織のなかでは幸福ではない」（エツィオーニ、1967, p. 60）として、インフォーマルな組織の重要性を示した。したがって、「組織を十分合理的なものにするということは、特別の努力によって労働者の幸福を増加させる」（エツィオーニ、1967, p. 60）ことが必要であると考えられた。なお、「エルトン・メヨー（Elton Mayo）がこの学派の父と一般に考えられて」（エツィオーニ、1967, p. 49）おり、ホーソン研究は有名である。

　ここで科学的管理論と人間関係論は、均衡に至るまでの内容は異なるが、両者ともに、組織目的と労働者の要求とのあいだの完全な均衡をめざすものに違いはなかった。しかし構造論では、「組織のディレンマ、すなわち組織の要求と個人の要求、合理性と非合理性、規律と自主性、フォーマルな関係とインフォーマルな関係、経営者と労働者、より一般的にいえば地位と部門とのあいだの」（エツィオーニ、1967, p. 62）緊張は、少なくすることはできても、とり除くことはできないものとして考えられた。それは、「主として経営者が労働者を働かせようとすることが、労働者にとっては基本的にいって疎外的になるからである」（エツィオーニ、1967, p. 63）という。エツィオーニ（1967, p. 63）によれば、構造論は、労働をより楽しいものにさせる方法はあるが、絶対的な意味において満足できるものにする方法はないという見方を受け入れるものであるという。そしてその考え方に基づいて、当時の労働者の不満の原因を検討している。

　この不満とは、アメリカのブルー・カラー労働者の約80％が自分の仕事に満足していないと答えるというようなものであり、それは、工場労働者は生産手段もその労働の生産物もともに所有していないために自己の労働から疎外されている、とい

うことに起因するものと考えられた。この意味で,「疎外」という概念が労働者の不満の原因を分析するのに役立つという。

このように,エツィオーニ（1967）は,著書『現代組織論』において,人間の幸福と組織との関係を分析しており,先に指摘された「組織研究の原点」といわれる「人間から組織を見る」という議論を展開している。またエツィオーニ（1966, pp. 3-4）は,著書『組織の社会学的分析』のなかで,「本研究は,構造的側面と動機的側面とを結びつけながら研究するものである。構造的という意味は,組織における権力の種類と分布とを問題にするという意味であり,動機的という意味は,各行為者が組織（自己にたいして権力を行使している単位としての組織）にたいして寄せるさまざまの程度の忠誠を問題にするという意味である。かかる結びつきに反映されたかぎりでの社会体系とパーソナリティ体系とを明らかにすることは,組織分析に不可欠な一要素であると思われる」と述べており,まさに初期の組織研究は組織と人間との関係を分析するものであったといえよう。

その分析視点から,当時の労働者の不満を「疎外」という概念から検討したのだが,さらにエツィオーニ（1967, p. 174）は,当時のアメリカにおける組織と人間との関係について,下記のとおり指摘している。

現代民主社会,とくにアメリカにおける趨勢は,参加者に対する組織の要求と参加者の個人的・組織外的な必要とのあいだに,新しい均衡をみいだそうとする方向にむかっている。そしてデイヴィッド・リースマン（David Riesman）およびウィリアム・ホワイト（William h. Whyte）が指摘しているように,傾向としては,組織の要求のほうが軽視される――まだ重視されてはいるが――ようになっている。すなわち,管理者たちは仕事を以前ほど家にもって帰らないし,若いものは,とくに昇進がより大きな努力とより高い危険を必要とするばあい,組織内で移動することよりも平穏のほうを選び,労働者はより高い賃金ではなくより短い労働時間に関心をもっているのである。

ここで示されているホワイト（1959a, 1959b）は,その著書『オーガニゼーション・マン』において,「宗教的な信仰にも似て,全人的に組織に献身する新しい人間類型」（岡部・藤永, 1959, p. 4）を描き,まさに「組織と人間」との関係を論じた。そのような新しい人間類型であるオーガニゼーション・マンが組織に「忠誠を誓う」のは,個人に対する集団の優越性という思想,集団への帰属の願望,人間科

学の信仰によって組織と個人との相克のすべてが解決されるという妄想の3つに代表される「集団の倫理といわれる独特のイデオロギーに導かれるためにほかならない」（岡部・藤永，1959，p. 4）という。そしてホワイト（1959a, p. 336）は，その集団の倫理に対して，「個人をして自己を尊重せしめよう」と主張した。

ホワイト（1959a, pp. 55-56）は，中世紀は，合理的あるいは科学的な側面では悪かった時代だと思われているが，農奴も貴族も，彼らの「まわりのちっぽけな世界は，要求すると同時に保護をもはかってくれる」という「帰属性」が存在し，「人々は本拠をもっていた」という。しかし，「現代は，自分自身が疎外されている時代であると，幹部はわが身を嘆くのである」（ホワイト，1959a, p. 267）というように，ここでも，「疎外」あるいは「帰属」という概念が組織（集団）と個人との関係を論じるうえで重要なものとして捉えられている。

またリースマン（1964）が著した『孤独な群衆』は，文化とパーソナリティとの関係について，「全体的にいえば，伝統指向から内部指向を経て，他人指向型に到る歴史的変化を論じた」（リースマン，1964，p. viii）ものである。また，「原則的にどのような社会でも見られるような適合の様式」（リースマン，1964，p. viii）である「適応型」，「自律型」，「アノミー」の問題も論じている。ここでは，これらの議論に立ち入るのではなく，その（分析）視点，すなわち制度と社会的性格との関係に注目したい。リースマン（1964，p. viii）は，「われわれが考えているのは自己の充実を求める人間とかれの参加している諸制度，ないしはかれが疎外されていると感じている諸制度との間には大きな緊張関係が存在しているのではないかと考える」という。そして，「社会心理学的な発展は，つねに諸制度を媒介にして行われているもの」（リースマン，1964，p. xxii）であると述べ，「社会的性格」という概念を用いて「19世紀のアメリカの基調をなしたひとつの社会的性格が，まったくべつな社会的性格にだんだんと置きかえられてきている事情を」（リースマン，1964，p. 3）問題にしている。ここでは組織と個人というようりも，「制度」と「社会的性格」との関係が論じられているといえよう。

以上から，エツィオーニ（1967）の『現代組織論』や『組織の社会学的分析』（エツィオーニ，1966），ホワイト（1959a, 1959b）の『オーガニゼーション・マン』などの初期の組織論は，組織と個人（の不満や不安などの心理的側面，あるいは，イデオロギー）との関係を分析し，「疎外」や「帰属」などの概念を用いて議論して

いたといえる。そして，リースマン（1964）にみられるように，「制度」と「社会的性格」という枠組みのなかでも，疎外や帰属という概念からそれらの関係が論じられていた。ここで，２つのことを明確にしておく必要が生じるだろう。その１つは「組織」と「制度」との関係あるいは定義を，もう１つは，「個人」と「社会的性格」との関係を明確にすることである。前者について，エツィオーニ（1967，p. 4-5）は，「組織という言葉に類似した言葉は多い」といい，次のように述べている。

　　制度（institution）という言葉もあるが，これは，ときにはある種の組織類型をさすのに用いられる。このばあい，たとえば「GMは１つの制度である」というように畏敬的な用法もあるし，逆に「彼は制度のなかにいる」というように，まったく軽蔑的な用法もある。またときには，制度という言葉は以上の意味とはまったく異なった現象をさす。すなわち，それは結婚とか所有などのような行動を，文化的に規定する規範的原理をさすのである。この述語が，フォーマルな組織や官僚制と比べていっそう混乱をひきおこしているのは，このようなあいいれない２通りの用い方があるためであろう。

　そして，「結局，組織という簡単な言葉をつかうことに」（エツィオーニ，1967，p. 5）したという。しかし，これだけでは「組織」と「制度」との関係や定義は曖昧なままであるといえよう。したがって，ここでは，この「組織」と「制度」との関係の議論をもう少し深めるため，組織の定義を詳細に検討した盛山（1995）の制度論をみていくことにする。なお，後者の「個人」と「社会的性格」との関係については，制度論の議論をした後に検討する。

⑵　制度論

　盛山（1995）は，「制度とは何か」を探求した著書『制度論の構図』において，「組織」について言及している。まず彼は，組織論がこれまで「組織とは何か」という根源的な問いに答えてきたことはなかったと述べ，「現代組織論の出発点をなすとも言えるH. A. サイモンの『経営行動』とJ. マーチとH. A. サイモンの『組織』のいずれの書物においても」，その問いをたてていないという（盛山，1995，p. 17）。サイモンとマーチの組織論は，「組織における人々の協働が決して機械的に調達されるのではなく，成員に対する誘因の構造に依存していることを論じた」ものであり，「エツィオーニの組織論の焦点も『服従』という協働への参加がいかなる機制

のもとで調達されるかという問題であった」といい，「協働にしても服従にしても，組織成員の行為に関わる問題であり，いかにして彼らの行為が組織の目的達成にとって機能的な形で成されるかを問題にしたものである」と述べている（盛山，1995，p. 17）。

　そして，盛山（1995，p. 18-26）は，「組織とは何か」という問いには，

①　組織の成員とは誰のことか

②　組織の目標とは何か

という2つの問題がかかわっていると述べ，「この2つの問題に答えることは不可能である」という。成員の範囲に関しては，企業であれば，株主，資本家，経営者，従業員，消費者，取引先企業などが考えられるし，大学であれば教員，研究員，職員，非常勤講師，教官秘書，教授会メンバー，食堂料理人などが考えられ，成員と成員外とを分ける明確な基準は存在しないという。

　したがって，「組織を同定するのにその成員の同定を出発点とすることが一般的には不可能であり，むしろ本末転倒している」と述べる。なぜなら，「組織は成員によって同定されるのではなく，むしろそれを構成する諸ルールによって同定される」ためであると主張する。

　また組織目標に関しても，「市場モデルにおける企業は，『利潤最大化』を目標にしていると仮定されるが，これはあくまでモデル上の設定であって，現実の企業の行動がそのようなものとしては理解できないことはよく知られている。現代の多くの組織は，自らを成立させるルールの中に，その設立目的を明記している。会社の定款，会則，憲法，あるいは○○公団設置法などである。…これらの明記された目的はたぶんに精神的・理念的なものであって，組織の実際の諸活動と必ずしも直接には関係していない，という問題がある」。また，「組織の成員が共通に抱いている目標を組織目標だとする」と，それは，上述した成員の範囲を確定することができないという問題が生じ，組織目標を確定することはできない。

　さらに，かりに成員の範囲が確定できたとしても，「成員が組織の目標だと考えていることと，成員が組織を通じて達成したいと考えている自己目標」とは必ずしも一致しない。これらのことを踏まえ，秩序や規範，ルールなどの検討を経て，盛山（1995，pp. 214-220）は，再度，組織の概念について論じ，これらの組織に関する問題に対して答えを示している。そこでは，「行為者自身が自らをとりまく世界

について抱いている了解の内容」（盛山，1995，p. 179）を「一次理論」と呼ぶことにすると，「組織の目標とは，一次理論のレベルにおいて人びと（必ずしも成員だけではない）の間で『組織目標』として信じ込まれている内容」（盛山，1995，p. 216）であり，「組織の成員」も，「一次理論的に組織の視点から定義される」（佐藤，1996，p. 462）という。

　すなわち組織とは，「人々が実際に行為しているものとしての協働の体系ではなく，理念的に考えられた，そして一次理論による意味解釈を賦与された協働の体系」（盛山，1995，p. 218）であると定義している。そして佐藤（1996，p. 462）は，「ここで重要なことは，信じ込まれている内容は一次理論という意味で主観的であるだけでなく，同時に『客観的』な現実を構成し，人々の行為を統御する，ということである」という。これは組織と個人との関係について説明しているものとして捉えられる。すなわち，理念的な意味の体系として定義された組織が個人の行為に影響を及ぼすものであるということが示唆される。

　一方で彼は，制度を「理念的な実在であって，基本的には意味および意味づけの体系」（盛山，1995，p. 221）という「意味の体系」に加えて，「行為の体系」と「モノの体系」を含めた総合体として考えている。それは，「意味はそれ自体としては目に見えず，触れることもできずただ単に思念されるのみである」（盛山，1995，p. 222）ため，制度を具体化する「制度的な行為」と「モノの体系」を含めた総合体を制度として考える方が良いという。これは，「社会の機能的諸側面ないし諸機能システムにおける人々の確定した行動様式の体系化」（佐藤，1993，p. 863）という社会学辞典で述べられているような一般的な制度の定義とは異なることがわかる。佐藤（1996，p. 463）がいうように，制度の本質は理念的実在（意味の体系）であり，行為の体系とモノの体系が制度を具体化するものであるというのが盛山（1995）の論述である。

　そして，「社会的秩序とはどんなものであれ，制度という人為的構成物によって生成されたそれ自体制度的な存在である。国家や組織のみならず，社会や共同体さえもが，制度的にのみ概念化されうる存在なのである」（盛山，1995，p. iv）と述べられているように，組織は上述した制度としてのみ説明できるものだという。

　以上の考え方に基づけば，組織と個人との関係についての議論は，制度と個人との関係についての議論に置き換えることができる。そこで，組織あるいは制度とス

ポーツ行為者との関係を分析する視点は，スポーツ組織研究ではほとんどみられなかったが，スポーツ研究における制度論のなかから，その分析視点にかかわる先行研究を取り上げ，その制度の定義や意味を含めて検討していきたい。

(3) スポーツにおける制度論

まず，スポーツにおける制度論とは，登録制度や資格制度のようなものを論じるのではなく，スポーツを制度として捉える，いわゆる「制度としてのスポーツ論」のことである。菅原（1980）は，スポーツはルールとの関連において高度に組織化されたゲームであるとして，スポーツを制度として捉える視点を示している。また粂野（1984）は，図1-2のようなスポーツの制度化についての概念図式を示し，今日のスポーツの制度化の文脈を述べている。

このような制度化の水準を基準にしたスポーツの分類（インフォーマル・スポーツ，セミフォーマル・スポーツ，フォーマル・スポーツ等）は，「各レベルのスポーツの意味を明らかにするだけでなく，プレイの自由度や社会的圧力の増減も示す」（佐伯，2005，p. 39）ため，優れた分類であるという。

しかし多々納ほか（1988）は，このような制度化されたゲームとしてスポーツを規定する「制度としてのスポーツ」論を再検討している。彼らは，この考え方を提

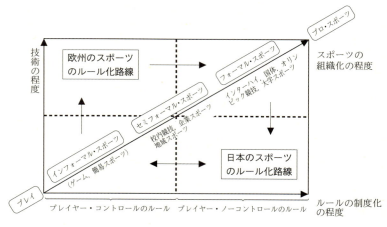

図 1-2 スポーツの制度化についての概念図式（粂野，1984）

唱した1人である「Loy による『制度としてのスポーツ』論は極めて重要な問題提起である」（多々納ほか，1988，p. 12）と認めつつも，制度概念の構成が著しく曖昧であるなどの問題点を指摘している。

　具体的には，制度を集団・組織・体系等と同一次元の概念として捉えていることに問題があると述べ，「『制度としてのスポーツ』は規範的シンボル体系を意味する抽象概念として構成することにより，関連諸概念と明確に区別されるべきである」（多々納ほか，1988，p. 11）という。

　そして，関連諸概念の1つであるスポーツ組織を「一定の目標達成のために形成された合理的な役割の体系」であり，「スポーツ行為を目標達成にむけて制御する機構の体系」と定義し，「その組織構造と組織機能を制御するパターンの体系」を制度として定義している（多々納ほか，1988，p. 6）。

　盛山（1995）の議論を踏まえるならば，「一定の目標」とは，人びとの間で組織目標として信じ込まれている内容であり，理念的な実在であるといった補足をしなければならないが，ここでは，スポーツ組織がスポーツ行為を制御するものであり，その制御パターンの体系がスポーツ制度であるという捉え方に注目したい。すなわちスポーツ組織が，スポーツ制度（組織構造と組織機能を制御するパターンの体系）を媒介として，スポーツ行為を制御しているという捉え方が可能だろう。この捉え方こそが，本研究において，スポーツ制度論としてではなく，スポーツ組織論として議論する1つの大きな理由であるが，この点についてはすぐ後に述べる。なお本研究では，「制度としてのスポーツ」は「スポーツ制度」と同義として扱うことにする。

　ところで多々納ほか（1988）は，このように制度概念を定義しているものの，制度の構成要素を具体的に示すまでには至っていない。これに対して日下（1996）は，多数の文化・社会学者の見解を参考にして，制度の構成要素を抽出し，5つに限定した。そして，その5つの要素をもとに，スポーツ制度の構成要素を明確にした。それらは，①スーツ組織，②スポーツ・ルール，③スポーツ行動様式，④スポーツの物的条件，⑤スポーツ・イデオロギーである。

　そして日本のスポーツの制度化の過程を，これらの構成要素それぞれについて，詳細に検討している。先にスポーツ組織論の先行研究の検討において，歴史社会学的な研究として示した日下（1985，1988）の研究は，この要素のうち，スポーツ組

織に焦点を絞って議論したものである。同様に，スポーツ組織論の先行研究として示した菊（1993）の研究も，制度の構成要素を明確にして，それぞれの要素の変容過程を日本の野球を事例として詳述しているものといえる。菊（1993，p. 30）は，制度としてのスポーツに関する定義は，ガース・ミルズ（1970）の制度概念における4つの局面（シンボル，地位，テクノロジー，教育）に基づき，その応用として捉えられるという。

またそれらの諸局面は，シンボル局面が多義的な概念である[5]ように，様々に類型化することが可能であり，分析目的に合わせた類型化をする必要があるとしている（菊，1993，p. 32）。そして，野球制度がプロ野球制度へと変質する制度内的諸構成要素の抽出という分析目的から，制度としてスポーツの構成要素を3つの局面と6つの要素に設定している。それらは，

(1)　スポーツ・シンボルの局面

　①　スポーツ・イデオロギー

　②　スポーツ・ルール

　③　スポーツ・シンボル

(2)　スポーツ・テクノロジーの局面

　④　スポーツ行動様式

　⑤　スポーツ文物

(3)　スポーツ地位の局面

　⑥　スポーツ組織

である。これらの要素に基づき，近代プロ・スポーツの成立過程を特にイデオロギーの側面に注目して詳述している[6]。

また中山（1985）は，以上のような制度化の過程や制度の構成要素の発展過程を分析するのではなく，確立したスポーツ制度の構造を考察している。そこでも，スポーツ制度は，「C. W. ミルズ等の4つの局面に関する考え方，及びJ. W. ロイによって示された制度化された形態としての4つの領域を参考にして」（中山，1985，p. 5）規定されている。

しかし，ロイが示した4つの領域が提示された「理論的論拠は不明瞭になっている」（中山，1985，p. 3）という。一方で，ガース・ミルズ（1970）が示した局面に関する考え方は，局面が制度を構成し，その制度が個人の性格構造を形成するとい

う枠組みのなかで示されたものであり，本研究の組織あるいは制度と個人との関係という分析視点に大きな示唆を与えるものと思われる。この点については，次章で分析の枠組みを提示する際に詳述する。

そして近年では，渡（2010）がこの「制度としてのスポーツ」論と盛山（1995）の制度論を踏まえて，障害や社会的排除等の現象を分析する視点を探っている。そこでは，制度としてスポーツを捉えることで，スポーツにおける様々な現象を，当事者の視点から捉え直すことができる可能性があるという。そのような制度としてのスポーツ論は，「スポーツ制度内における主観的世界と客観的構造の関連の探究である」（渡，2010，p. 101）というように，まさに個人と制度との関係を分析するものであるといえよう。

以上から，スポーツ組織とスポーツ行為者との関係を分析する本研究の枠組みは，「制度としてのスポーツ」論と盛山（1995）の制度論によって構築できるものと考える。盛山（1995）によれば，組織は制度的にのみ概念化され得るのであり，制度としてのスポーツ論の先行研究によれば，スポーツ制度はガース・ミルズ（1970）が示した局面を応用して示すことができる。したがって，スポーツ組織をスポーツ制度として概念化し，そのスポーツ制度を構成する局面それぞれについて，スポーツ行為者との関係をみていくことで，スポーツ組織とスポーツ行為者との関係を捉えることができるものと考えられる。

しかし，これではスポーツ組織＝スポーツ制度となり，スポーツ行為者がスポーツ組織のなかに存在しているものとして捉えられることになる。それは，ある1人のサッカー行為者が，日本サッカー協会というスポーツ組織のなかにいるものとして捉えられることになってしまい，これは先に定義したスポーツを統括する権限と義務を持つスポーツ組織（＝スポーツ競技団体）とは大きなズレが生じてくる。

盛山（1995）がいう「協働の体系」や，多々納ほか（1988）がいう「一定の目標を達成するために形成された」という組織の説明を踏まえると，1人のサッカー行為者は，日本サッカー協会の目標（人びとの間で信じ込まれている目標）であるサッカーの強化と普及という目的のために協働しているとは考えていないし，また人びとにもそのように考えられていない。したがって，1人のサッカー行為者をスポーツ組織のなかにいるものとして捉えること，すなわち，スポーツ組織をスポーツ制度として捉えることは適切ではない。

スポーツ組織は制度的に概念化されるのだが，それはスポーツ制度として概念化されるのではない。スポーツ制度はスポーツを制度として概念化したものであり，スポーツ組織を概念化した制度とスポーツを概念化したスポーツ制度とは異なるものである。

本研究は，スポーツ組織を制度として概念化してスポーツ組織のなかにいる個人との関係を分析するのではなく，スポーツを制度として概念化し，スポーツ制度のなかにいる個人（スポーツ行為者）との関係を分析するものである。すなわち，本研究では，スポーツ組織は先に定義した「日本における各スポーツ競技を統括する権限と義務をもつ各スポーツ競技の国内統括団体であるスポーツ競技団体」として捉え，スポーツを制度として概念化してスポーツ行為者との関係を分析していく。

わざわざスポーツ組織を取り上げずに，「制度としてのスポーツ」論の枠組みのなかで，スポーツ制度とスポーツ行為者との関係を議論することも可能だが，スポーツ組織論として論じる理由は次のとおりである。

第1に，スポーツ的社会化論の先行研究の検討で指摘したように，本研究は，その成果の先に，スポーツ制度の構造的な変革を目指すものだからである。先に示した多々納ほか（1988）の組織及び制度の定義によれば，スポーツ組織は，スポーツ制度を媒介としてスポーツ行為者を制御するものである。そしてスポーツ組織が，スポーツ行為者を制御するスポーツ制度を変革することができるものとして捉えられることから，本研究ではスポーツ組織論として論じようとするのである。

また盛山（1995）によれば，「制度を具現化するもの」が「組織」であるといわれるように，スポーツ組織がスポーツ制度を具現化するものとして捉え，そのスポーツ組織によるスポーツ制度形成・変革の方向性を示唆したいと考えている。

第2に，スポーツ組織がスポーツ行為者を制御することが可能になったことがあげられる。これは，序章で述べたように，スポーツ組織の自立によるものである。多々納ほか（1988）のスポーツ組織の説明では，理論的にはスポーツ組織がスポーツ行為を制御するものとして捉えられていたが，詳細は序章で述べたとおり，現実的には，スポーツ組織は学校組織や企業組織に依存していたため，自律的に制御することはできていなかったものと考えられる。したがって，本研究をスポーツ組織論として論じる必要性は，スポーツ組織の自立の傾向が1つの大きな要因となっているのである。

第1章　先行研究の検討　**49**

　以上，組織論や制度論についての先行研究を踏まえてスポーツ組織とスポーツ制度の概念を明らかにしてきたが，最後に，先に若干指摘したように，これまで特に定義せずに使用してきた，個人，価値観，性格特性，社会的性格，性格構造等々の概念を明確にしておきたい。

④ 社会的性格・性格構造

　本研究は，多々納ほか（1988）の定義から考えられたように，スポーツ組織をスポーツ制度を媒介としてスポーツ行為者を制御するものとして捉えて分析していくものである。したがって，スポーツ行為者と直接に関係づけられるのはスポーツ制度であり，制度と個人という文脈において，スポーツ行為者を捉える必要がある。

　そこで，これまでに検討してきた先行研究のなかで，制度と個人との関係について分析しているものをみると，リースマン（1964，pp. 3-4）が「社会的性格」という語を使い，その概念を検討している。彼によれば，社会心理学では人間の生得的な気質や技能，その生物学的・心理学的構成要素，恒久的な属性もうつろいやすい属性もすべて含めて「パーソナリティ」という語を使っているという。

　また「性格」という語は，パーソナリティのうち，生得的でなく，後天的な部分を指すものとしてよく使われ，恒久的で，社会的・歴史的に条件づけられた個人の欲求と満足の組織であるという。そして「社会的性格」とは，その「性格」のなかの様々な「社会諸集団に共通で，かつ，…それらの諸集団の経験からうまれた部分のこと」（リースマン，1964，p. 4）であると定義している。ただし生得的なものと経験によるものとの区別が難しいことなど，「社会的性格」という概念が多くの曖昧性をもつことを指摘している。

　社会的性格が存在しているという考えは，常識的に暗黙の前提としてあるとし，他の多くの学者と同様に，社会構造の問題と切り離すことはできないという諒解事項のうえにたって考察をすすめていると述べる。したがって，ある社会構造によって，その社会集団に共通で，その諸集団の経験からうまれたものが社会的性格として捉えられる。

　しかしリースマン（1964，p. 224）は，「私はこんにちの社会構造によってうまれ

た社会的性格，…というのは，その社会の要求によって出来上がった社会構造の完全な模写物だとは考えたくない」と述べ，さらに，「性格構造は一定の社会構造ができた後からすこし遅れながら，かたちづくられてゆくものだと考えるのはあまりに素朴な考え方だというべきであろう」と指摘する。

　また彼が論じている伝統指向型，内部指向型，他人指向型といった社会的性格類型というものは，抽象物であり，かつ，構築物であり，実在するものではないと指摘している（リースマン，1964，pp. 24-25）。それを踏まえたうえで，「社会とその典型的な個人とのあいだの相互に関係しあうセットを記述すること」（リースマン，1964，p. 25）が，彼の関心事であるという。したがって，「われわれは性格，行動，価値，そしてスタイル，ないしエトスといったようなさまざまな概念を特定の制度の中ではっきりと区別して考えることをしなかった」（リースマン，1964，p. xiii）とし，それらの区別は今後の課題としている。

　本研究においても，スポーツ組織が創るスポーツ制度とスポーツ行為者という個人とのあいだの関係を記述することが目的であるため，個人あるいは社会的性格を，上述したリースマン（1964）がいう「社会的性格」の曖昧性を含む考え方に止め，その関係を記述していくことにしたい。ただし彼の『孤独な群衆』は，アメリカ社会や文化の膨大な内容から「大胆な歴史段階説を展開」し，「社会科学のすがたをかりた文学」である（加藤，1964，p. 288）といわれるように，その分析手法の援用は難しい。そこで本研究では，制度としてのスポーツ論で援用されていたガース・ミルズ（1970）の『性格と社会構造』の理論から，スポーツ行為者の社会的性格とスポーツ制度との関係を分析する枠組みを構築していくことにする。

　ガース・ミルズ（1970）は「社会的性格」ではなく，「性格構造」という語を用いており，性格構造とは，人間の行動と環境（刺激）の間の中間項（媒介変数）として機能している心的諸要因のうち，特に情意的な側面の総和（安藤，1993，p. 639）と定義されている。「情意」とは，「感情と意志」（新村編，2008，p. 1364）であり，初期の組織論で「疎外」や「帰属」などの概念を用いて議論されていた個人の不満や不安などの心理的側面を含み，序章で述べたような現代スポーツ行為者の高度化志向や愛好者の劣等感や疎外感を含むものとして捉えられる。

　ガース・ミルズ（1970）による定義は，次章の分析の枠組みを提示する際に詳細に述べるが，伊奈（1991，p. 82）がミルズの性格構造は制度的社会構造とのかかわ

りで，その動的相互関係の定式化を試みており，そこでの基本文脈はあくまで社会であるというように，リースマン（1964）と同様，性格構造と制度的社会構造の関係が分析の焦点であり，性格構造よりも，むしろ制度的社会構造を分析することに重点が置かれているといえる。そして，ミルズの性格構造は，歴史的，構造的文脈に状況づけられた，理念型として捉えられている（伊奈，1991，pp. 194-195）点も，リースマン（1964）の社会的性格が構築物として捉えられている点に同じであるといえよう。したがって，本研究においては，性格構造と社会的性格とは，基本的には同義として扱うことにする。

なおリースマン（1964，p. xiii）が指摘するように，社会的性格と価値や行動等との区別は今後の課題であること，また，「社会的性格という観念は性格のすべてをおおいつくす観念ではないということ」（リースマン，1964，p. 224）を本研究の限界として確認しておく必要があろう。それと同時に，社会的性格あるいは性格構造は，理念型であり，構築物であるということに注意し，あくまでも理論的分析として解釈をしていくものであるという点に注意したい。

5 まとめ

本章では，愛好者を組織化するスポーツ組織を検討するうえで必要な，スポーツ組織とスポーツ行為者との関係を分析する枠組みを構築するため，関連する先行研究を検討した。

まず，両者の関係を分析するアプローチとして，スポーツ的社会化論が考えられたが，そこでは Social Agent，あるいは重要なる他者の議論がスポーツ組織にまで及ぶことはほとんどなく，その中心的議論は個人の問題として捉えるに止まっている点にその限界を指摘することができた。そこで，本研究は，もう1つのアプローチである，スポーツ組織側からのスポーツ組織研究としてのアプローチを試みることにした。

スポーツ組織研究は，そもそも日本においては低調であったが，近年は経営組織論的研究として増加の傾向にあった。しかし企業組織と比較してスポーツ組織の問題を明らかにし，スポーツ組織を企業組織に近付けていくような解決方法が示され

る。このことから経営組織論的研究では，スポーツ愛好者の欲求を組織化するスポーツ組織やそのための構造変革という方向性・方法を示すことができないところに，その限界が指摘された。

　この指摘のとおり経営組織論的研究では，スポーツを手段として企業経営をするのではなく，スポーツそれ自体を目的とした経営をするという捉え方が課題としてあげられていた。またスポーツ組織研究には，組織の成員の認識に見られる主意性や主観性を重視し，「人間から組織を見る」という組織研究の原点回帰が必要であるという指摘も示された。

　そこで，組織研究の原点といわれるような初期の組織論をみてみると，合理性を求める組織の要求と幸福を求める人間の希望との関係を議論したエツィオーニ（1967）のように，確かに組織と個人（の不満や不安などの心理的側面，あるいは，イデオロギー）との関係を分析し，「疎外」や「帰属」などの概念を用いて議論されていた。また，「制度」と個人の「社会的性格」という枠組みとして捉えられるような議論もあり，「組織」と「制度」の関係を明らかにする必要が指摘された。

　そして，制度との関係から組織の定義を詳細に検討した盛山（1995）の制度論に着目し，組織は制度的にのみ概念化され，理念的な意味の体系として定義された組織が，個人の行為を統御するものであるということが示された。したがって，組織と個人との関係は，制度と個人との関係に置き換えることができると考えられるため，制度としてのスポーツ論における，制度とスポーツ行為者との関係を分析する視点について検討した。

　制度としてのスポーツ論では，スポーツ制度の構造が，ガース・ミルズ（1970）が示した4つの局面によって構成されているものとして捉え，それを援用することで，制度と個人との関係の分析が可能になることが示唆された。また制度としてのスポーツ論と盛山（1995）の制度論を踏まえると，スポーツ組織を概念化した制度とスポーツを概念化したスポーツ制度とは異なるものとして捉えられ，本研究は，スポーツを制度として概念化し，スポーツ制度のなかにいる個人（スポーツ行為者）との関係を分析するものとして捉えることができた。また，わざわざスポーツ組織を取り上げずに，制度としてのスポーツ論の枠組みのなかで，スポーツ制度とスポーツ行為者との関係を議論することも可能であると考えられた。

　しかしスポーツ組織は，多々納ほか（1988）の組織及び制度の定義によれば，ス

ポーツ行為者を制御するスポーツ制度を形成・変革することができるものとして捉えられることから，本研究ではスポーツ組織論として論じようとすることを示した。さらに，スポーツ行為者との関係をスポーツ組織論として論じる必要性は，序章で述べたような現代におけるスポーツ組織の自立の傾向が１つの要因であることも指摘した。

　そして最後に，個人，価値観，性格特性，社会的性格，性格構造等々の概念を用いてきたが，本研究のような制度と個人との関係という文脈においては，リースマン（1964）の「社会的性格」とガース・ミルズ（1970）の「性格構造」という構築物・理念型としての概念が用いられてきたことを示した。そこで本研究でも，多くの曖昧性を含むものではあるが，「社会的性格」，「性格構造」それ自体というよりも，制度的構造に，より焦点をあてた関係性を解釈していくということから，これらの概念を用いることにした。

　以上から本研究の分析枠組みを示すため，次章では，まず制度としてのスポーツ論に援用され，スポーツ制度とスポーツ行為者の性格構造との関係の分析を可能にするガース・ミルズ（1970）の理論（制度や性格構造の概念）を検討する。そして，「スポーツ組織」を，スポーツ制度を媒介にしてスポーツ行為者の性格構造を統御するものとして捉え，彼らの理論におけるスポーツ組織の位置づけを明確にして，これまで論じられてこなかった新たなスポーツ組織論として提示する。

　なお，彼らの理論が今日もなお有用であるという方法論的論拠も述べておく必要があろう。次章の最後では，新たなスポーツ組織論における，実際の現象の解釈・説明方法を示すことにする。

注

1)　ここでのスポーツ組織とは，「スポーツ活動の『場』となるスポーツ集団を統括する権限と義務をもつ上位組織としてのスポーツ団体」（武隈，1995，pp. 65-66）であり，本研究で定義した「スポーツ組織」よりも若干広い意味（地域のスポーツ組織を含む）である。しかし，武隈（1995）がいう「スポーツ組織」は，本研究で定義した「スポーツ組織」を含むものとして捉えられるため，武隈（1995）のスポーツ組織についての議論は，本研究のスポーツ組織の議論に有効であると考える。

2)　吉田（1996，p. 66）は，地域スポーツクラブに対して，「自らのスポーツ活動だけに留まらず，対外的・表出的に地域に貢献するような，いわばコミュニティ・スポーツクラブとしての在り方が問われるようになった」といい，そのような課題を質的課題と呼んだ。そして，地域

スポーツクラブを「楽しみ重視型」,「中間型」,「競技会重視型」,「その他」に分類し,それぞれの活動実態と会員のクラブ活動に関する意識を分析した。

3) 渡辺（2007, pp. 12-21）によれば,官僚制という言葉は,今日では「官僚主義」,「権威主義」,「規則重視」,「形式主義」などのように非能率の典型のように受け取られることが多いが,ウェーバーがいう官僚制は,非常に合理的で能率的な組織を意味する理念型であり,官僚制組織モデルを分析の道具として用いることで,実際の組織において何が重要な特性なのかがよくわかるという。

4) 渡辺（2007, pp. 61-62）によれば,コンティンジェンシーとは,「物事が不確実な要素に依存することを意味し,随伴性あるいは依存性と訳される」という。そしてコンティンジェンシー理論は,「不確実な世界で合理性を追求する組織がその特定の環境に従って自己を構造化しようと試みると仮定し,組織がその環境の不確実性にさらされるならば,組織はどのようにして合理的システムとして機能できるのかが重要な問いである」と述べる。

5) 菊（1993, p. 31）は,「シンボル局面は,その制度内の人間行為を理解するために視て感じとられるか聴いて感じとられるすべての象徴物を指しており,非常に多様で多義的な概念」であるという。

6) 菊（1993）は,日本の野球において,戦前の武士道的イデオロギー（勝利至上主義,鍛練主義,金銭拒否の名誉観）から,日本プロ野球が成立するための経済的イデオロギーの確立に至るまでを,ガース・ミルズ（1970）の理論を用いて歴史社会学的に詳細に説明している。この研究は,まさに組織,制度,社会構造と個人の内面の関係を説明しているものとして捉えられる。

第2章

分析の枠組みと方法

①
分析の枠組み

　第1章で行った先行研究の検討を踏まえ，本研究は，スポーツ制度をスポーツ組織とスポーツ行為者を媒介するものとして捉えて，「スポーツ組織—スポーツ制度—スポーツ行為者の社会的性格」という関係を考察していくものである。

　そして，スポーツ行為者の社会的性格における問題をスポーツ制度の制度的構造に因るものとし，さらにスポーツ組織を，そのスポーツ制度を形成したものとして捉えることで，スポーツ組織にその問題解決を求めるもの（スポーツ組織論）である。日本におけるサッカーを事例とすれば，図2-1のようにサッカー行為者の社会的性格が形成される仕組みを捉えることができる。

　これを踏まえて本研究の目的のために，自立型スポーツ組織が生成する，愛好者を含むスポーツ行為者を自立的に組織化していくことができる制度的構造（自立型スポーツ組織による制度的構造モデル）を理念型モデルとして提示する。

　そして，その理念型モデルから日本におけるサッカー制度[1)]をみることで，日本サッカー協会が生成する制度的構造の現状と課題を明らかにする。なお，先行研究で指摘されたように，盛山（1995）によれば，制度も組織も理念的な実在であり，制度としてのスポーツ論は，渡（2010）がいうように，主観的世界と客観的構造を探求するものであることを踏まえると，制度的構造（「日本サッカー協会—サッカー制度—サッカー行為者の社会的性格（性格構造）」という関係）は，理論的に構築され，その理論に基づいて具体的な現象（スポーツ行為者の問題等）を解釈するという形で示されることになろう。

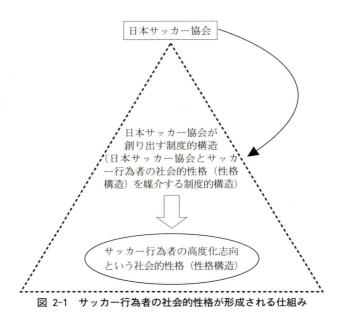
図 2-1　サッカー行為者の社会的性格が形成される仕組み

　そこで本章では，スポーツ組織とスポーツ行為者を媒介するスポーツ制度と，スポーツ行為者の社会的性格（性格構造）との関係を示すために援用するガースとミルズの共著『性格と社会構造』を概観する。そして彼らの理論から，「スポーツ組織―スポーツ制度―スポーツ行為者の社会的性格（性格構造）」の関係を導く。そして，その関係を踏まえてスポーツ行為者の社会的性格（性格構造）からスポーツ組織を考察するというスポーツ組織論を「新たなスポーツ組織論」として示すとともに，自立型スポーツ組織による制度的構造モデルを理念型モデルとして提示する。また，彼らの理論を今日的な問題に適用することの有用性を示すとともに，最後に，本研究の分析（解釈）の方法を述べる。

(1) 性格と社会構造

　まず，『性格と社会構造』の理論を検討する前に，ミルズがどのように個人の問題を捉えていたのかということを，彼の主著『社会学的想像力』から簡単に述べておきたい。
　ミルズ（1965, p. 4）は，「1人の人間の生活と，1つの社会の歴史とは，両者を

第2章　分析の枠組みと方法　**57**

ともに理解することなしには，そのどちらの1つをも理解することができない」と
いい，「情報を駆使し，理性を発展させることによって，かれら自身の内部や世界
におこることがらを，明晰に総括できる精神の資質」のことを「社会学的想像力」
と呼んだ。この社会学的想像力を用いることで，「個人的問題の背後にいつも横た
わっている構造的変化を，主体的に制御するような方向で，その問題に対処する」
（ミルズ，1965，p. 4）ことができるという。そこで，スポーツ行為者の理解はい
かにして可能かという問いは，少し引用が長くなるが，彼の次のような説明が答え
となろう。

　　個人の生活を正しく理解するためには，かれの生活史が組込まれている制度と
　の関係を求めなければならない。というのは個人生活史は，さまざまの役割の獲
　得・放棄・修正あるいはひそかになされる役割転換などを記録しているからであ
　る。

　　ある個人はあるタイプの家族の子供であり，ある一定の種類の子供集団の仲間
　であり，学生であり労働者であり，職長であり将軍であり母親である。人間生活
　の中心は，一定の制度のなかでこのような役割を演ずることにほかならない。個
　人生活史を理解するためには，かれがそれまでに演じてきた，また現在演じてい
　る役割の意味や重要性を理解しなければならないのであり，こうした役割を理解
　するためには，それらの役割を構成部分としてもっている制度を理解しなければ
　ならないのである。

　　しかし人間を社会的形成物とみる見方は，たんなる社会的役割の系列としての
　外面的な生活史よりも，もっと深く突込むことを可能にしてくれる。この見方は
　人間の最も内面的な「心理的」諸要素の理解を要求する。とくにかれの自我像，
　かれの良心，さらにその精神の成長そのものを理解することが必要とされる。現
　代の心理学や社会科学において最も顕著な意味をもつ発見は，人間の最も内奥に
　ひそむ諸特徴さえも，その多くがいかに社会的に型どられ植えつけられたもので
　あるか，ということの発見なのである。

　　恐れや憎しみや愛や怒りなどの情動のあらゆる変態は，神経腺状組織の広い機
　能範囲のなかで，それがおこる個人の社会的生活史や社会的文脈につねに密接に
　結びつけて理解されなければならない。自然界に対する知覚，色彩の識別，臭の
　意識，騒音の意識なども，感覚器官の広い機能範囲のなかで，社会的に形態化さ

れ制約されている。人間の動機，そして多様なタイプの人びとがそれらの動機を
それぞれ類型的に意識する程度さえも，その社会に支配的になっている動機表現
用語や，用語の社会的な変化と混乱などに結びつけて理解されるべきであろう。

　個人の生活史や性格がたんに個人的な環境条件のなかだけで理解できるもので
なく，また初期の―幼年期や少年期の―環境条件によって完全に理解されうるも
のでもないことは明らかである。正しい理解はわれわれがこれらの私的な諸条件
と巨視的な構造的枠組みとの相互作用を把握し，この枠組みの変化とそれが私的
な環境条件に対して及ぼす諸結果を考慮することを要求している。

　このように個人的な生活場面や経験に影響を与えるものとして，社会構造や構
造変化を理解するときに，われわれはそれぞれの環境に埋没している人間が，自
分では意識しないような個人的行動や感情の原因をつきとめることができるので
ある。

　あるタイプの人間を正しく概念化したかどうかを決定するものは，そのタイプ
の人びと自身がたしかに自分はその概念どおりだと感じるかどうか，ということ
では全くない。人びとは限られた環境のなかに生きているので，自分の生活条件
の原因や，自己自身たりうる限界のすべてを知っているわけではないし，すべて
を知ることはありえない。

　自己について，自己の社会的位置について正しい見解をもっている人びとは，
まことに少ない。若干の社会科学者が用いる方法によってしばしばなされるよう
に，反対の事態を想定してみると，18世紀の心理学者さえも認めてはいないほど
に合理的な自己意識と自己認識とがあらわれてくる「ピューリタン的人間」，そ
の動機，および宗教制度・経済制度におけるその機能についてのマクス・ウェー
バーの理念は，ピューリタン的人間がみずからを理解したよりも正しくそれを理
解することを可能にしているといえよう。すなわちウェーバーは構造の観念を利
用することによって，「個人の」自己自身と自己の私的状況にかんする個人的な
意識を超えることができたのである（ミルズ，1965，pp. 210-212）。

　このように，スポーツ行為者（の社会的性格）の理解は，これまで述べてきたよ
うに，彼とスポーツ制度との構造的な関連を解明することによって可能になると考
えられる。そこで，その関連の理念型を示した『性格と社会構造』の理論をスポー
ツに当てはめながらみていくことにする。

『性格と社会構造』は，精神分析学ないし深層心理学の創始者であるフロイトを含む心理学とマルクスやウェーバーを含む社会学の両者を詳細にかつ具体的に研究し，マートンがそのはしがきで述べたように「歴史的な立場にたった社会制度の心理学」についての著書である。

社会心理学とは，その名のとおり，社会学と心理学の架け橋となるものである。このうちの心理学について，スポーツ心理学は，動機づけの理論やスポーツ参加と離脱，スポーツによるパーソナリティ形成を，人間の内部の要因（心理）から検討するものである（中込，2007）という。しかしミルズ（1971，p. 345）は，「動機は，個人の『内部に』固着した要素ではなく，社会的行為者たちによって行動の解釈が進められていくための条件なのである。行為者による，このような動機の帰属づけと言語的表現とは，社会現象として説明されなければならないのであって，人びとが行為に対して与えるさまざまな理由の違いは，それ自体，理由なくして生じたのではない」と述べるように，社会学の必要性を指摘している。

ただし詳細は後述するが，ガース・ミルズが『性格と社会構造』で生物学的肉体と社会学的環境の双方の必要性を論じているように，心理学を不要としているのではなく，心理学と社会学の双方から検討する社会心理学の論理の重要性を述べているものである。

ガース・ミルズ（1970，p. 20）は，社会心理学者が「追究しているのは，通常様々なタイプの社会で見出される人々のタイプを描き出し，さらにそれを，それと社会との相互関係をあとづけることによって説明することである」と述べていることから，日本における高度化志向というスポーツ行為者のタイプを描き出し，それとスポーツ制度との相互関係をあとづけようとする本研究は，このような社会心理学的研究の一研究としても位置付けられるものと考えられる。

一般に社会心理学が示す説明は，生物学の側面か社会学の側面を出発点としてきたが，どちらの側面もお互いに排他的ではなく，両方の見地を併用できるし，そうしなければならないという（ガース・ミルズ，1970，pp. 20-21）。

ガース・ミルズ（1970，p. 21-26）によれば，生物学的見地からは，人間は有機体としてみられ，その行為は構造的な制約を受けており，それは一定の機械的反応を備えている。その機械的反応は，広範囲な社会的対象によってはっきりした輪郭を与えられ，特殊化させられるといい，この対象が何であるかは，有機体としての

人間によっては決定されないという。

すなわち，行動の対象と目標は，生物学的に与えられるものではなくて，人々が行為する環境から引き出されるものであるというのだ。

例えば，スポーツで相手に負けたくないと思うのは，生まれた時に本能として備わっている心理ではなく，育った環境や相手によってそのような心理が生じるということである。このような見解は，人間やその行為を説明するのに人間内部の要因に基づく心理学のみを用いることの不十分さを指し示すものである。

ここで注意しなければならないのは，生物学的モデルや心理学を完全に否定するものではないという点である。生物学的モデルや心理学は，人間やその行為に限界や制約という側面で影響を及ぼすのである。鳥のように空を飛ぶという行為について，機械を使って飛ぶことはできたとしても，自身の生身の身体のみで飛ぶことはできないというように，人間またはその行為には有機体としての限界がある。

一方で社会学的見地からは，役割という概念を用いて人を説明する。役割は，「そのくりかえしによって規則性としてはっきりし，他の行為者の行為と関係する，行為の単位」（ガース・ミルズ，1970，p. 27）と定義される。ガース・ミルズ（1970，pp. 27-28）によれば，人の記憶，感覚，知覚などの人の心理的機能は，人がその社会から取り入れる特殊な役割の配置のされ方によって形づくられ，あやつられるという。

しかし社会学的モデルにおいても，役割は人としての人間が「成人へと成長するその社会制度の種類の制約を受けている」（傍点は筆者）（ガース・ミルズ，1970，p. 27）というように，社会学的モデルのみで人間やその行為を説明することができないことを示唆している。このことから人間及びその行為は，結局のところ生物学的肉体と社会学的環境の統一である，という説明をすることもできるが，それではこれら2つの見解の対立は解決されないとガース・ミルズ（1970，pp. 34-35）は指摘する。すなわち，生物学的モデルと社会学的モデルの一方，または他方が，「個人全体にどのように影響を及ぼすか」（ガース・ミルズ，1970，p. 35）ということを明らかにすることで，人間やその行為が説明できるのである。ガース・ミルズ（1970）はこのような検討を性格構造と社会構造という概念を用いて詳細に行っている。

そしてガース・ミルズ（1970，pp. 30-31）は，「人間の行為とその行為の動機の

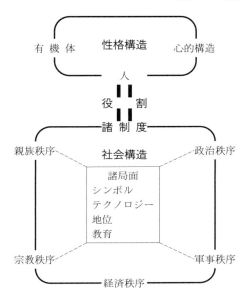

図 2-2 性格構造と社会構造の静態的モデル
（ガース・ミルズ，1970）

規則性は，有機体の内部に固有で常に備わっていると仮定されている超歴史的，生物学的要素にもとづいているというよりは，むしろこのような社会構造の歴史的な規則性にもとづいて」おり，「人間の行為と経験を理解するためには，人間が役割を演じ，自己を身につける歴史的社会構造を再構成しなければならない」と述べる。したがって，スポーツ行為者の心理的部分に影響を及ぼすものは，生物学的要素よりも社会構造の歴史的変遷の方が大きな要因であると考えられ，スポーツ行為者の行為全体を理解するためには，その歴史的社会構造や制度を分析する必要があると考えられるのである。

　ガース・ミルズ（1970, p. 49）が示した性格構造と社会構造の静態的作業モデルが図 2-2 である。心的構造は，感情，感覚，衝動の統合体であり，個人を先に述べた生物学的モデルの有機体として考えた場合，これら 3 要素は有機体とその器官に基礎をもっている。これら 3 要素がそれぞれ，情動（例えば，恐怖という感情からの逃亡という情動），知覚（例えば，ある一定のしかたで眼につき当たる光波とい

う感覚から赤い光として知覚すること），意図（もやもやとした，総体的な運動への衝動から特定対象に向けての統制された努力）に転化するときには，社会学的モデルの人としての個人にかかわらせて理解されなければならない。彼らは，このような有機体，心的構造，人を含む，1つの全体的統体としての個人に対する最も包括的な用語として性格構造を定義している。

　そして，「人を役割演技者として位置づけるところから，役割概念を媒介として，役割の組織としての制度[2] に結び付け」（古城・杉森，1970，p.497）た。この制度を近代西欧世界の先進的社会の検討から，政治，軍事，経済，宗教，親族の5つの制度的秩序[3] に分類し，どのような社会の構造も，制度的秩序の一定の組合せや様式から構成されていると述べた。ただし，社会的な経験と行為のすべてが，この制度的秩序の枠組に含まれているわけではなく，すべての制度的秩序を特徴づけているいくつかの社会的行為の側面のもっとも重要なものは，シンボル，テクノロジー，地位，教育の4つの局面[4] であるという。このような制度的秩序と 4つの局面から社会構造が構成され，その社会構造から人の行為を（ある程度）説明できるとガース・ミルズ（1970）は述べるのである。

　ここで，ガース・ミルズの論理を踏まえ，「性格構造」を再定義しておこう。本研究では，性格構造を，心理学でしばしば用いられているような「個人の『内部に』固着した要素」（ミルズ，1971，p.345）を含む行動科学レベルでの「心理」とは区別し，「人の社会的役割と結びついた有機体の心的構造の，比較的安定した統合体を指し」（ガース・ミルズ，1970，p.39），社会的構造から一般的に説明され得るものとして定義する。これは，先に述べたように，社会的性格も基本的には同義として捉える。

⑵　新たなスポーツ組織論

　ガース・ミルズ（1970）のモデルにおいて，制度によって人が形成されるメカニズムを，彼らは次のように述べている。

　　制度による人の形成のおもなメカニズムには，制度が設ける一群の重要な他者がふくまれている。当然のなりゆきとしてそれは，あらゆる制度メンバーを一般化された他者へと変化させるのだから，このことは重要である。特別な他者である制度の長がよせる期待を内面化することによって，制度的役割を演ずる人びと

は，自分自身をコントロールするようになる——こうして彼らの性格のなかに植えつけられた拘束力に従って自分の役割を様式化し，遂行するようになるわけである。彼らが制度のメンバーとして成長してくるにつれて，このような拘束力はしばしば一般化され，こうして心理的に特別な制度と結びつけられるのである（ガース・ミルズ，1970，p. 184）。

ここでは，「ミルズの社会心理学の概念は，その大部分を G・Hミードにおうている」（古城・杉森，1970，p. 491）といわれるように，ミードの「一般化された他者」の概念を用いて説明している。ここで注目すべき点は，「特別な他者である制度の長」であり，それが，人の性格構造に影響を及ぼす重要なものであると指摘している点である。「制度の長，政治秩序の王様，あるいは家父長制的親族体系の父親は，制度での様式に従っている人びとにとってもっとも重要な『他者』で」あり，「期待されている役割に期待されているやり方で応じない人びとにたいして，この長が行使する外面的な制裁の種類は，非難や除名や死刑まで幅が広い」（ガース・ミルズ，1970，p. 40）という。

このようなガース・ミルズ（1970）の理論から，新たなスポーツ組織論を提示したい。今日の日本におけるスポーツ制度をみると，日本における各スポーツ競技を統括する権限と義務をもつ「スポーツ組織」は，まさにガース・ミルズ（1970）がいう制度の「長」である[5]と考えることができる。スポーツ組織は，各種大会の参加資格をその制度メンバーであるスポーツ行為者に与え，そのスポーツ競技のルールを定め，競技力や競技成績によりスポーツ行為者の地位を決定している。

また，スポーツ行為者がその制度においてスポーツ組織が期待しない何らかの事象を起こした際には，スポーツ組織は彼らの大会参加資格を剥奪するなど，彼らに対して非常に大きな拘束力を持っている。さらに，トップアスリートという夢や希望を創りだし，それを目指して，指導基準等に基づいてトレーニングし努力していくことが，その夢や希望を手に掴むことのできる唯一の方法であるというスポーツ組織からの期待を，その制度のメンバーであるスポーツ行為者は内面化していく。

このような検討から，これまで日本で展開されてきたスポーツ組織論とは異なる新たなスポーツ組織論が導かれるものと考える。そこで，本研究で提示する新たなスポーツ組織論とは，スポーツ行為者をその内にもつスポーツ制度の長としてスポーツ組織を捉えることであり，その機能がスポーツ行為者の性格構造（社会的性格）

に特別に結びつけられるものとして考えることである。

　そして新たなスポーツ組織論に基づく分析視座とは，スポーツ組織がどのような
スポーツ制度の諸局面を構成し，さらにはそれらがどのようにスポーツ行為者の性
格構造（社会的性格）にまで影響を及ぼすかという解釈（説明）を可能にする視座
なのである。ここで役割の組織（＝制度）は，「社会構造の外で行為する人びとに
とっても心理的なかかわりあいをもっている」（ガース・ミルズ，1970，p. 30）こ
とから，対象となるスポーツ行為者とはそのスポーツ制度内の存在であるか否かを
問わない。スポーツ行為者は，スポーツ組織に未登録であっても，スポーツ組織と
かかわりあいをもっていると考えられる。

　このような新たなスポーツ組織論を考える場合，その対象となるスポーツ組織及
びスポーツ制度にはいくつかの条件が付される。まず何よりも，そのスポーツ制度
が確立されており，その制度の中でスポーツ組織が「長」としての役割を担ってい
ることである。ここでのスポーツ制度の確立とは，スポーツ行為者が一定のシンボ
ル，テクノロジー，地位，教育の中で成長していく環境が整っていることと解釈し
たい。

　菊（1993，pp. 30-34）は，ガース・ミルズ（1970）のモデルに基づいて，スポー
ツを制度として捉え[6]，その分析用具として，(1)スポーツ・シンボルの局面を①ス
ポーツ・イデオロギー，②スポーツ・ルール，③スポーツ・シンボルに，(2)スポー
ツ・テクノロジーの局面を④スポーツ行動様式，⑤スポーツ文物に，(3)スポーツ地
位の局面を⑥スポーツ組織[7] に，それぞれ諸構成要素を設定している。(4)スポーツ
教育の局面については，スポーツ行動様式にかかわる側面としてスポーツ・テクノ
ロジーの局面に類型化しているため，3つの局面について検討している。

　この分析用具を援用するならば，スポーツ・シンボルの局面においては，スポー
ツ行為者がそのスポーツを始めてからその競技を終えるまで，一貫したスポーツ・
イデオロギーが植えつけられ，一定のルールの下でその競技を実施し，その競技に
おける共通のスター選手やチームなどが存在する環境が条件となる。

　スポーツ・テクノロジーの局面においては，一定のスポーツ指導法が確立されて
（一貫したスポーツ指導者養成が成されて）おり，その指導方法や指導基準に基づ
いて練習やトレーニングが行われ，競技用具や場所にも一定の基準があることが条
件となる。

第2章　分析の枠組みと方法　**65**

スポーツ地位の局面においては，その競技の選手やチームに，威信や敬意や名誉を分配する競技会，クラブ，アソシエーションなどがあることなどが条件となる。

これらの条件は，スポーツ組織の自立に必要な条件に合致するものと考えられる。これらの条件を満たすスポーツ組織及びスポーツ制度の出現が，学校運動部モデルへの依存からスポーツ組織が自立する傾向にあることの証左にもなると考えられ，日本サッカー協会及び同協会が生成するサッカー制度は，これらの条件を満たすものとして捉えられる。その根拠は序章で説明したとおりだが，それに加えて次の理由による。

日本サッカー協会は，スポーツ行為者に名誉を与えることのできる天皇杯全日本サッカー選手権，全国高校サッカー選手権や全日本ユースサッカー選手権，全国少年サッカー大会などを開催しており，それらに参加するサッカー行為者は，同協会に登録している必要があり，一定レベルの競技技術を有するとともに一定のルール（競技ルールはもちろん，大会参加の手続きからドーピングコントロールや競技用具のルールまで）を身につけていなければならない。また，日本におけるサッカーの指導者が，ある競技レベル以上のチームを指導するためには，一定レベルの指導者資格が必要となり，その指導者資格や指導基準が全国で統一されている。日本代表やプロ選手の試合などはメディアを通して多くのサッカー行為者の夢や希望になっていることなどから，日本サッカー協会及び同協会が生成するサッカー制度は，スポーツ・ルール，スポーツ・シンボル，スポーツ行動様式，スポーツ文物，（スポーツ地位の局面としての）スポーツ組織の条件を満たしているといえよう。

このように日本サッカー協会がサッカー行為者のあらゆる側面にかかわっている現状から，一貫したスポーツ・イデオロギー[8]を形成する環境も整っていると考えられ，日本における他のスポーツ組織と比較する限り，同協会が日本のサッカーにおける制度の長としての条件を最も備えていると考えられる[9]。

「一部を除いて日本のスポーツ組織が組織としての体裁を整えたのが欧米に比べて遅れ」（武隈，1995，p. 66）たことも1つの要因となって，日本におけるスポーツ組織は「競技大会関係者と選手権志向競技者による組織」（鈴木，2006，p. 110）となっており，制度の長としての役割を十分に発揮することができるスポーツ組織がほとんどみられないことは理解できよう。

日本では多くのスポーツ組織がスポーツ愛好者（競技会に参加しないスポーツ行

為者）を登録させていないため，その統轄するスポーツ種目における実施者の全容を把握できず，スポーツ組織がその統轄するべきスポーツ種目を統一的に管理しているとはいえない。競技会に参加する競技者のみが登録をするスポーツ組織が，スポーツの強化に重点を置くことは当然の成り行きであり，普及の面あるいは愛好者の組織化が疎かになっているという意味で自立型スポーツ組織となっていないということもできよう。また，経済的にも脆弱な組織がほとんどであり，その種目におけるスポーツ行為者すべてに大きな影響を与えることのできるスポーツ組織は少ない。

　日本ではサッカーよりも前にプロ・リーグが誕生している野球においても同様の状況であり，その分断された組織の存立により，野球界全体の長の役割としての組織は存在しない。スポーツ種目を統一的に統轄するスポーツ組織がその種目におけるスポーツ制度の「長」となっていないことを，このことは指しており，それよりも狭義の制度（競技会参加者のみの制度やプロ選手のみの制度，大学スポーツ行為者のみの制度など）では，それぞれの組織は長としての役割を担っているだろう[10]。

　また日本サッカー協会が形成されたことにより，先に提示した新たなスポーツ組織論が生じたと考えることもできる。さらに，日本サッカー協会がこれまで述べてきたようなスポーツ組織の自立を成し遂げつつある現状が，日本サッカー協会をガース・ミルズ（1970）が説明する「制度の『長』」にならしめることになり，制度と人の関係を説明する『性格と社会構造』の論理が適用可能となるのである。

　新たなスポーツ組織論とは，スポーツ行為者をその内にもつスポーツ制度の長としてスポーツ組織を捉え，スポーツ組織がスポーツ制度を媒介にしてスポーツ行為者の性格構造（社会的性格）に結びつけられるものとして論じるものである。

　新たなスポーツ組織論における分析では，スポーツ組織がどのようなスポーツ制度の諸局面を構成し，さらにはそれらがどのようにスポーツ行為者の性格構造（社会的性格）にまで影響を及ぼすかということを解釈（説明）するものとなる。そして，スポーツ行為者の性格構造（社会的性格）における問題の解決をスポーツ組織（が生成するスポーツ制度）に求めることになる。

　この論理に基づけば，図2-3のように自立型スポーツ組織による制度的構造を示すことができよう。スポーツ組織は，「多様な」スポーツ・イデオロギー，スポー

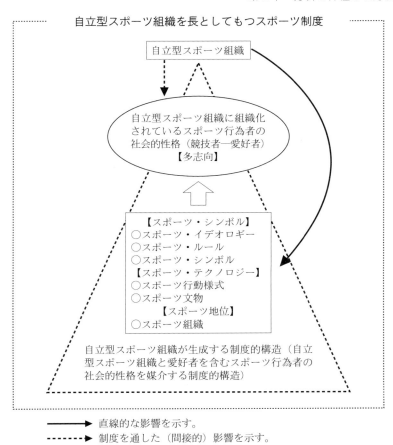

図 2-3 自立型スポーツ組織による制度的構造モデル

ツ・ルール，スポーツ・シンボル，スポーツ行動様式，スポーツ文物，スポーツ組織という要素によって構成される，高度化を強調するだけではないスポーツ制度（制度的構造）を生成することで，愛好者を含むスポーツ行為者を自立的に組織化する「自立型スポーツ組織」として成立することができるようになると説明できる。ここで，この理念型モデルに基づき，日本サッカー協会とサッカー行為者の性格構造との関係を理論的に解釈してみたい。

日本において，高度化を志向するスポーツこそが正統なスポーツであると捉えら

れているとすれば，スポーツ組織に競技者登録をしていない者は，疎外感や劣等感を抱くことが予想できる。それは正統なスポーツから逸脱したと考えることによる疎外感や，ドロップアウトした者であると見下されることによって抱く劣等感などである。なお，疎外感という概念は，先行研究の検討における組織論で議論されていた重要な概念である。

また疎外感や劣等感は，競技技術が高くて実力があり，苦しさや辛さに耐えて勝利を目指す者の価値・評価は高く，そうではない者は評価されにくいというような考え方をもたらす高度化志向に因るものと考えられる。そして，新たなスポーツ組織論によれば，その高度化志向という社会的性格（性格構造）を創りだしているスポーツ制度にこそ，疎外感や劣等感を生成する基底があると考えることができる。

スポーツ制度を創出・形成しているものがスポーツ組織であると捉え，そのスポーツ組織に問題解決を求めることが新たなスポーツ組織論における視座といえよう。したがって図 2-4 のように，サッカー行為者の高度化志向という社会的性格は，競技者登録をしていないサッカー行為者の疎外感や劣等感をもたらすという問題を生じさせ，その問題は，日本サッカー協会が創出・形成するサッカー制度に因るものとして捉えられる。

なお，スポーツ行為者が抱く感情（疎外感や劣等感等）について触れておきたい。ガース・ミルズ（1970，pp. 194-203）によれば，「制度的枠組とコミュニケーション過程にかかわらせないならば，心理状態は理解できない」といい，「…不安は，それぞれの制度的秩序と局面のなかに社会学的に位置づけられるであろう」と，不安と制度との関係を具体的に説明している。不安（具体的な対象や誘因が見分けられない場合の恐れ）は，心理的安定状態とかかわっており，それは安定が広い制度的役割についてか狭い役割についてかという軸と，また長時間か短時間かという軸の 2 軸をかけあわせて 4 分類できるという（伊奈，1991，p. 223）。

伊奈（1991，pp. 222-225）によれば，ガース・ミルズ（1970）が提示した，軍事秩序における不安の語彙（「死」，「敗北」），経済秩序におけるそれ（「損失」，「破産」，「体面」喪失，「失業」），政治秩序におけるそれ（選挙などの「敗北」，「黒幕」，国民・国家の「威信」喪失）の 3 つの領域は，相互に浸透しあい，今日の主要動向をつくり出しているとし，こうした諸制度の相互浸透は，トータルな心理状態としての「神経質」をつくり出すものとされるのだという。これが不安が諸制度の安定と

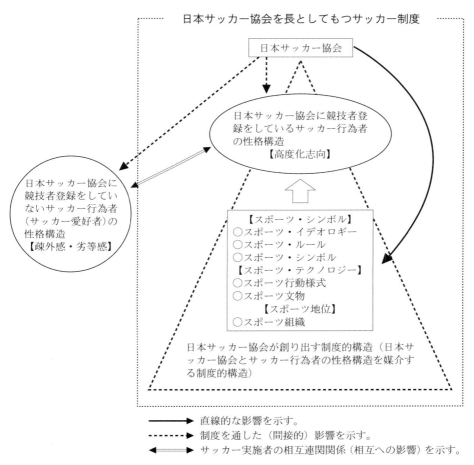

図 2-4 日本サッカー協会とサッカー行為者の性格構造との構造的関係

かかわって説明される，すなわち，「心理状態の社会学的考察が妥当する第一のメカニズムである」と伊奈（1991, p. 224）は述べる。

このようなメカニズムを日本のサッカーに当てはめてみることにする。日本におけるスポーツ行為者は，鈴木（2006, p. 110）が指摘するように，会員としての権利・義務の自覚を持たないまま会員になり（競技者登録をし），脱会している。したがって，競技者登録をしているサッカー行為者は，会員としての自覚がないにも

かかわらず，日本サッカー協会とサッカー行為者との関係では，サッカー行為者の性格構造が日本サッカー協会によって影響を受けているということになる。

また，競技者登録をしていない（脱会した）サッカー行為者も，登録をしていたという自覚がないにもかかわらず，疎外感や劣等感を抱いているということになる。しかし，ミルズ（1965，pp. 210-212）がいうように，「人びとは限られた環境のなかに生きているので，自分の生活条件の原因や，自己自身たりうる限界のすべてを知ることはありえ」ず，「個人的な生活場面や経験に影響を与えるものとして社会構造や構造変化を理解するときに，われわれはそれぞれの環境に埋没している人間が自分では意識しないような，個人的行動や感情の原因をつきとめることができるのである」。

したがって，日本サッカー協会とサッカー行為者との構造的関係は，サッカー行為者の会員（競技者登録者）としての自覚の有無にかかわらないものとして説明できる。図 2-4 のように，日本サッカー協会を制度の長としたサッカー制度を考えると，その制度から外に放たれた（競技者登録をしていない）サッカー行為者は，競技力向上という競争における「敗北」，日本サッカー協会という制度の長がもつ「威信」の喪失などにより，劣等感や疎外感（伊奈（1991）がいうところの具体的な対象や誘因が見分けられない場合の恐れとしての「不安」）を惹起するようになると考えられる。

以上が，日本サッカー協会が生成する制度的構造（「日本サッカー協会―サッカー制度―サッカー行為者の社会的性格（性格構造）」という関係）の理論的解釈である。この解釈及び理念型モデルに基づいて，日本サッカー協会はこれまでどのような制度的構造を創り出そうとしてきたのか，また現状のサッカー制度によってサッカー行為者がどのような問題を抱えているのかということを，第 3 章以降で示していくが，その分析（解釈）方法を次に述べることにする。その前に，ガース・ミルズ（1970）の理論を今日的な問題に適用することの有用性を考えておきたい。

⑶　方法論的論拠

伊奈（2013，p. 1-2）は，ミルズの没後 50 年，生誕 100 年という節目が近いこともあり，「現代社会が直面する社会問題との関わりで，ミルズが読み直されている」という。動機の語彙という概念を柱にして，プラグマティズムや可誤論という方法

論を検討しながらミルズを再評価している。ここでは，伊奈（2013）の議論を簡潔にレビューし，その考え方に基づいてスポーツをみることで，ミルズの理論を今日的なスポーツ現象に適用することの有用性を示したい。

まず伊奈（2013）は，加藤典洋の「無限性／有限性論」について言及している。この考え方は，見田宗介の考え方[11]に依拠しているという。伊奈（2013, pp. 26-27）によれば，「BC500年頃に貨幣流通，海上交通と都市の勃興などを通じて，哲学・思想，世界宗教などにおいて世界同時的に大思想家が登場したことに見田は注目」し，「狭い共同体を超えて，無限に拡がる世界に向かって生きること，そして新しい世界を構想することがそこでの課題となった」という。しかし今日では，「無限化は飽和状態に達し，今度は『有限性』に向かって生きることが課題となった」（伊奈，2013, p. 27）という。さらに，その見田の考えに対する加藤の検討について，伊奈（2013, p. 27）は次のように述べている。

> 加藤の省察は，いわゆる「右肩上がり」の経済成長が無限に続くという仮定が見直しを余儀なくされはじめたという判断からはじまっている。一方で，そうした仮定はグローバル化という自由主義の徹底・純化に対する異議申し立てに直面する。9.11はそれを象徴する出来事である。他方で，3.11は地球環境の有限性という問題を突きつけている。これを冷戦の終結と照らし合わせ，加藤は次のような図式化を行っている。
>
> 　1991年のソ連崩壊による世界の無限性の終わりのはじまり
>
> 　2001年の9.11による「北」の視点の溶解，そして
>
> 　2011年の3.11による世界の有限性の浮上

現代は，これまでの「無限性」から「有限性」に向かって生きることが課題となっている時代であり，ソ連崩壊，9.11，3.11などによって，これまでの「正しさ」に対して「誤り」を重視する「可誤論」の重要性が指摘されているものとして捉えられる。また伊奈（2013, pp. 30-31）によれば，加藤はプラグマティズム[12]はヨーロッパ的な知という「正しさ」と向かい合い，日本の戦後思想は天皇制やアメリカという「正しさ」と向かい合ったが，その「正しさ」を検討し，判断を行う基盤をつくる（可誤論の）必要性を指摘しているという。

このような「可誤論」や「無限性／有限性論」の議論から，伊奈（2013, pp. 27-29）は，「西欧化という無限化に立ち向かったプラグマティズムの思想性」（伊奈，2013,

p. 28)（＝南北戦争後の思想）も同じように理解でき，「正しさ」よりも「誤り」を重視するものであると述べている。そして戦争や敗戦は，その「正しさ」を検討する機会を与えるものだが，その機会を得るために戦争を起こすわけにもいかないことから，「すぐれて実験的な思考としてのプラグマティズム」が重要になるという（伊奈，2013，p. 25）。

なおプラグマティズムとは，あいまいさが残ることを前提にして，「後付け」の「つじつま合わせ」で問題解決を図る思想であり，そこで重要なことは，「一々戦うのではなく，実験的なシミュレーションにより問題を計測し，『落としどころ』をみつけることである」と伊奈（2013，p. 29）は説明する。さらに，「ミルズの言説は，加藤典洋の『可誤論』というプラグマティズムの方法論に通底するものがあるように思う」（伊奈，2013，pp. 30-31）という。ミルズの「可誤論」に基づく方法論に言及し，「第二次世界大戦や冷戦のなかで固まっていった，多元的なアメリカ社会という『正しさ』」（伊奈，2013，p. 30）の無限化に対して，実験的なシミュレーションを可能にする想像力を用いて「おりあい」をつけようとしたところに，「ミルズの批評性，今日的な作品性」（伊奈，2013，p. 31）があると指摘している。

このような視点から日本におけるスポーツを捉えてみると，明治期に日本に移入された近代スポーツは，これまで高度化と普及（特に，高度化されれば普及がなされ，普及されれば高度化がなされ，それらは人びとに幸福をもたらす）という「正しさ」を無限化するという時代を経てきたものと考えられる。

しかし，セカンドキャリア問題やドロップアウト問題などの高度化による弊害や，普及されることによる敗者の増大，マイナー競技と呼ばれる種目においては，競技レベルの向上に反して普及されない状況[13]など，これまで「正しい」と考えられてきた高度化・普及に対して，その「誤り」を重視し，批評していくことが求められているといえる。ここに，ミルズの理論を今日的なスポーツ現象に適用する論拠が示されると考える。

そしてミルズの『性格と社会構造』の理論を用いるわけだが，その『性格と社会構造』の理論の基本となる着想は動機の語彙論あるいは動機付与論であるという（伊奈，2013，p. 81）。この動議の語彙論あるいは動機付与論とは，「人間の内側に行為の原因 "Why?" を問いかける動機論を批判し，行為の状況がどのように社会

的に説明・納得されるか "How?" を問いかけ，人間の外側から付与される動機を観察する動機論」（伊奈，2013，p. 93）である。これは「動機は，個人の『内部に』固着した要素ではなく，社会的行為者たちによって行動の解釈が進められていくための条件なのであ」り，「行為者による，このような動機の帰属づけと言語的表現とは，社会現象として説明されなければならない」（ミルズ，1971，p. 345）ものとして考えることである。この着想から導かれる『性格と社会構造』の理論は上述したとおりである。

　なおガース・ミルズ（1970，pp. 7-8）は，『性格と社会構造』のまえがきの中で，「社会全体の歴史的変化とともに，忠誠の空しさ，根の深い不機嫌として描かれねばならぬものが，西欧民主主義の公共的生活のなかに生まれ出てきた。その社会的-歴史的基盤がなんであろうと，この不機嫌な感じは心理学的な平面で経験されるものである。…今日のアメリカにおけるラディカルとリベラルとは，物質的搾取よりも心理的搾取に，…関心をいだくことが多い」と述べている。

　さらに，「われわれの中心目的は，さまざまな種類の社会構造において生まれ育ってきた人間の諸タイプを理解しようと努めるなかで，世界史の資料と社会科学や心理学の展望を用いることによって，ひとつの作業モデルを築きあげることである」（ガース・ミルズ，1970，pp. 15-16）という。

　そして古城・杉森（1970，p. 496）は，その解説の中で，このガース・ミルズの議論を，「アメリカ社会の現実のなかに顕著にあらわれつつあった人間と社会の分裂の危機を，両者の有機的統合のうちに解決を求めようという動向に沿ったものということができよう」と述べている。ここでは，ガース・ミルズが，人間と社会の有機的統合の作業モデル（メカニズム）を示すことによって，人々の心理的問題（忠誠の空しさ，根の深い不機嫌な感じなど）の解決を，社会構造（の変革・創造）に求めていたことが窺える。

　人間の心理的部分から社会構造を分析する作業モデルが，ガース・ミルズの示した性格構造と社会構造のモデルであると考えられる。この作業モデルを用いて，サッカー行為者の性格構造とサッカー制度との関係を分析し，その制度の長として日本サッカー協会を位置付ける議論は，今日においても一定の妥当性が得られるものと考えられよう。

② 分析の方法

　第3章では，日本サッカー協会が愛好者を組織化する自立的なスポーツ組織として成立するための，同協会のサッカー行為者の組織化の方向性の現状を，同協会が創り出している制度的構造の特徴を解釈することで示す。

　第4章では，サッカー行為者が組織化される，あるいは，組織化されないことでどのような問題を抱えているのかを，特に彼らの社会的性格（性格構造）に焦点をあてて明らかにする。なお，社会的性格（性格構造）とは，先行研究の検討で述べたように，曖昧性を含む概念として捉え，感情や意志，高度化志向，劣等感や疎外感，あるいは不満や不安などの心理的側面をも含むものとして考える。

　第5章では，本章で示した理念型モデルに基づき，第3章と第4章の結果を踏まえ，「自立型スポーツ組織」に向けた日本サッカー協会とサッカー行為者との構造的関係（日本サッカー協会が生成する制度的構造）の現状を解釈し，その課題を示す。そこで本節では，これらの分析・解釈の方法を述べておく。

　まず，スポーツ組織とスポーツ行為者の社会的性格（性格構造）とを媒介する制度的構造（の特徴）は，ガース・ミルズ（1970）の制度を構成する局面を用いて示す。ただし菊（1993，p. 32）が指摘するように，それらの局面は様々に類型化することが可能であり，分析目的に合わせた類型化をする必要があるため，ここで，菊（1993）が類型化した局面の要素を検討し直し，本研究の目的に適した局面を設定しておこう。菊（1993，pp. 33-34）が示した要素は下記のとおりである。

(1)　スポーツ・シンボルの局面

　①　スポーツ・イデオロギー[14]

　　　ある程度理念的に整序されているところの観念の形態及びその体系であり，より簡単に言えば制度を支える人々の考え方，それに対する意味，価値の付与の総体。

　②　スポーツ・ルール

　　　明示的なゲーム・ルールや黙示的なルール，組織に関連したルール（協会規約等）。

③　スポーツ・シンボル

　　プレーヤーの知名度やチーム名，技術名称，儀式等に代表される記号的シンボル。

(2)　スポーツ・テクノロジーの局面

④　スポーツ行動様式

　　スポーツ技術及びそれを高めるための練習方法，慣習的行為。教育局面としてのスポーツ技術の伝達行為をも含む。

⑤　スポーツ文物

　　スポーツで使用される一切の用具，施設，その他の物的条件。

(3)　スポーツ地位の局面

⑥　スポーツ組織

　スポーツ集団（クラブ，運動部，チーム）やそれらを統括するアソシエーション（協会，連盟，コミッショナー）等。なお競技会（大会）は，地位―役割を付与されたプレーヤーによる集団間での組織的なゲームとして捉えられるので組織に含めて考えることにする。

　菊（1993，p. 32）は，「スポーツ教育の局面は，スポーツ制度内に教育制度の介入が行われることによって実現される場合が多く，具体的には学校がその役割の大半を担っているといっても過言ではない。そこで，ここではスポーツ制度内の教育局面を技能，技術の向上を図る伝達教育という極めて限定した内容として捉え，スポーツ行動様式にかかわる側面として類型化しておくことにする」という。

　菊（1993，p. 30）は，これらの諸構成要素の設定により，従来の野球制度からプロ野球制度への「変質を特徴づける共通の制度内的諸構成要素の抽出」が可能になるとしている。本研究では，菊（1993）のように制度化あるいは制度の変質を特徴づける諸構成要素ではなく，既に制度化（確立）された制度を特徴づける諸構成要素を設定する必要がある。確立されたスポーツ制度の構造を分析した中山（1985）も，スポーツ制度の構造を，シンボル局面，テクノロジー局面，教育局面，組織局面に類型化しており，基本的には菊（1993）のスポーツ・シンボルの局面，スポーツ・テクノロジーの局面，スポーツ教育の局面，スポーツ地位の局面に対応したものとなっている。

　ただし中山（1985，p. 6）は，ガース・ミルズ（1970）のいう「制度と組織の区

別は曖昧であり，しかも地位局面については社会成層との関連において捉えられている」ことから，制度の特性を把握するという目的には，「むしろ，組織を制度の構成要素として考え，地位はそれにおいて理解するという方が…有効かつ妥当」であると述べている。菊（1993）も，スポーツ「地位」の局面としているものの，その構成要素をスポーツ「組織」としており，中山（1985）と同じ考え方であるといえよう。したがって，菊（1993）が設定した諸構成要素を，確立したスポーツ制度の分析用具として用いることも妥当であると考えられる。

また日下（1996）も，多数の文化・社会学者の制度についての見解を参考にして，スポーツ制度の構成要素を，①スポーツ組織，②スポーツ・ルール，③スポーツ行動様式，④スポーツの物的条件，⑤スポーツ・イデオロギーと定めている。これらは，まさに菊（1993）が設定した諸構成要素に対応しているものとして考えられる。

日下（1996）の要素には，菊（1993）が設定した③スポーツ・シンボルという要素が含まれていないが，その要素の根拠となったガース・ミルズ（1970）のシンボル概念は，イデオロギー，ルール，物的条件に含まれているものとして捉えられる（日下，1996，p. 20）。

以上から，中山（1985）が類型化した4つの局面や日下（1996）が設定した5つの要素を用いることも可能ではあるが，ガース・ミルズ（1970）の理論から設定し，それらのなかでは最も多い6つの要素に分類した菊（1993）の諸構成要素を本研究の分析用具とすることが有効かつ妥当であると考え，援用することにしたい。そして，スポーツ制度を構成する局面の6要素を，第3章以降の分析対象（機関誌，ライフヒストリー）から解釈することで，制度的構造の特徴を提示することにしたい。

第3章では，日本サッカー協会が主体的に形成しようとしてきた制度的構造，すなわち日本サッカー協会によって形成されてきた制度的構造の特徴を明らかにする。その特徴を日本サッカー協会発行の機関誌を分析するという方法で示していきたい。

機関誌とは，「政党や研究所などの団体または個人が，その活動内容などの発表・宣伝・連絡のために発行する新聞や雑誌類」（新村編，2008，p. 661）である。日本サッカー協会の機関誌である「サッカー JFA NEWS」第1号で，当時の同協会専務理事であった長沼（1978，p. 16）は，「広報委員会で，この JFA ニュースを発展，

拡充させるべきだという意見が強く，案をまとめて理事会に提出し同意を得ることができた」と説明している。また，「常に協会が何を考え，何をやっているのかを明確に示せるだけのものにしていきたいと願っている」（長沼，1978，p. 16）と述べている。編集委員長の鈴木（1978，p. 64）は，機関誌はどうあるべきかということについて，「協会は今，何を考え，何をしているか，将来へどんな展望を抱いているか—を中心のテーマにしていくつもりです」と述べ，日本サッカー協会の意思を反映するものであるとしている。さらに第99号，第176号（創刊20周年），第300号という節目に，歩みや意義を確認している。第176号では，「趣意は，現在も継続されています」（富岡，1999，p. 36）といい，第300号でも，JFA広報部部長で編集長の松田（2009，p. 7）は，機関誌について，「協会発行のオフィシャル誌として，これまでの流れを踏襲しつつ，…改善を重ねていかねばならない」といっている。

　当初から現在まで，日本サッカー協会は機関誌を同協会の意思を示すものとして捉えているため，機関誌の内容を分析することにより，同協会が主体的に形成しようとしてきた制度の特徴を理解することができるものと考える。具体的には第3章で示すが，サッカー制度を構成する局面のそれぞれの要素について，日本サッカー協会が強調していたと考えられる事柄を，機関誌のテーマ・内容からよみとる（解釈する）ことで，制度的構造の特徴を示す。

　第4章では，サッカー行為者の社会的性格（性格構造）に特に注目して，組織化の有無により彼らがどのような問題を抱えているのかを明らかにする。序章では，高度化への偏重がドロップアウトやセカンドキャリアの問題などの弊害をもたらしていると説明し，日本においては高度化（競技力向上）を志向するスポーツこそが正統なスポーツであると捉えられているとすれば，スポーツ組織に競技者登録をしていない愛好者は，疎外感や劣等感を抱くことが予想できると指摘した。そこで，日本サッカー協会の競技者登録者（以下「登録者」と略す）と未登録のサッカー愛好者（以下「未登録者」と略す）の社会的性格を調査し，その問題を指摘する。「疎外」や「帰属」などの概念を用いて議論される個人の不満や不安，劣等感，疎外感を含む社会的性格について，登録者と未登録者を比較することでサッカー行為者の問題を示す。そのために，スポーツ行為者の社会的性格にかかわる要素を明らかにすることができるスポーツ行動予測モデルを用いて調査・分析していく。このモデルや具体的な調査・分析方法については第4章で説明する。

第5章では，日本サッカー協会が主体的に形成しようとしてきた制度的構造と，サッカー行為者が抱える社会的性格（性格構造）の問題とが，分析枠組みに基づくと，どのように解釈できるのかということを示す。そのために，ライフヒストリー分析[15]という手法を用いることにする。中野・桜井（1995, p. 8）によれば，「あらためて断るまでもなく，ライフヒストリー研究法は，個人のパースペクティブ，すなわち価値観，状況規定，社会過程の知識，体験をとおして獲得したルールなど，にアクセスする方法である」という。彼らによれば，社会学では20世紀初頭にライフヒストリーが頻繁に用いられていたが，1940年代後半になると，統計的調査法（数量的な分析）と構造機能主義（抽象的な理論化）が社会学の主流になったという（中野・桜井，1995, pp. 7-8）。

　しかし，1950年代の終わりになって，これらの主流の社会学に対してミルズがその著書『社会学的想像力』を通していち早く疑念を表明し，1970年代後半になってあらためて光があてられたライフヒストリー法が注目を集めるきっかけになったと中野・桜井（1995, pp. 7-8）は指摘する。このことは，ミルズの理論を分析の枠組みとした分析方法として，ライフヒストリー法を用いる妥当性を示す1つの根拠といえるかもしれないが，その主な根拠は次に示すとおりである。

　ライフヒストリー法は，「とくに仮説索出のプロセスにおいて強みを発揮する」（谷，2008a, p. iv）ことから，サッカー行為者の社会的性格（性格構造）と，それが形成される制度的構造の特徴との関係がどのようなものであるかという仮説を索出することができるものと考えられる。また，「ライフヒストリー法は，個人と組織・制度・システムを一挙に視野に入れ，個人史と社会史，主観的世界と客観的世界，これらの連動関係を把握しようとする」（谷，2008a, p. iv）ものであり，まさに本研究の分析の射程と同じであるといえよう。ただし谷（2008b, pp. 7-8）は，ライフヒストリー法におけるライフとは何かということについて，「生活の多様性は，調査者が生活のどの側面を把握し，解明しようとしているのかという，調査者の視点と問題意識を要請する」といい，ライフヒストリー分析には，調査者の視点と問題意識が戦略として必要であるとともに，「調査者の主体的な構え＝視点があってはじめてそれに呼応する対象のある側面が意識の上に現象する」と述べている。

　このことから，サッカー行為者のライフヒストリーを単純に調査して分析するのではなく，「サッカー行為者の性格構造―サッカー制度―日本サッカー協会」の構

造的関係を踏まえた新たなスポーツ組織論的視点をもって分析することで，サッカー行為者の性格構造が形成される制度的構造の特徴が説明できるものと考えられる。ライフヒストリーの具体的な解釈方法については第5章で示すことにする。

　なお，ライフヒストリー分析から解釈するサッカー行為者の性格構造は，先に定義したように「人の社会的役割と結びついた有機体の心的構造の，比較的安定した統合体を指し，社会的構造から一般的に説明され得るもの」としていることから，一時的な感情や心理ではなく，対象者がある程度の期間有していたと考えられるそれとして捉えることにする。

　ここで谷（2008a, p. iv）は，「ライフヒストリー法は事象の個別性，固有性を重視すると同時に，個別を通して普遍にいたる道を志向する。個性記述の蓄積を通して類型構成へいたることができる」ものとしている。しかし，スポーツに関連する分野において，ライフヒストリー法を用いた研究では，トップレベルのアスリートや障害者を対象とした研究[16]がほとんどであり，その個別性や固有性を重視するものに止まっているように思われる。また，スポーツ的社会化論の枠組みのなかで分析されているため，その中心的議論は個人の問題として捉えるに止まっているという課題があり，その問題を解決するような社会構造的変革という視点を踏まえた議論が求められている。したがって，「個別を通して普遍にいたる道を志向」し，先に示した理論的解釈を踏まえて分析していくことにしたい。

③ まとめ

　本研究の目的は日本サッカー協会が，スポーツ愛好者を組織化する自立的なスポーツ組織として成立するために，同協会が生成する制度的構造の現状と課題を明らかにすることである。そのために，理念型モデルとしての「自立型スポーツ組織による制度的構造モデル」を，日本におけるサッカー行為者の社会的性格（性格構造）と日本サッカー協会との，サッカー制度を媒介とした関係を踏まえて提示する必要があることから，制度としてのスポーツ論に援用され，スポーツ制度とスポーツ行為者の性格構造との関係の分析を可能にするガース・ミルズ（1970）の『性格と社会構造』の理論を検討した。その理論を踏まえて，スポーツ制度の長としてスポー

ツ組織を位置づけることによって，新たなスポーツ組織論を提示した。

新たなスポーツ組織論とは，スポーツ行為者をその内にもつスポーツ制度の長として スポーツ組織を捉え，スポーツ組織がスポーツ制度を媒介にしてスポーツ行為者の社会的性格（性格構造）に結びつけられるものとして論じるものであり，スポーツ行為者の社会的性格（性格構造）における問題の解決をスポーツ組織（が創りだすスポーツ制度）に求めるものである。そして，その新たなスポーツ組織論に基づけば，スポーツ組織は，「多様な」スポーツ・イデオロギー，スポーツ・ルール，スポーツ・シンボル，スポーツ行動様式，スポーツ文物，スポーツ組織という要素によって構成される，高度化を強調するだけではないスポーツ制度（制度的構造）を生成することで，愛好者を含むスポーツ行為者を自立的に組織化する「自立型スポーツ組織」として成立することができるようになると説明できる。

この理念型モデルに基づき，日本サッカー協会とサッカー行為者の性格構造との関係を理論的に解釈してみると，サッカー行為者の高度化志向という社会的性格（性格構造）が，競技者登録をしていないサッカー行為者の疎外感や劣等感をもたらすという問題を生じさせ，その問題は，日本サッカー協会が創出・形成するサッカー制度に因るものとして捉えられることを示した。また伊奈（2013）によるプラグマティズム，可誤論，動機の語彙論などの議論を通じて，ガース・ミルズ（1970）の理論を今日的なスポーツ現象に適用する論拠とその妥当性を示した。

理論的解釈（分析枠組み）に基づいて，日本サッカー協会が生成する制度的構造の現状と課題を明らかにするため，第3章以降での具体的な現象の分析（解釈）方法を示した。

第3章では，ガース・ミルズ（1970）の『性格と社会構造』に基づいて菊（1993）が設定した分析用具を援用して，日本サッカー協会が創り出している制度的構造の特徴を示すことを，その論拠を含めて説明した。

第4章では，サッカー行為者が組織化される，あるいは組織化されないことでどのような問題を抱えているのかを，スポーツ行動予測モデルを用いた調査・分析により登録者と未登録者を比較することで示していくことを説明した。

第5章では，日本サッカー協会が主体的に形成しようとしてきた制度的構造と，サッカー行為者が抱える社会的性格（性格構造）の問題との関係について，分析枠組みとライフヒストリー分析という手法を用いて解釈することを，ライフヒストリ

第 2 章　分析の枠組みと方法　**81**

ーの説明とともに述べた。

　以上の分析枠組み及び方法から，次章以降で，具体的な現象を分析・解釈してく
ことにする。

注

1)　菊 (1993) は，制度としてのスポーツの 6 要素を定めた後，野球を例として，野球イデオロ
　　ギーなどを含む野球制度について議論している。したがって，「スポーツ制度」や「スポー
　　ツ・イデオロギー」等の諸要素が特定のスポーツ種目をも想定していることは明らかである。
　　そこで，本研究におけるサッカーを事例とした議論では，「スポーツ制度」や「スポーツ・
　　イデオロギー」等の諸要素は，サッカーにおけるスポーツ制度やサッカーにおけるスポーツ・
　　イデオロギー等を指し，それぞれサッカー制度やサッカー・イデオロギー等と同義のものと
　　して捉える。
2)　ガース・ミルズ (1970, p. 420) によれば，「制度とは，メンバーが役割の全体的布置連関を
　　外面的にも内面的にも保障してもらおうと上長的役割を占める者に期待するような，権威の
　　格差ある役割の布置連関である」という。
3)　「(1)政治秩序は，その内部で人々が，社会構造内部の権威の配分を獲得し，支配し，影響を
　　及ぼすような諸制度から成っている。(2)経済秩序は，それによって人々が，財とサービスの
　　生産と分配のために，労働と資源と技術用具を組織だてるような諸制度から組みたてられて
　　いる。(3)軍事秩序は，そのなかで人々が合法的暴力を組織し，その使用を監督するような諸
　　制度から構成されている。(4)親族秩序は，正統な性交，出産，そして幼児期の子供のしつけ
　　を統制し，促進させるような諸制度から組みたてられている。(5)宗教秩序は，そのなかで人
　　々が，つねに規則的な時と定まった場所で，神や神々への集合的な崇拝を組織し，管理する
　　ような諸制度から構成されている」(ガース・ミルズ，1970, p. 43)。
4)　ガース・ミルズ (1970, pp. 46-47) は 4 つの諸局面を次のように説明している。①シンボル
　　は，視て感じとられるか，聴いて感じとられる，記号，信号，表象，儀礼，言語，音楽，そ
　　の他の芸術といったもの。シンボルがなければ，われわれは人間の行為者の行為を理解でき
　　ないだろうし，また，通常は，行為者がこうしたシンボルを信用し，使用することから，制
　　度的秩序の支持や正当化がもたらされるのである。②テクノロジーは，用具，装置，機械，
　　器具，あらゆる種類の物理的考案物をともなった行為の道具化を指している。そのような道
　　具に加えて，テクノロジーの局面は，技能，器用さ，熟達といったものを指しており，それ
　　でもって，人々は自分の役割の要求に応ずるのである。③地位の局面は，社会構造のメンバ
　　ーのなかに，威信や敬意や名誉を分配する機関と手段とから成っている。④教育の局面は，
　　いまだ技能と価値を身につけていない人々に，それらを伝達することにかかわりのある制度
　　や活動から成っている。
5)　ここで「長」として想定されているのは，絶対的な権力を有する個別の役割をもった個人
　　(1 人) を意味し，絶対的優位性を有するもののように考えることもできよう。そうすると，

固定的，絶対的な存在としてのスポーツ組織像しか想定できなくなり，その組織を構成している登録団体や登録競技者が組織を創造する側面を捨象してしまうという批判を免れない。しかし，ガース・ミルズ（1970, p. 272）は，宗教秩序における「長」を教会としており，必ずしも1人を想定していないと考えられる。また，家父長制的親族体系の父親でも，その父親のさらに親や祖先などの考え，家族の考え等を考慮した父親自身の中（内部）での様々な葛藤などを含みこんだ動態であると捉えることも可能だろう。さらに，政治秩序の王様についても，周囲の権力抗争を考慮し，自身の内部での葛藤を含みこんだ動態と捉えることができよう。したがって，どちらもそれぞれの「制度での様式に従っている人びとにとって」は，「もっとも重要な『他者』で」はあるが，制度での様式に従っている人びとが（意識的か無意識的かは別として）父親や王様という「長」を変革・創造していくこと（「長」に影響を与えること）は可能と考えることができよう。ガース・ミルズ（1970, p. 27）は，「家父長制家族の家長は，妻と子供たちから，一定の状況に遭遇したばあいに一定のしかたで行為することを期待されている」と述べており，妻と子供たちが家長に影響を与えるものと捉えていると考えられる。

6) 菊（1993, pp. 26-28）は，スポーツを「身体的技量の競争を組織している制度」と定義している。また，スポーツを制度として捉えることができる根拠は専攻研究の検討で述べたとおりである。

7) ここでの「スポーツ組織」とは，「スポーツ集団（クラブ，運動部，チーム）やそれらを統括するアソシエーション（協会，連盟，コミッショナー）等」（菊，1993, pp. 33-34）を指す。本研究で定義する「スポーツ組織」は，菊（1993）が指摘する「スポーツ地位の局面としてのスポーツ組織」の中で，制度の長の役割を担っている「スポーツ組織」を指している。すなわち，スポーツ組織が制度のなかの一部（局面）であると同時に，制度を創り，制度を通して人に影響を及ぼすものであると捉えている。制度の局面を構成する要素として「スポーツ組織」という語を用いる場合の捉え方は以下同様とする。

8) ここでは，新たなスポーツ組織論におけるスポーツ組織の条件を説明することが目的であるため，そのイデオロギーの内容については今後の議論とする。

9) ここでは，日本サッカー協会は，スポーツの中のサッカーという種目の制度の中の「長」として捉えており，スポーツ組織がスポーツ制度の「長」であるという議論の一例として，日本サッカー協会を取り上げて議論している。ガース・ミルズが示している家父長制的親族体系の父親についても，父親は複数存在しているが，それぞれの親族の中での父親は複数いないものと考えられるのと同様に，スポーツ組織は複数存在するが，サッカーという種目の中での「長」は日本サッカー協会であると考えられよう。

10) 例えば，公益財団法人日本体育協会は，日本におけるスポーツ全体の振興に関する制度において「長」としての役割を担うことになり，公益財団法人日本オリンピック委員会は「五輪」というイベントに関する制度において「長」としての役割を担うものと考えられる。さらに，スポーツ組織の主管省庁である文部科学省は，それらを包括したスポーツすべてにかかわる制度の「長」としての役割を担うものと考えることもできる。したがって，組織的な秩序体系は，それぞれの目的に応じて「長」としての役割を担うものは異なってくると考えられる。

本研究では，スポーツ種目の質的深化を伴った量的拡大という目的の下に，長の役割を担うスポーツ組織について論じている。

11) 東京大学大学院人文社会系研究科グローバル COE プログラム「死生学の展開と組織化」（2009）のシンポジウム報告論集において，見田宗介氏の「軸の時代Ⅰ／軸の時代Ⅱ－森をめぐる思考の冒険」という題目の基調報告のなかで示されている考え方を指している。

12) 青木（1993，p. 1274）によれば，プラグマティズムとは，「アメリカに生まれた最初の哲学思想」であるが，「哲学思想として統一された体系をもつというよりは一つの心的態度であり，一つの運動である」という。そして，「その特徴は，知識と真理を道具的に捉える考え方，すなわち不確定な事態を確定的な事態へ均衡回復する機能をもつのが，知識や思想などの諸観念であって，真理とはそれらが有効な（practical）効果や結果をもたらすかどうかによって決定されるとするところにある」という。

13) 北京五輪とロンドン五輪でフェンシングの銀メダルを獲得した太田雄貴選手が，五輪後もフェンシングの競技人口が横ばいであることに対して，メダルをとれば競技人口が増えると思っていたが，メダルをとって競技力が向上しても普及されないことを痛烈に感じたという記事が朝日新聞（2012c）に掲載されている。

14) 菊（1993，p. 33）は，「分析のための段階的把握として，ここでは特定個人のもつ『考え方』のイデオロギー的性格を『信念』とし，特定集団のそれを『信条』とし，それらがスポーツ界全体に明示され得る段階にまで達したものを『イデオロギー』として一応区別しておく。しかし，イデオロギーの内容をその深部まで論じるためには，信条や信念に対する総合的な洞察が必要となってくるのであり，これらは区別されながらも，あくまで総体として捉えられなければならない」という。

15) ライフヒストリー法には，その方法における最も大きな批判の論点ともいえる，ライフヒストリーは事実か観念的構築物なのかという議論がある。この点について，谷（2008b，p. 15）は，「観察可能で，測定可能で，再現可能で，反証可能で，一般化可能な，そういう『事実』に基づいて理論は形成されなければならないとする」実証主義の立場からは，ライフヒストリーには，学歴や職歴，実際に起こった出来事などとは異なり，行為の主観的動機や体験の意味づけというものが含まれ，それらは「事実」とは認定されないという。しかし谷（2008b，pp. 16-17）は，行為の主観的意味を解釈する解釈学的方法，マクス・ヴェーバーの「意味適合的」方法の指針，鯨岡峻の「エピソード記述」などの議論に基づいて，それらも事実であると考える論拠を説明している。そして，「社会事象を，実証主義的『事実』のみならず，そこに生きる人間の行為の意味も含めて理論的に解明する，そういう経験科学を構想しよう。ヴェーバーも，その著『プロテスタンティズムの倫理と資本主義の精神』などを読めば，実証主義的方法と解釈学的方法を統合する立場こそが経験科学のめざすべき道であると考えていたことがわかる」と述べている。また，中野（1995，pp. 191-193）も，ライフヒストリーは，「架空の物語ではなく，共に本人・研究者双方にとって歴史的現実としての信憑性をそなえた歴史として再構成されたもの」であり，「精神医学などで対象者のライフヒストリーの再構成が診断や治療に役立つのも，そのライフストーリーがフィクションではなく，自分の人生の現実を本人が自己の経験に即して語った信憑性あるものだからである」と述べ，

「私小説や歴史文学のような創作，つまり現実の人生や歴史に虚構を加え芸術的に再構成されたフィクションからは厳密に区別される」と説明し，ライフヒストリーを「事実」として捉えることの根拠を示している。

16) 佐藤（1995，pp. 13-14）が示唆しているように，日本におけるライフヒストリー研究はまだ十分に行われてきているとはいえず，スポーツに関連する分野においても，同法を用いた研究は少ないといわざるを得ない。しかし水上（2009），吉田（2001，2006，2010）などのトップレベル競技者を対象とした研究や，後藤（2010b），藤田（1998）などの障害者を対象とした研究など，近年，少しずつではあるが，増加傾向にある。

第3章
日本サッカー協会によって形成されてきた制度

1 分析の方法

　第2章で理論的に示した分析の枠組み及び方法に基づき，日本サッカー協会によるサッカー行為者の組織化の方向性の現状を示すために，同協会が創り出している制度的構造の特徴を機関誌から分析・解釈する。同協会が主体的に形成してきた制度が実際にサッカー行為者にどのような影響を及ぼしたかということについての検討は，第4章を踏まえて第5章で行う[1]。

(1) 機関誌の概要

　日本サッカー協会の前身である大日本蹴球協会が1921年に創立されてから現在まで，日本サッカー協会（前身の日本蹴球協会及び大日本蹴球協会を含む）が発行した機関誌は下記のとおりである。

① 1921〜1958年

　1921年から1958年までは，表3-1に示すように，「蹴球」や「SOCCER」という機関誌名で，不定期に計80回発行されている[2]。

表 3-1　1921〜1958年に発行された機関誌一覧

No.	年　月	タ　イ　ト　ル	出版・発行者	備　　考
1	1922　7	大正十年度会報第一号	大日本蹴球協会発行	
2	1929　—	昭和三年度会報	大日本蹴球協会発行	
3	1929　10	昭和四年十月会報臨時号	大日本蹴球協会発行	
4	1931　8	蹴球評論創刊号	蹴球同好会発行	
5	1931　12	蹴球評論第2号	蹴球同好会発行	
6	1931　10	蹴球　第1号	大日本蹴球協会発行	
7	1933　2	蹴球　第2号	大日本蹴球協会発行	

No.	年　月	タ　イ　ト　ル	出版・発行者	備　　考
8	1933 4	蹴球　第3号	大日本蹴球協会発行	
9	1933 6	蹴球　第4号	大日本蹴球協会発行	
10	1933 8	蹴球　第5号	大日本蹴球協会発行	
11	1933 8	蹴球年鑑　1932年	大日本蹴球協会発行	
12	1933 10	蹴球　第6号	大日本蹴球協会発行	
13	1933 12	蹴球　第7号	大日本蹴球協会発行	
14	1934 2	蹴球　第2巻　第1号	大日本蹴球協会発行	
15	1934 4	蹴球　第2巻　第2号	大日本蹴球協会発行	
16	1934 8	蹴球　第2巻　第3・4号	大日本蹴球協会発行	第10・11合併号
17	1934 10	蹴球　第2巻　第5号	大日本蹴球協会発行	
18	1934 12	蹴球　第2巻　第6号	大日本蹴球協会発行	
19	1935 2	蹴球　第3巻　第1号	大日本蹴球協会発行	第14号
20	1935 4	蹴球　第3巻　第2号	大日本蹴球協会発行	
21	1935 9	蹴球　第3巻　第3号	大日本蹴球協会発行	
22	1935 10	蹴球　第3巻　第4号	大日本蹴球協会発行	
23	1935 12	蹴球　第3巻　第5号	大日本蹴球協会発行	
24	1936 1	蹴球　第4巻　第1号	大日本蹴球協会発行	
25	1936 6	蹴球　第4巻　第2号	大日本蹴球協会発行	
26	1936 7	蹴球　第4巻　第3号	大日本蹴球協会発行	
27	1936 9	蹴球　第4巻　第4号	大日本蹴球協会発行	
28	1936 12	蹴球　第4巻　第5号	大日本蹴球協会発行	
29	1937 1	蹴球　第4巻　第6号	大日本蹴球協会発行	
30	1937 5	蹴球　第5巻　第1号	大日本蹴球協会発行	
31	1937 7	蹴球　第5巻　第2号	大日本蹴球協会発行	
32	1937 9	蹴球　第5巻　第3号	大日本蹴球協会発行	
33	1937 11	蹴球　第5巻　第4号	大日本蹴球協会発行	
34	1938 1	蹴球　第5巻　第5・6号	大日本蹴球協会発行	
35	1938 3	蹴球　第5巻　第7号	大日本蹴球協会発行	
36	1938 6	蹴球　第6巻　第1号	大日本蹴球協会発行	
37	1938 8	蹴球　第6巻　第2号	大日本蹴球協会発行	
38	1938 10	蹴球　第6巻　第3号	大日本蹴球協会発行	
39	1938 11	蹴球　第6巻　第4号	大日本蹴球協会発行	
40	1938 12	蹴球　第6巻　第5号	大日本蹴球協会発行	
41	1939 1	蹴球　第7巻　第1号	大日本蹴球協会発行	
42	1939 2	蹴球　第7巻　第2号	大日本蹴球協会発行	
43	1939 3	蹴球　第7巻　第3号	大日本蹴球協会発行	
44	1939 4	蹴球　第7巻　第4号	大日本蹴球協会発行	
45	1939 5	蹴球　第7巻　第5号	大日本蹴球協会発行	
46	1939 6	蹴球　第7巻　第6号	大日本蹴球協会発行	
47	1939 7	蹴球　第7巻　第7号	大日本蹴球協会発行	
48	1939 8	蹴球　第7巻　第8号	大日本蹴球協会発行	

第3章　日本サッカー協会によって形成されてきた制度　*87*

No.	年　　月	タ　イ　ト　ル	出版・発行者	備　　　考
49	1939 9	蹴球　　第 7 巻　　第 9 号	大日本蹴球協会発行	
50	1939 10	蹴球　　第 7 巻　　第10号	大日本蹴球協会発行	
51	1939 11	蹴球　　第 7 巻　　第11号	大日本蹴球協会発行	
51	1939 11	蹴球　　第 7 巻　　第11号	大日本蹴球協会発行	
52	1939 12	蹴球　　第 7 巻　　第12号	大日本蹴球協会発行	
53	1940 1	蹴球　　第 8 巻　　第 1 号	大日本蹴球協会発行	
54	1940 2	蹴球　　第 8 巻　　第 2 号	大日本蹴球協会発行	
55	1940 4	蹴球　　第 8 巻　　第 3 号	大日本蹴球協会発行	
56	1940 5	蹴球　　第 8 巻　　第 4 号	大日本蹴球協会発行	
57	1940 8	蹴球　　第 8 巻　　第 5 号	大日本蹴球協会発行	6・7・8月合併号
58	1941 1	蹴球　　第 9 巻　　第 1 号	大日本蹴球協会発行	
59	1941 4	蹴球　　第 9 巻　　第 4 号	大日本蹴球協会発行	
60	1948 —	SOCCER　　復刊第一号	日本蹴球協会発行	
61	1948 —	SOCCER　　復刊第二号	日本蹴球協会発行	
62	1951 5	SOCCER　　Vol. 2　No. 1	日本蹴球協会発行	
63	1951 6	SOCCER　　Vol. 2　No. 2	日本蹴球協会発行	
64	1951 7	SOCCER　　Vol. 14　No.3	日本蹴球協会発行	
65	1951 8	SOCCER　　Vol. 14　No. 4	日本蹴球協会発行	
66	1953 1	蹴球　第10巻　　第 1 号	日本蹴球協会発行	
67	1953 2.3	蹴球　第10巻　　第 2／3 号	日本蹴球協会発行	
68	1953 4.5	蹴球　第10巻　　第 4／5 号	日本蹴球協会発行	
69	1953 6	蹴球　第10巻　　第 6 号	日本蹴球協会発行	
70	1953 7	蹴球　第10巻　　第 7 号	日本蹴球協会発行	
71	1953 10	蹴球　第10巻　　第 8 号	日本蹴球協会発行	8・9・10月合併号
72	1954 1	蹴球　第11巻　　第 1 号	日本蹴球協会発行	
73	1954 3	蹴球　第11巻　　第 2 号	日本蹴球協会発行	
74	1954 7	蹴球　第11巻　　第 3 号	日本蹴球協会発行	
75	1954 10	蹴球　第11巻　　第 4 号	日本蹴球協会発行	
76	1955 5	蹴球　第12巻　　第 1 号	日本蹴球協会発行	
77	1956 4	蹴球　1956年　　4 月号	日本蹴球協会発行	
78	1957 6	蹴球　1957年　　6 月号	日本蹴球協会発行	
79	1957 11	蹴球　1957年　　11月号	日本蹴球協会発行	
80	1958 1	蹴球　1958年　　1 月合併号	日本蹴球協会発行	

②　**1959～1978年**

　1959年から1978までに発行された機関誌は，日本蹴球協会発行の『サッカー』というタイトルの機関誌（No. 1～No. 134）及び『JFAニュース』というタイトルの機関誌（No. 1～No. 5）であり，それぞれの発行年月等は表 3-2及び表 3-3のとおりである。

表 3-2　機関誌『サッカー』一覧

No.	年　月	備　考	No.	年　月	備　考	No.	年　月	備　考
1	1959 1		46	1965 3		90	1969 2	
2	不明 —	発行年月日記載なし	47	1965 5		91	1969 3	
3	1959 11		48	1965 6		92	1969 4	
4	1959 12		49	1965 7		93	1969 5	
5	1960 3		50	1965 8		94	1969 6	
6	1960 5		51	1965 9		95	1969 7	
7	1960 8		52	1965 10		96	1969 8	
8	1960 11		53	1965 11		97	1969 9	
9	1961 3		54	1966 1		98	1969 10	
10	1961 5		55	1966 2		99	1969 11	
11	1961 7		56	1966 3		100	1969 12	
12	1961 9	1日発行	57	1966 4		101	1970 1	
13	1961 9	30日発行	58	1966 5		102	1970 2	
14	1961 12		59	1966 6		103	1970 3	
15	1962 1		60	1966 7		104	1970 4	
16	1962 2		61	1966 8		105	1970 5	
17	1962 3		62	1966 9		106	1970 6	
18	1962 4		63	1966 10		107	1970 7	
19	1962 5		64	1966 11		108	1970 8	
20	1962 6		65	1966 12		109	1970 10	
21	1962 7		66	1967 1		110	1970 11	
22	1962 8		67	1967 2		111	1970 12	10日発行・増刊号
23	1962 9		68	1967 3		112	1970 12	20日発行
24	1962 10		69	1967 4		113	1971 1	
25	1962 11		70	1967 5		114	1971 2	
26	1963 1		71	1967 6		115	1971 5	
27	1963 2		72	1967 8		116	1972 10	昭和46年度総集号
28	1963 3		73	1967 9		117	— —	未発行
29・30	1963 6	合併号	74	1967 10		118	1973 3	
31	1963 9		75	1967 11		119	1973 4	
32	1963 10		76	1967 12		120	1973 5	
33	1963 12		77	1968 1		121	1973 6	
34	1964 1		78	1968 2		122	1973 8	
35	1964 2		79	1968 3		123	1973 9	
36	1964 3		80	1968 4		124	1973 10	
37	1964 4		81	1968 5		125	1973 11	
38	1964 5		82	1968 6		126	1973 12	
39	1964 6		83	1968 7		127	1974 1	
40	1964 7		84	1968 8		128	1974 2	
41	1964 8		85	1968 9		129	1974 3	
42	1964 10		86	1968 10		130	1974 4	
43	1964 11		87	1968 11		131	1974 5	
44	1965 1		88	1968 12		132・133	1975 2	25日発行・合併号
45	1965 2		89	1969 1		134	1975 2	28日発行

第3章　日本サッカー協会によって形成されてきた制度　　*89*

表 3-3　機関誌『JFAニュース』一覧

No.	年　月	備　考
1	1977　1	
2	1977　4	
3	1978　3	
4	1978　4	
5	1978　10	

③　1978年〜現在

　1978年12月に「サッカー JFA news」第1号（隔月刊）が刊行され，1990年2月号（No. 68）から発行頻度が「月刊」へ移行し，1992年9月号（No. 99）において，誌名が「JFA news」に変更となった。

④　公認指導者対象専門誌

　定期刊行物としての機関誌は，JFA news のほかに，日本サッカー協会公認指導者対象の専門誌である Technical news があり，創刊準備号が2004年2月，第1号（No. 1）が 2004年4月，第2号（No. 2）が 2004年7月に発行され，それ以降は現在まで隔月発行されている。

　次の理由から③の1978年から現在まで刊行されている「サッカー JFA news」及び「JFA news」を分析の対象とした。1つ目の理由としては，現在20代あるいは30代のサッカー行為者が，これまで属してきたサッカー制度について（後付けの）解釈を行うためである。それは，日本サッカー協会への登録が激減する18歳以上の同協会に未登録の者で，スポーツ実施率が最も低い現在20代，30代のサッカー行為者の社会的性格が高度化志向であり，そのために劣等感や疎外感を抱くという問題が生じるものとして捉えているからである。現在20代あるいは30代のサッカー行為者の社会的性格と彼らを取り巻く制度的構造との関係を分析対象としているのである。したがって，約30年前から現在まで発行されている機関誌である必要がある。

　もう1つの理由としては，隔月あるいは毎月というように定期的に発行されているからである。それまでは，定期的に発行される年もあれば不定期に発行される年もあるなど様々であり，定期的に発行されている機関誌を分析することで，その分析内容がより充実したものになると考えられる。

⑵　機関誌分析の方法

　機関誌からサッカー制度の制度的構造の特徴を提示するために，第2章で示した
ように，菊（1993）が設定したスポーツ制度を構成する局面の6要素を援用する。

　機関誌の内容から，その6要素のそれぞれについて解釈することで，制度的構造
の特徴を提示する。それは，日本サッカー協会がどのような「制度を構成する要素」
を強調してきたのか，あるいは，どのような要素を強調する制度を形成してきたの
かということを解釈することである。なお，菊（1993，pp. 33-34）の6要素の概要
と，それぞれの要素について具体的に機関誌のテーマ・内容からよみとる事柄は下
記のとおりである。

① 　スポーツ・イデオロギー[3]

　スポーツ・イデオロギーは，「ある程度理念的に整序されているところの観念の
形態及びその体系であり，より簡単に言えば制度を支える人々の考え方，それに対
する意味，価値の付与の総体」（菊，1993，p. 34）であることから，日本サッカー
協会が強調したと考えられるサッカーの価値や意義を機関誌からよみとる。なお，
スポーツ・イデオロギーの例としては，「勝ってこそ意義がある」，「強くて上手い
選手の価値が高い」などのようなものが挙げられる。

② 　スポーツ・ルール

　スポーツ・ルールは，「明示的なゲーム・ルールや黙示的なルール，組織に関連
したルール（協会規約等）」（菊，1993，p. 34）であることから，日本サッカー協会
が強調したと考えられるサッカーにおけるルールを機関誌からよみとる。

③ 　スポーツ・シンボル

　スポーツ・シンボルは，「プレーヤーの知名度やチーム名，技術名称，儀式等に
代表される記号的シンボル」（菊，1993，p. 34）であることから，日本サッカー協
会が強調したと考えらえる目指すべきサッカー選手像を機関誌からよみとる。

④ 　スポーツ行動様式

　スポーツ行動様式は，「スポーツ技術及びそれを高めるための練習方法，慣習的
行為。教育局面としてのスポーツ技術の伝達行為をも含む」（菊，1993，p. 34）と
していることから，日本サッカー協会が強調（推奨）したと考えられる練習方法や
慣習的行為を機関誌からよみとる。

⑤　スポーツ文物

　スポーツ文物は，「スポーツで使用される一切の用具，施設，その他の物的条件」（菊，1993，p. 34）であることから，日本サッカー協会が強調（推奨）したと考えられる用具や施設等の物的条件を機関誌からよみとる。

⑥　スポーツ組織[6]

　スポーツ組織は，「スポーツ集団（クラブ，運動部，チーム）やそれらを統括するアソシエーション（協会，連盟，コミッショナー）等。なお，競技会（大会）は，地位―役割を付与されたプレーヤーによる集団間での組織的なゲームとして捉えられるので組織に含めて考えることにする」（菊，1993，pp. 33-34）としていることから，日本サッカー協会が強調したと考えられるクラブやチーム，協会，大会等の在り方や関係等を機関誌からよみとる。

　それぞれの要素について，日本サッカー協会が強調したと考えられる事柄を，機関誌のテーマ・内容からよみとることで，制度の特徴を説明する。

　機関誌のテーマ・内容の抽出方法については，定期刊行が始まった1978年から現在まで継続して発行されている「サッカー JFA news」（No. 1～No. 98）及び「JFA news」（No. 99～No. 347）から主なテーマを抽出し，それらのテーマが最も強調していると考えられる「制度を構成する要素」とその事柄を最大2つ[5]まで取り上げる。主なテーマの抽出方法は下記のとおりである。

⑴　No. 1～No. 175 については，各号の目次に掲載されている最初のテーマ及び1999年1月号（No. 176）「JFA news」の35～36頁に掲載されている「各号の主要テーマ一覧表（機関誌のトピックス）」に記載のあるテーマを主なテーマとする。ただし，この方法により抽出したテーマが2つに満たない場合は，各号の目次に掲載されている2番目のテーマも主なテーマとする。

⑵　No. 176～No. 347 については，各号の目次に掲載されている最初のテーマ及び 2番目のテーマを主なテーマとする。

⑶　No. 102～108のプロローグ及び No. 131～300 の巻頭言は，役員の挨拶的傾向が強いため，目次に掲載されている最初のテーマとなっている場合でも主なテーマからは除く。次に，上記により抽出したテーマ及びその内容から，制度を構成する6要素（①スポーツ・イデオロギー，②スポーツ・ルール，③スポーツ・シンボル，④スポーツ行動様式，⑤スポーツ文物，⑥スポーツ組織）のい

ずれの要素がどのように強調されているかということを示す。具体的には下記に基づいて強調される要素とその事柄を示す。

i　日本代表が参加していない国際大会の報告等がテーマの場合，サッカーにおける③スポーツ・シンボルとしての「世界の選手」が強調され，サッカーは「強化」に価値があるものという①スポーツ・イデオロギーが強調されるものとして捉える。したがって，強調される要素とその事柄は「③世界の選手，①強化」となる。

ii　日本代表が参加していない国際大会の試合分析等がテーマの場合，③スポーツ・シンボルとしての「世界の選手」が強調され，どのように「強化」するべきかという④スポーツ行動様式が伝達され，強調されるものとして捉える。

iii　日本代表が参加している国際大会や試合，活動の報告等がテーマの場合，③スポーツ・シンボルとしての「日本代表」が強調され，サッカーは「強化」に価値があるものという①スポーツ・イデオロギーが強調されるものとして捉える。

iv　日本代表が参加している国際大会や試合の分析等及び遠征がテーマの場合，③スポーツ・シンボルとしての「日本代表」が強調され，どのように「強化」するべきかという④スポーツ行動様式が伝達され，強調されるものとして捉える。

v　日本における全国レベル（天皇杯や全国高校サッカー選手権等）の大会や試合，選抜活動がテーマの場合，③スポーツ・シンボルとしての「全国大会（出場レベルの）選手（特にＪリーグに特化している場合は③プロ選手）」が強調され，そのようなレベルに達するためにはどのように「強化」するべきかという④スポーツ行動様式が伝達され，強調されるものとして捉える。なお，ⅰやⅲにおいて，比較的，一般のサッカー行為者が手に届かないものとして捉えていると考えられる「世界の選手」や「日本代表」のテーマは，④スポーツ行動様式というよりも，①スポーツ・イデオロギーとして「サッカーは強化に価値があるもの」ということを伝達していると考えることとする。

vi　2002ワールドカップ招致関係，日本での国際大会開催関係，プロ・リーグ設立関係，日本サッカー協会の組織関係のテーマは，⑥スポーツ組織として

の日本サッカー協会の「権威向上」を強調し，施設等の内容を含む場合は，⑤スポーツ文物における「（スポーツ）施設等の（環境）充実」を強調するものとして捉える。なお，プロ・リーグ設立関係のテーマにおいて，「プロ選手」というシンボルが強調されていると捉えられる場合は，強調される要素とその事柄は「③プロ選手」とする。また，2018/2022年ワールドカップ招致については，その意義等を示している内容が多く，組織の権威向上やスポーツ施設等の充実を主に強調しているとは捉えられないため，それぞれ個別に検討・分析して解釈する。

vii　テーマが多くの内容を含んでいる評議員会報告や年度活動方針等，主に強調している要素が絞れない場合はなし（―）とする。

viii　上記以外のテーマ・内容の場合は，それぞれ個別に検討・分析して解釈する。

なお，世界で活躍する選手や日本代表（年齢別代表や日本を代表して参加するクラブチームも含む），全国レベルの大会参加選手は，その競技力の高さが称賛されることから，彼らを取り上げたテーマ・内容は，サッカーの競技力の高さ，すなわち，「強化」が強調されることになるものとして考える（ここでは，競技技術の強化として限定的に捉える）。

最後に，これらを年度ごとにまとめ，各年度において強調された要素とその事柄を示し，日本サッカー協会が主体的に形成してきた制度の特徴を示すこととする。

②　日本サッカー協会が創りだした制度的特徴

機関誌の主なテーマと，そのテーマにより最も強調されたと考えられる要素及びその事柄は表3-4のとおりである。これらの機関誌の主なテーマから導かれた要素とその事柄を年度ごとにまとめたものが表3-5である。

表3-5は，各年度において強調された「制度を構成する要素」及びその事柄を表しており，日本サッカー協会が主体的に創り出そうとしていた制度の特徴を示すものであると捉えることができる。

表 3-4 機関誌の主なテーマ一覧及び「制度を構成する要素」とその事柄

No.	年 月	主 な テ ー マ	要素と内容1	要素と内容2	根拠
1	1978 12	新時代に即した組織の確立を（長沼健専務理事）	⑥権威向上	―	vi
		協会の組織と運営	⑥権威向上	―	vi
2	1979 2	長期展望にたっての強化	①強　化	④強　化	viii
		国際審判員への道	②規則遵守	―	viii
3	1979 4	アジア大会完敗で代表チーム見直す	③日本代表	①強　化	iii
		第7回日韓定期戦	③日本代表	①強　化	iii
4	1979 6	女子サッカーも仲間に―『日本女子サッカー連盟』発足，協会傘下に―	⑥権威向上	―	vi
		女子サッカーを健全なスポーツに	―	―	vii
5	1979 8	いつの日か日本も …FIFA75周年記念式典に招かれて	⑥権威向上	―	vi
		評議員会報告	―	―	vii
6	1979 10	ワールドユースを終了して（サポーターたちに深い感謝）	⑥権威向上	―	vi
		ブエノスアイレスから	③世界の選手	①強　化	i
別冊	1979 10	ワールドユース日本大会特集号	③世界の選手	①強　化	i
7	1979 12	ワールドユース分析（上）	③世界の選手	④強　化	ii
		全国理事長会議報告	―	―	vii
8	1980 2	80年代への対処　よきライバル中国の復活を祝う	①強　化	―	viii
		ワールドユース分析（中）	③世界の選手	④強　化	ii
9	1980 4	ジャパンカップ '80来日チーム決定	⑥権威向上	―	vi
		ワールドユース報告―準備から運営，支出まで	⑥権威向上	―	vi
10	1980 6	全日本監督交代―強化体制刷新―	③日本代表	①強　化	iii
		モスクワ五輪予選報告	③日本代表	①強　化	iii
11	1980 8	評議員会を終えて―ロサンゼルスへの始動―	―	―	vii
		座談会　日本サッカーへのプロ導入（上）	③プロ選手	⑥権威向上	vi
12	1980 10	強化本部の方針	①強　化	④強　化	viii
		モスクワ五輪全成績	③日本代表	①強　化	iii
13	1980 12	竹腰重丸氏逝く―協会葬行わる	⑥権威向上	―	vi
		公認コーチ海外研修報告	④強　化	⑥権威向上	viii
14	1981 2	第60回天皇杯総評に代えて	③全国大会選手	④強　化	v
		ワールドカップ予選報告	③日本代表	①強　化	iii
15	1981 4	ロス五輪予選突破のための56年度	③日本代表	①強　化	iii
		トヨタカップ	③世界の選手	①強　化	i
		第22回アジア・ユース決勝大会（三位）	③日本代表	①強　化	iii
16	1981 6	ワールドカップ・スペイン大会各地域予選	③世界の選手	①強　化	i
		第55回サッカーフェスティバル	①強　化	①楽しさ	viii
17	1981 8	評議員会報告　財政健全化への第一歩	―	―	vii
		ジャパンカップ・キリンワールドサッカー 81	③日本代表	①強　化	iii
		第4回アジアカップ女子サッカー選手権大会（女子初の国際大会へ）	③日本代表	①強　化	iii
18	1981 10	82W杯スペイン大会予選	③世界の選手	①強　化	i
		第25回ムルデカ大会	③日本代表	①強　化	iii
19	1981 12	昭和56年度全国理事長会議	―	―	vii
		日本代表長期遠征報告	③日本代表	④強　化	iv
		第3回ワールドユース選手権	③世界の選手	①強　化	i
20	1982 2	81年度日本サッカー界を振り返る	①強　化	―	viii
		第60回全国高校選手権大会	③全国大会選手	④強　化	v
		第3回ワールドユース豪州大会	③世界の選手	①強　化	i
21	1982 4	目標はアジア大会銅メダル―57年度日本代表チーム	③日本代表	①強　化	iii
		ゼロックス・スーパーサッカー	③日本代表	①強　化	iii
22	1982 6	強化本部報告―ロサンゼルス五輪に向かって	③日本代表	①強　化	iii
		第10回日韓定期戦を終えて	③日本代表	①強　化	iii
23	1982 8	評議員会報告　母体はあくまでも単独チーム（強化，財政）	―	―	vii
		ワールドカップ・スペイン82	③世界の選手	①強　化	i
		ダイヤモンドサッカー15年	③世界の選手	①強　化	iii
24	1982 10	日本代表欧州遠征報告　W杯から何を学ぶか，試合結果	③日本代表	④強　化	iv
		通達文　1982年度サッカー競技規則の改正について，検定球について	②規則遵守	⑥権威向上	viii

No	年月	タイトル			
25	1982 12	全国理事長会議	—	—	vii
		日本リーグを振り返って	②規則遵守	④強化	viii
		第23回アジアユース大会	③日本代表	①強化	iii
26	1983 2	82年度サッカーを振り返って	①強化		viii
		ロス五輪予選，日本はE組　アジア・サッカー連盟会議報告	③日本代表	①強化	iii
27	1983 4	代表の力量が最大限発揮されるよう万全を期したい	③日本代表	①強化	iii
		ロス五輪予選組み合わせ決定	③日本代表	①強化	iii
		第11回日韓定期戦	③日本代表	①強化	iii
28	1983 6	中近東遠征報告	③日本代表	④強化	iii
		女子サッカー今後の課題	③全国大会選手	④強化	v
29	1983 8	評議会報告	—		vii
		少年サッカー指導を考える（連載）	①強化	④強化	viii
30	1983 10	野津謙さん（第4代日本サッカー協会会長）を悼む	⑥権威向上		vi
		ロサンゼルス・オリンピック予選	③日本代表	①強化	iii
31	1983 12	全国理事長会議	—		vii
		85年ユニバーシアード神戸大会	③日本代表	①強化	iii
		ゴールキーパーを育てる（連載）	①強化	④強化	viii
32	1984 2	天皇杯全日本選手権総評	③全国大会選手	④強化	v
		86年W杯予選組み分け決まる	③日本代表	①強化	iii
		日本リーグに初優勝して	③全国大会選手	④強化	v
33	1984 4	ぜがひでも勝ち抜きたい　コリンチャンス戦を終え　五輪最終選を前に	③日本代表	①強化	iii
		ブラジルのプロサッカー選手に関する文献的研究（上）	③プロ選手	⑥権威向上	vi
34	1984 6	ロス五輪最終予選報告	③日本代表	①強化	iii
		議事録より　昭和58年度第10回理事会議事録	—		vii
35	1984 8	評議員会報告一路再建への道を進みたい	—		vii
		ジャパン・カップ84	③日本代表	①強化	i
36	1984 10	84年は黄金の年　フランス，欧州選手権に続きロス五輪も制す	③世界の選手	①強化	i
		オリンピックの参加資格と，日本サッカーのこれから	③プロ選手	⑥権威向上	vi
37	1984 12	第12回日韓定期戦	③日本代表	①強化	iii
		昭和59年度第2回評議員会及び全国理事長会議報告	—		vii
38	1985 2	天皇杯全日本選手権総評	③全国大会選手	②強化	v
		高校選手権を見て	③全国大会選手	④強化	v
39	1985 4	技術論は全員のもの　世界の急激な変化直視した方策を	③日本代表	①強化	iii
		W杯第1戦，W杯第2戦	③日本代表	①強化	iii
40	1985 6	W杯第3戦，W杯第4戦	③日本代表	①強化	iii
		高校選抜欧州遠征報告	③日本代表	④強化	iv
41	1985 8	評議員会報告　60年度を躍進の年に	—		vii
		ジュッセルドルフ国際ジュニア大会	③日本代表	①強化	iii
42	1985 10	いよいよ韓国と決戦　W杯2次予選	③日本代表	①強化	iii
		第1回クラブジュニアユース選手権大会	③全国大会選手	④強化	v
43	1985 12	昭和60年度全国理事長会議報告	—		vii
		神戸ユニバーシアード大会	③日本代表	①強化	iii
		科学研究　トヨタ・カップにおける選手の移動距離	③世界の選手	④強化	ii
44	1986 2	第65回天皇杯全日本選手権大会	③全国大会選手	④強化	v
		ユース年代の強化について	①強化	④強化	viii
45	1986 4	森氏，意志固く辞任　石井氏が代表新監督に	③日本代表	①強化	iii
		日本女子代表，スハルト夫人杯で優勝	③日本代表	①強化	iii
46	1986 6	速さをベースに，まず勝つことに集中　今後の方針と課題	③日本代表	④強化	iv
		筋力トレーニングの理論と実際	④強化		viii
		少年サッカーレポート　望まれる一貫した振興策	—		vii
47	1986 8	評議員会報告　役員に定年制，SLP（スペシャル・ライセンス・プレーヤー）制を施行	—		vii
		ワールドカップ・メキシコ86	③世界の選手	①強化	i
48	1986 10	5年ぶりのムルデカ大会	③日本代表	①強化	iii
		W杯観戦記	③世界の選手	①強化	i
49	1986 12	ソウル・アジア大会	③日本代表	①強化	iii
		日本ジュニア代表南米遠征	③日本代表	④強化	iv

No	年月	タイトル			
50	1987 2	古河が全勝優勝　初のアジア・チャンピオンに	③日本代表	①強　化	iii
		ソウル・アジア大会体力分析	③日本代表	④強　化	iv
51	1987 4	サッカー人だけで立派に運営できる　平井会長退任して名誉会長に	⑥権威向上	—	vi
		脱皮できない旧態依然とした状況　なお一層の国際試合が必要	③日本代表	①強　化	iii
52	1987 6	私に与えられた課題は　協会組織の活性化	—	—	vii
		天皇杯65年史を読んで	—	—	vii
53	1987 8	昭和62年度第1回評議員会議事録	—	—	vii
		ソウル五輪アジア地区予選，日本決勝ラウンドへ	③日本代表	①強　化	iii
54	1987 10	ヨーロッパ遠征を終えて	③日本代表	④強　化	iv
		日本，20年ぶり五輪出場に王手	③日本代表	①強　化	iii
		各種大会総評と記録	③全国大会選手	④強　化	v
55	1987 12	日本のソウル五輪出場ならず	③日本代表	①強　化	iii
		イングランドサッカー事情	③世界の選手	④強　化	iv
56	1988 2	第67回天皇杯決勝	③全国大会選手	④強　化	v
		第1回世界フットボール科学会議	④強　化	—	viii
57	1988 4	日本代表新監督に就任して　絶対の正義は勝つこと	③日本代表	①強　化	iii
		FIFA NEWSから　サッカーは五輪の柱石	⑥権威向上	—	vi
		2002年の代表どう育てるか	③日本代表	④強　化	iv
58	1988 6	日本サッカーの強化について	①強　化	④強　化	viii
		日本協会専務理事に村田氏，長沼氏は副会長専任	⑥権威向上	—	vi
59	1988 8	2002年W杯開催と日本代表の活躍　専務理事に就任して	—	—	vii
		昭和63年度第1回評議員会議事録	—	—	vii
60	1988 10	90年W杯予選への第一歩　日本代表欧州遠征	③日本代表	④強　化	iv
		第2回世界少年大会	③日本代表	①強　化	iii
61	1988 12	4年ぶりの日韓定期戦	③日本代表	①強　化	iii
		88ソウル五輪観戦報告	③世界の選手	①強　化	i
62	1989 2	第68回天皇杯全日本選手権	③全国大会選手	①強　化	iii
		FIFAフェアプレーキャンペーン	①フェアプレー	④フェアプレー	viii
63	1989 4	全員参加の代表づくり　平成元年をサッカー元年に	③日本代表	④強　化	iii
		92年にプロリーグ実現へ	③プロ選手	⑥権威向上	vi
64	1989 6	W杯アジア地区第1次予選第6組	③日本代表	①強　化	iii
		第24回JSL 1部総評	③全国大会選手	④強　化	v
		第17回JSL 2部総評	③全国大会選手	④強　化	v
65	1989 8	平成元年度第1回評議員会議事録	—	—	vii
		日本女子サッカーリーグ発足	③全国大会選手	④強　化	vii
66	1989 10	全日本ユースサッカー大会	③全国大会選手	④強　化	v
		五輪代表西ドイツ強化合宿報告	③日本代表	④強　化	iv
67	1989 12	平成元年度全国理事長会議議事録	—	—	vii
		クリーン&エキサイティング	②規則遵守	—	viii
		25周年を迎えた日本リーグ1部	③全国大会選手	④強　化	v
68	1990 2	第69回天皇杯全日本選手権	③全国大会選手	④強　化	v
		W杯イタリア大会アジア最終予選	日本代表	①強　化	iii
69	1990 3	第1回全日本ジュニアユース選手権	③全国大会選手	④強　化	v
		ジュニアユース年代の指導について	①強　化	④強　化	viii
70	1990 4	1990年度　日本代表監督方針を語る	③日本代表	①強　化	iii
		五輪代表候補海外遠征合宿	③日本代表	①強　化	iv
71	1990 5	2002年ワールドカップ日本開催への道　スタジアムについて考える	⑥権威向上	⑤施設等充実	vi
		第13回全日本選抜中学生大会	③全国大会選手	④強　化	v
72	1990 6	第25回日本リーグ1部　日産が連覇，連続三冠	③全国大会選手	④強　化	v
		第9回アジア・クラブ選手権	③日本代表	①強　化	iii
73	1990 7	AFC総会報告	⑥権威向上	—	vi
		Wユース・アジア予選	③日本代表	①強　化	iii
		高校選抜ヨーロッパ遠征報告	③日本代表	④強　化	iv
74	1990 8	平成2年度第1回評議員会議事録	—	—	vii
		FIFA総会と2002ワールドカップ招致	⑥権威向上	—	vi
		プロリーグ化調査報告	③プロ選手	⑥権威向上	vi

No.	年月	項目			
75	1990 9	90イタリアW杯	③世界の選手	①強化	i
		JSL指導者研修会報告	④強化	⑥権威向上	viii
76	1990 10	JSL指導者のみたW杯イタリア大会19試合	③世界の選手	④強化	ii
		各種大会の記録	③全国大会選手		v
77	1990 11	AFCマールボロ ダイナスティ・カップ	③日本代表	①強化	iii
		高円宮杯第1回全日本ユース選手権	③全国大会選手	④強化	v
78	1990 12	北京アジア大会 日本準々決勝で敗退	③日本代表	①強化	iii
		平成2年度全国理事長会議議事録	—	—	vii
79	1991 1	第39回全日本大学選手権	③全国大会選手	④強化	v
		アジア・ユース決勝大会	③日本代表	①強化	iii
80	1991 2	第70回天皇杯全日本選手権	③全国大会選手	④強化	v
		第69回全国高校選手権	③全国大会選手	①強化	v
81	1991 3	プロサッカーリーグ設立の経緯について	③プロ選手	⑥権威向上	vi
		第2回日本女子リーグ	③全国大会選手	④強化	v
82	1991 4	W杯招致活動いよいよ本格的段階に	⑥権威向上	—	vi
		THE FIFA/UEFA COCA-COLA WORLD FOOTBALL YOUTH ACADEMY 訳	①強化	①強化	viii
83	1991 5	プロリーグ設立準備室発足	③プロ選手	⑥権威向上	vi
		日ソ親善サッカー	③日本代表	①強化	iii
84	1991 6	アジアサッカー連盟（AFC）理事会報告	⑥権威向上		vi
		第5回全日本大学サッカー地域対抗戦	③全国大会選手	④強化	v
85	1991 7	キリンカップ91 日本優勝成る	③日本代表	①強化	iii
		91ユニバーシアード日本代表報告	③日本代表	①強化	iii
86	1991 8	W杯招致委員会設立総会	⑥権威向上	—	vi
		1991年度競技規則の改正について	②規則遵守	⑥権威向上	viii
87	1991 9	パルチザン戦・日韓定期戦を終えて	③日本代表	①強化	iii
		バルセロナ五輪予選	③日本代表		iii
88	1991 10	2002年強化プロジェクト始動 アンダー12日本選抜海外キャンプ実施	③日本代表	④強化	iv
		意識調査—日本のプロサッカーについて	③プロ選手	⑥権威向上	vi
89	1991 11	第2回高円宮杯全日本ユース選手権	③全国大会選手	④強化	v
		第15回総理大臣杯全日本大学トーナメント	③全国大会選手	①強化	v
		93年ジュニアユース世界大会日本開催に向けて	③日本代表	④強化	iv
90	1991 12	平成3年度全国理事長会議議事録			vii
		第2回コニカカップ	③全国大会選手	④強化	v
91	1992 1	トヨタカップ	③世界の選手	①強化	i
		U-17世界選手権（第2回FIFA/ビクター JVCカップ）の概要発表	⑥権威向上		vi
92	1992 2	第71回天皇杯全日本選手権	③全国大会選手	④強化	v
		第3回全日本ジュニアユース選手権	③全国大会選手	④強化	v
93	1992 3	バルセロナ五輪最終予選 日本、24年ぶりの悲願ならず	③日本代表	①強化	iii
		第1回世界女子選手権中国大会	③日本代表	①強化	iii
94	1992 4	第2回アジアカップウィナーズ選手権	③日本代表	①強化	iii
		Jリーグ、来春キックオフ	③プロ選手	⑥権威向上	vi
95	1992 5	ナショナルチームスタッフについて 日本代表監督，オフト氏就任	③日本代表	①強化	iii
		第3回日本女子リーグ総評 読売ベレーザ、無敗でV2	③全国大会選手	④強化	v
96	1992 6	2002年ワールドカップ招致委員会第2回総会	⑥権威向上	—	vi
		日本女子代表 U-20韓国遠征報告	③日本代表	④強化	iv
97	1992 7	Jリーグ プレス・プレビュー92	③プロ選手	⑥権威向上	vi
		第5回アジアユース大会（U-16）兼ワールドジュニアユース1次予選	③日本代表	①強化	iii
98	1992 8	平成4年度第1回評議員会議事録	—	—	vii
		日本代表—ヨーロッパ遠征報告	③日本代表	④強化	iv
99	1992 9	99冊の歴史—それは，日本サッカーの正しい記録と軌跡	⑥権威向上		vi
		機関誌を考える	⑥権威向上		vi
100	1992 10	EXCITING JAPAN! ユベントス FC戦論評	③日本代表		iv
		U-12，U-14日本選抜海外キャンプ報告	③日本代表	④強化	iv
101	1992 11	感動の体現者になる舞台が	③プロ選手		viii
		ダイナスティ杯に優勝	③日本代表	①強化	iii
		大学サッカーの新しい使命を考える	③全国大会選手	④強化	v

No.	年	月	タイトル			
102	1992	12	第10回アジアカップ選手権大会	③日本代表	①強化	iii
			J1・J2・女子リーグ最終報告	③全国大会選手	④強化	v
103	1993	1	日本代表への教訓を学ぶ 世界一クラブ決定戦でのサッカー	③世界の選手	①強化	i
			FIFAテクニカルレポート・オフィシャルレポート	③世界の選手	①強化	ii
			第16回ユース地域選抜研修会	③全国大会選手	④強化	v
104	1993	2	FIFA機関誌最新号が日本を特集	⑥権威向上	—	viii
			第72回天皇杯，第71回全国高校選手権，ジュニアユース選手権	③全国大会選手	④強化	v
			平成4年度第5回理事会報告	—	—	vii
105	1993	3	1993年度財団法人日本サッカー協会の方針について	—	—	vii
			1994アメリカワールドカップアジア地区第一次予選	③日本代表	①強化	iii
106	1993	4	93Jリーグ開幕に向かって	—	—	vii
			キリンカップサッカー '93	③日本代表	①強化	iii
107	1993	5	FIFAワールドカップ USA94アジア地区第一次予選	③日本代表	①強化	iii
			日本電装カップ・カレッジサッカー '93	③全国大会選手	④強化	v
108	1993	6	Jリーグ開幕 日本サッカーの新世紀	③プロ選手	—	viii
			W杯USA94アジア1次予選報告	③日本代表	①強化	iii
109	1993	7	特別インタビュー 長沼健副会長にきく	—	—	vii
			平成5年度第1回評議員会議事録	—	—	vii
110	1993	8	特別インタビュー 村田忠男副会長にきく	—	—	vii
			Jリーグ・サントリーシリーズ 各チームの分析と記録による軌跡	③プロ選手	④強化	v
111	1993	9	第17回総理大臣杯全日本大学トーナメント	③全国大会選手	④強化	v
			SBSカップ国際ユースサッカー	③日本代表	①強化	iii
112	1993	10	第2回U-17サッカー世界選手権大会総評	③日本代表	①強化	iii
			第2回U-17サッカー世界選手権大会 成績・記録	③日本代表	①強化	iii
113	1993	11	国際サッカー連盟（FIFA）記者会見 日本とW杯	⑥権威向上	—	vi
			ブラジルのコーチ研修会報告	①強化	④強化	viii
114	1993	12	93新しい時代を表現した日本サッカー（世界に向って飛躍せよ！）	①強化	④強化	iii
			94ワールドカップアジア地区最終予選報告	③日本代表	①強化	iii
			長期的視野に立ったサッカー選手の育成（連載）	①強化	①楽しさ	viii
115	1994	1	トヨタ ヨーロッパ／サウスアメリカ カップ	③世界の選手	①強化	i
			第42回全日本大学サッカー選手権大会総評	③全国大会選手	④強化	v
116	1994	2	サントリーチャンピオンシップ 歴史的初代王者にヴェルディ川崎	③プロ選手	④強化	v
			第72回全国高校サッカー選手権	③全国大会選手	④強化	v
			第9回アジア女子サッカー選手権	③日本代表	①強化	iii
117	1994	3	94Jリーグ開幕	③プロ選手	④強化	v
			シリーズ・審判は語る（連載）	⑦フェアプレー	②規則遵守	viii
118	1994	4	世界に通じる日本サッカーへ。強化委員会の体制と方針を明らかにする	①強化	⑥権威向上	viii
			特別座談会 ユース年代はいま …クラブ指導者は語る	⑤施設等充実	—	viii
119	1994	5	日本サッカー協会，94年度の9つの活動ポイント	—	—	vii
			地域リーグ探訪（連載）	④強化	—	viii
120	1994	6	熱戦続くJリーグ 開幕2年目を迎えて	③プロ選手	—	viii
			FIFAフットサル6か国大会	③世界の選手	①強化	i
121	1994	7	平成6年度2002年ワールドカップ招致委員会総会 2002年招致の実現を	⑥権威向上	—	vi
			KIRIN CUP SOCCER '94	③日本代表	①強化	iii
122	1994	8	長沼新会長に聞く	—	—	vii
			アトランタ五輪出場のために デュッセルドルフ国際大会を終えて	③日本代表	④強化	iv
123	1994	9	第15回ワールドカップ米国大会を振り返る	③世界の選手	④強化	ii
			Jリーグ運営委員会からの報告	⑤施設等充実	⑥権威向上	viii
124	1994	10	座談会（前編）ユース・ジュニアユース世代の育成	①強化	④強化	viii
			Jリーグ運営委員会からの報告② ワールドカップ熱戦の舞台裏から	⑤施設等充実	⑥権威向上	viii
125	1994	11	指導者の養成とサッカー界	—	—	vii
			座談会（後編）ユース・ジュニアユース世代の育成	①楽しさ	—	viii
126	1994	12	第12回アジア競技大会 日本代表と女子代表の活躍	③日本代表	①強化	iii
			事務局機能の拡充—日本サッカー協会—	⑥権威向上	—	vi
127	1995	1	1995年・年頭にあたって 世界に飛躍する一年に	—	—	vii
			強化委員会・活動方針 世界のトップクラスを合言葉に	①強化	④強化	viii

No.	年	月	タイトル			
128	1995		第74回天皇杯全日本サッカー選手権大会	③全国大会選手	④強化	v
			第4回少年サッカー地域選抜研修会	③全国大会選手	④強化	v
129	1995	3	日本代表・オリンピック代表海外遠征報告	③日本代表	④強化	iv
			審判は語る	②規則遵守	—	viii
130	1995		2002年ワールドカップ開催国に正式立候補	⑥権威向上	—	vi
			第3回ダイナスティカップ報告　加茂周日本代表監督にインタビュー	③日本代表	①強化	iii
131	1995	5	強化委員会活動　加藤久強化委員長にインタビュー	①強化	④強化	viii
			第16回全日本女子サッカー選手権	③全国大会選手	①強化	v
132	1995	6	第8回ワールドユース選手権	③日本代表	④強化	iii
			トレセン制度	①強化	④強化	viii
133	1995	7	日本代表チーム動向　キリンカップ・イングランド遠征	③日本代表	④強化	iv
			第2回理事会、評議員会から	—	—	vii
134	1995	8	日本女子代表　第2回女子サッカー世界選手権	③日本代表	①強化	iii
			第3・4回理事会報告	—	—	vii
135	1995	9	1995座談会「世界と戦う」代表チームの強化	③日本代表	①強化	viii
			第75回天皇杯実施要項、競技規則の改定	②規則遵守	⑥権威向上	viii
136	1995	10	ユニバーシアード '95福岡大会　優勝・日本ユニバーシアード代表	③日本代表	①強化	iii
			プラクティカルトレーニング（連載）	④強化	—	viii
137	1995	11	2002年ワールドカップ日本招致活動　2002年ワールドカップ開催提案書	⑥権威向上	—	vi
			日本女子代表　第10回アジア女子サッカー選手権	③日本代表	①強化	iii
138	1995	12	95デサントアディダスマッチ　日本代表、サウジアラビアに連勝	③日本代表	①強化	iii
			ゴールキーパーの基本技術を学ぶ（集中連載）	④強化	—	viii
139	1996	1	1995年Jリーグ回顧と今後の展望	③プロ選手	—	viii
			第16回トヨタ　ヨーロッパ／サウスアメリカ　カップ	③世界の選手	①強化	i
140	1996	2	第75回天皇杯全日本サッカー選手権大会	③全国大会選手	④強化	v
			1995年度少年（ジュニア）地域選抜研修会	③全国大会選手	④強化	v
141	1996	3	FUTSAL NISSAN CUP第1回全日本フットサル選手権大会	③全国大会選手	④強化	v
			理事会報告・Jリーグ NEWS・2002NEWS	—	—	vii
増刊号	1996	3	強化指導指針 1996年版	①強化	④強化	viii
142	1996	4	1996年度財団法人日本サッカー協会活動方針	—	—	vii
			日本サッカー協会　組織全般（連載）	⑥権威向上	—	vi
143	1996	5	第26回オリンピック競技大会アトランタ1996　アジア地区最終予選	③日本代表	①強化	iii
			理事会報告・Jリーグ NEWS・2002NEWS	—	—	vii
144	1996	6	2002年FIFAワールドカップ開催国決定　日本・韓国共同開催	⑥権威向上	—	vi
			女子サッカーの普及と発展　日本サッカー協会の取り組みについて	④強化	⑥権威向上	viii
145	1996	7	2002年FIFAワールドカップ開催国決定	⑥権威向上	—	vi
			大仁邦彌新強化委員長にインタビュー 「世界」を目指す日本サッカー界の構築	①強化	④強化	viii
			Jヴィレッジ　株式会社日本フットボールヴィレッジ設立	⑤施設等充実	⑥権威向上	vi
146	1996	8	2002年FIFAワールドカップ招致委員会総会　開催・成功に向けて	⑥権威向上	—	vi
			評議員会・理事会報告・2002NEWS・Jリーグ	—	—	vii
147	1996	9	第26回オリンピック競技大会アトランタ1996サッカー競技	③日本代表	①強化	iii
			インタビュー　西野朗監督・鈴木保監督	③日本代表	①強化	iii
148	1996	10	日本サッカー協会創立75周年記念行事	⑥権威向上	—	vi
			日本代表、国内で2連勝。ウルグアイ・ウズベキスタンを破る	③日本代表	①強化	iii
149	1996	11	日本サッカー協会創立75周年記念事業	⑥権威向上	—	vi
			公認S級コーチ養成コース　プロフェッショナルスポーツ・コーチ論寄附講座	④強化	⑥権威向上	viii
			特別寄稿　南米サッカー界を飛躍させた日本人	—	—	vii
150	1996	12	PUMA CUP'96日本代表、チュニジア代表を破る	③日本代表	①強化	iii
			第30回アジアユース（U-19）選手権報告	③日本代表	①強化	iii
			AFCAT第3回国際コーチコンベンション（短期連載）	④強化	⑥権威向上	viii
151	1997	1	96 Jリーグ終了	③プロ選手	—	viii
			日本初のサッカー・ナショナルトレーニングセンターJヴィレッジ誕生	⑤施設等充実	⑥権威向上	vi
152	1997	2	天皇杯第76回全日本サッカー選手権大会　詳報	③全国大会選手	④強化	v
			第75回全国高校サッカー選手権大会	③全国大会選手	④強化	v
153	1997	3	FUTSAL NISSAN CUP '97　第2回全日本フットサル選手権大会	③全国大会選手	④強化	v
			日本サッカー協会・登録制度のあらまし	⑥権威向上	—	vi

154	1997	4	1997年度日本サッカー協会活動方針	—	—	vii
			1997年Jリーグ開幕　5年目のシーズン「活動方針」	③プロ選手	—	viii
155	1997	5	1998FIFAワールドカップアジア1次予選　日本代表，オマーンラウンドで全勝	③日本代表	①強　化	iii
			トレーニングセンター制度　1996年度の活動を中心に報告	①強　化	④強　化	viii
156	1997	6	日本・韓国2002年FIFAワールドカップ共催記念試合	③日本代表	①強　化	iii
			日本サッカー協会・審判制度	②規則遵守	⑥権威向上	viii
			1997年度競技規則の改正と解説	②規則遵守	⑥権威向上	viii
157	1997	7	2002年ワールドカップ開催準備委員会総会	⑥権威向上	—	vi
			日本サッカー協会　指導者養成制度とその現状	④強　化	⑥権威向上	viii
158	1997	8	1998FIFAワールドカップフランス　アジア地区第1次予選	③日本代表	①強　化	iii
			トレセン制度スタッフ海外研修	④強　化	⑥権威向上	viii
159	1997	9	ナショナルトレーニングセンターJヴィレッジ，7月20日にオープン	⑤施設等充実	⑥権威向上	viii
			日本サッカー協会　規約・規程集	②規則遵守	⑥権威向上	viii
160	1997	10	JFA行動宣言・アクションプラン—創立100周年へ向けて—	⑥権威向上	—	viii
			FIFAワールドカップフランス1998アジア地区最終予選	③日本代表	①強　化	iii
161	1997	11	FIFAワールドカップフランス1998アジア地区最終予選	③日本代表	①強　化	iii
			Jクラブ下部組織の成長	③プロ選手	④強　化	viii
162	1997	12	FIFAワールドカップフランス1998アジア地区最終予選	③日本代表	①強　化	iii
			オランダ審判研修報告	②規則遵守	⑥権威向上	viii
163	1998	1	FIFAワールドカップフランス1998概要・本大会抽選会	③日本代表	①強　化	iii
			97年度第9・10回理事会	—	—	vii
164	1998	2	天皇杯第77回全日本サッカー選手権大会	③全国大会選手	④強　化	v
			財団法人2002年ワールドカップサッカー大会日本組織委員会設立	⑥権威向上	—	vi
165	1998	3	第19回全日本女子サッカー選手権大会	③全国大会選手	④強　化	v
			第18回サッカー医・科学研究会	⑥権威向上	—	viii
増刊号	1998	3	強化指導指針1998年版	①強　化	④強　化	viii
167	1998	4	第4回AFCマールボロダイナスティカップ1998	③日本代表	①強　化	iii
			1998年度日本サッカー協会活動方針	—	—	vii
168	1998	5	2002年FIFAワールドカップ日本・韓国共同開催記念試合	③日本代表	①強　化	iii
			ナショナルトレセンU-14	③全国大会選手	④強　化	v
169	1998	6	FIFAワールドカップフランス'98へ向けて25名選出	③日本代表	①強　化	iii
			暑熱環境下の試合における水分摂取の効果	⑦健　康	④安　全	viii
170	1998	7	JFAサッカー行動規範	②規則遵守	⑥権威向上	viii
			キリンカップサッカー'98	③日本代表	①強　化	iii
			1998年度競技規則の改定	②規則遵守	⑥権威向上	viii
171	1998	8	FIFAワールドカップフランス'98	③日本代表	①強　化	iii
			理事会報告	—	—	vii
172	1998	9	JFAサッカー行動規範	②規則遵守	⑥権威向上	viii
			財団法人日本サッカー協会　寄附行為・基本規程	②規則遵守	⑥権威向上	viii
173	1998	10	JFAサッカー行動規範	②規則遵守	⑥権威向上	viii
			2002年に向けて—日本代表監督に，P.トルシエ氏就任	③日本代表	①強　化	iii
			第8回アジアユース（U-16）選手権大会報告	③日本代表	①強　化	iii
174	1998	11	JFAサッカー行動規範	②規則遵守	⑥権威向上	viii
			FIFAワールドカップフランス98日本代表チーム総括，評価・分析	③日本代表	④強　化	iv
175	1998	12	JFAサッカー行動規範	②規則遵守	⑥権威向上	viii
			キリンチャレンジサッカー'98	③日本代表	①強　化	iii
			第31回アジアユース（U-19）選手権大会	③日本代表	①強　化	iii
176	1999	1	JFA・Jリーグ寄附講座フットボールカンファレンス	④強　化	⑥権威向上	viii
			JFA行動宣言	⑥権威向上	—	viii
177	1999	2	第78回天皇杯全日本サッカー選手権大会	③全国大会選手	④強　化	v
			P.トルシエからのメッセージ	①強　化	④強　化	viii
178	1999	3	第4回全日本フットサル選手権大会	③全国大会選手	④強　化	v
			21世紀に向けて—審判の強化—　審判委員会	②規則遵守	⑥権威向上	vii
179	1999	4	99Jリーグ開幕	③プロ選手	—	viii
			フェアプレーキャンペーン（人とひとをつなぐ，フェアプレー）	①フェアプレー	④フェアプレー	viii

180	1999 5	第10回FIFAワールドユース選手権大会	③日本代表	①強　化	iii
		フェアプレーキャンペーン（PKを決める気にならなかったストライカー）	①フェアプレー	④フェアプレー	viii
181	1999 6	2002年FIFAワールドカップまで、あと約3年…（JAWOC会長インタビュー）	⑥権威向上	—	vi
		フェアプレーキャンペーン（美しい失点）	①フェアプレー	④フェアプレー	viii
182	1999 7	キリンカップサッカー99	③日本代表	①強　化	iii
		フェアプレーキャンペーン（観客のフェアプレー）	①フェアプレー	④フェアプレー	viii
183	1999 8	南米選手権（コパ・アメリカ）-パラグアイ99	③日本代表	①強　化	iii
		フェアプレーキャンペーン（ライアン・ギグス～フィールド外のフェアプレー）	①フェアプレー	④フェアプレー	viii
184	1999 9	2002年強化推進本部設立	①強　化	—	viii
		2002年FIFAワールドカップ	⑥権威向上	—	vi
185	1999 10	KIRIN WORLD SOCCERキリンチャレンジ99	③日本代表	①強　化	iii
		フェアプレーキャンペーン（感謝と喜び）	①フェアプレー	④フェアプレー	viii
186	1999 11	シドニーオリンピック2000アジア地区最終予選	③日本代表	①強　化	iii
		フェアプレーキャンペーン（フェアプレーが伝えるもの）	①フェアプレー	④フェアプレー	viii
187	1999 12	シドニーオリンピック2000アジア地区最終予選	③日本代表	①強　化	iii
		フェアプレーキャンペーン（2000年、フェアプレーさえシミュレーションする）	①フェアプレー	④フェアプレー	viii
188	2000 1	1999Jリーグ	③プロ選手	—	viii
		フェアプレーキャンペーン（フェアプレー）	①フェアプレー	④フェアプレー	viii
189	2000 2	天皇杯第79回全日本サッカー選手権大会	③全国大会選手	①強　化	v
		フェアプレーキャンペーン（にもかかわらず審判と握手を…。）	①フェアプレー	④フェアプレー	viii
190	2000 3	2000年、日本代表チーム始動	③日本代表	①強　化	iii
		フェアプレーキャンペーン（カナダのフェアプレー教育に学ぶ）	①フェアプレー	④フェアプレー	viii
191	2000 3	強化指導指針2000年版～ポスト2002	①強　化	④フェアプレー	viii
192	2000 4	釜本邦茂2002年強化推進本部長が語る	①強　化	①強　化	viii
		技術委員会監修ページ　基本コンセプトから年間掲載予定まで	①強　化	④フェアプレー	viii
193	2000 5	開業3年目を迎えるナショナルトレーニングセンター・Jヴィレッジ	⑤施設等充実	⑥権威向上	viii
		技術委員会監修ページ　ナショナルトレセンU-14	①強　化	④強　化	iv
194	2000 6	韓国サッカー協会：2002大会の成功、21世紀のアジアサッカーの発展に両国が協力して	⑥権威向上	—	viii
		技術委員会監修ページ　2000年度トレセン活動テーマ	①強　化	④強　化	iv
195	2000 7	日本代表チーム<国際Aマッチ>報告	③日本代表	①強　化	iii
		技術委員会監修ページ　テクニカルレポート～U-19／U-16日本代表	③日本代表	④強　化	iv
196	2000 8	遠藤JAWOC事務総長に聞く	⑥権威向上	—	vi
		技術委員会監修ページ　トレセン海外研修会報告～オランダ	③日本代表	④強　化	iv
197	2000 9	KIRIN WORLD SOCCER　キリンチャレンジ2000	③日本代表	①強　化	iii
		技術委員会監修ページ　トレセン海外研修会報告～フランス&オーストラリア	③日本代表	④強　化	iv
198	2000 10	日本オリンピック代表の活動	③日本代表	①強　化	iii
		第9回アジアユース（U-16）選手権	③日本代表	①強　化	iii
199	2000 11	シドニーオリンピック2000	③日本代表	①強　化	iii
		技術委員会監修ページ　視察報告：第9回アジアユース（U-16）選手権	③日本代表	④強　化	iv
200	2000 12	21世紀へ向けて	⑥権威向上	—	viii
		第12回アジアカップ　レバノン2000　総括レポート	③日本代表	④強　化	iv
201	2001 1	新世紀特別企画　20世紀日本サッカー　私が選んだ重大ニュース			vii
		2000サントリーチャンピオンシップ　鹿島が2年ぶり王者奪還	③プロ選手	④強　化	v
202	2001 2	天皇杯第80回全日本サッカー選手権大会	③全国大会選手	④強　化	v
		キリンビバレッジサッカー　日本代表vs韓国代表	③日本代表	①強　化	iii
203	2001 3	2002FIFAワールドカップ　ファン／サポーター向けチケット販売概要	⑥権威向上	—	vi
		2002FIFAワールドカップ　チケット国内販売	⑥権威向上	—	vi
204	2001 4	日本女子代表監督　インタビュー	③日本代表	①強　化	iii
		FIFAコンフェデレーションズカップ2001　小倉副会長インタビュー	③日本代表	①強　化	iii
205	2001 5	L・モットラム、マイディン・シャムスル両審判員が見た日本サッカー界&プロジェクト報告	②規則遵守	⑥権威向上	viii
		日本サッカー、豊潤なる思い出と未来へ　釜本邦茂副会長インタビュー			vii
206	2001 6	2002FIFAワールドカップ　夢の祭典開幕まであと1年！	⑥権威向上	—	vi
		ユース年代日本代表チーム―未来を担う世代―大仁技術委員長ほか	③日本代表	④強　化	iv
207	2001 7	FIFAコンフェデレーションズカップ2001　大会レポート	③日本代表	①強　化	iii
		日本女子サッカー、世界を目指して	③日本代表	④強　化	iv

208	2001	8	キリンカップサッカー2001	③日本代表	①強　化	iii
			FIFAワールドユース選手権アルゼンチン2001	③日本代表	①強　化	iii
209	2001	9	AFC／OFCチャレンジカップジャパン2001	③日本代表	⑥権威向上	viii
			2002FIFAワールドカップ　公式ビジュアルアイデンティ完成！	⑥権威向上	—	vi
210	2001	10	日本サッカー協会創立80周年記念パーティ	⑥権威向上	—	vi
			日本女子サッカー，世界を目指して	③日本代表	④強　化	iv
211	2001	11	日本代表欧州遠征報告―アフリカ勢と2連戦	③日本代表	④強　化	iv
			2002FIFAワールドカップ～AFC代表2チーム決定	⑥権威向上	—	vi
212	2001	12	2002FIFAワールドカップ組合せ抽選会	⑥権威向上	—	vi
			2002FIFAワールドカップ日本代表ベースキャンプ地決定	③日本代表	⑥権威向上	viii
213	2002	1	第81回天皇杯全日本サッカー選手権大会	③全国大会選手	④強　化	iv
			フェアプレーキャンペーン～ペレ	①フェアプレー	④フェアプレー	viii
214	2002	2	2002年日本代表チーム始動	③日本代表	①強　化	iii
			2002年日本代表チーム前期スケジュール決定	③日本代表	①強　化	iii
215	2002	3	日本代表新ユニフォーム発表	③日本代表	①強　化	iii
			日本代表候補トレーニングキャンプ	③日本代表	①強　化	iii
216	2002	4	キリンチャレンジカップ2002・vsウクライナ代表	③日本代表	①強　化	iii
			日本代表欧州遠征・vsポーランド代表	③日本代表	④強　化	iv
217	2002	5	2002FIFAワールドカップ開幕迫る！	⑥権威向上	—	vi
			キリンチャレンジカップ2002・vsコスタリカ代表	③日本代表	①強　化	iii
218	2002	6	2002FIFAワールドカップ　日本代表vsベルギー代表	③日本代表	①強　化	iii
			2002FIFAワールドカップ・日本代表最終登録メンバー	③日本代表	①強　化	iii
219	2002	7	2002FIFAワールドカップ　日韓共催，成功に終わる	⑥権威向上	—	vi
			2002FIFAワールドカップ，快進撃ベスト16	③日本代表	①強　化	iii
220	2002	8	新会長に川淵三郎就任	⑥権威向上	—	vi
			平成14・15年度JFA役員	⑥権威向上	—	vi
221	2002	9	巻頭インタビュー　川淵三郎会長，ジーコ日本代表監督	—	—	vii
			小倉純二副会長，FIFA理事に	⑥権威向上	—	vi
222	2002	10	巻頭インタビュー　ジーコ日本代表監督②，池田司信U-19女子監督	③日本代表	①強　化	iii
			AFC U-17アジア選手権大会UAE2002	③日本代表	①強　化	iii
223	2002	11	キリンチャレンジ2002　日本代表vsジャマイカ代表	③日本代表	①強　化	iii
			第14回アジア競技大会　男子サッカー競技	③日本代表	①強　化	iii
224	2002	12	日本サッカー協会名誉総裁　高円宮殿下，薨去	⑥権威向上	—	vi
			キリンチャレンジカップ2002　日本代表vsアルゼンチン代表	③日本代表	①強　化	iii
225	2003	1	天皇杯第82回全日本サッカー選手権大会	③全国大会選手	④強　化	v
			高円宮杯第14回全日本ユース（U-15）サッカー選手権大会	③全国大会選手	④強　化	v
226	2003	2	第24回全日本女子サッカー選手権大会	③全国大会選手	④強　化	v
			ユース年代のフットサル大会	③全国大会選手	④強　化	v
227	2003	3	日本代表&U-22日本代表　チームスタッフ，スケジュール決定	③日本代表	①強　化	iii
			第8回全日本フットサル選手権	③全国大会選手	④強　化	v
228	2003	4	日本代表vsウルグアイ代表	③日本代表	①強　化	iii
			キリンチャレンジカップ2003　U-22日本代表 vsU-22コスタリカ代表	③日本代表	①強　化	iii
229	2003	5	新名誉総裁・高円宮妃久子殿下インタビュー	⑥権威向上	—	vi
			国際親善試合：日本代表vs韓国代表	③日本代表	①強　化	iii
230	2003	6	国際親善試合：日本代表vs韓国代表	③日本代表	①強　化	iii
			キリンチャレンジカップ2003　U-22日本代表vsU-22ニュージーランド代表	③日本代表	①強　化	iii
231	2003	7	FIFAコンフェデレーションズカップフランス2003	③日本代表	①強　化	iii
			キリンカップサッカー2003	③日本代表	①強　化	iii
232	2003	8	巻頭言拡大版　川淵三郎キャプテン，日本代表ジーコ監督インタビュー	—	—	vii
			FIFA女子ワールドカップ USA2003予選プレーオフ	③日本代表	①強　化	iii
233	2003	9	キリンチャレンジカップ2003　日本代表vsナイジェリア代表	③日本代表	①強　化	iii
			第5回アジアフットサル選手権イラン 2003	③日本代表	①強　化	iii
234	2003	10	キリンチャレンジカップ2003　日本代表vsセネガル代表	③日本代表	①強　化	iii
			国際親善試合 U-22日本代表vsU-22韓国代表	③日本代表	①強　化	iii
235	2003	11	名誉総裁・高円宮妃久子殿下 JFAハウス御来協	⑥権威向上	—	vi
			日本サッカーの新拠点「JFAハウス」誕生	⑥権威向上	—	vi

236	2003	12	2006年FIFAワールドカップ・ドイツ大会予選抽選会	③日本代表	①強　化	iii
			2003年を振り返る	—	—	vii
237	2004	1	第83回天皇杯全日本サッカー選手権大会	③全国大会選手	④強　化	v
			2006年FIFAワールドカップドイツ大会マッチスケジュール決定！	③日本代表	①強　化	iii
238	2004	2	日本代表新"ホーム"ユニフォーム発表	③日本代表	①強　化	iii
			日本代表／U-23日本代表チーム始動	③日本代表	①強　化	iii
239	2004	3	日本代表チーム～ 2006FIFAワールドカップドイツ	③日本代表	①強　化	iii
			U-23日本代表～アテネへの最終段階	③日本代表	①強　化	iii
240	2004	4	U-23日本代表～アジアサッカー最終予選2004	③日本代表	①強　化	iii
			日本代表～2006FIFAワールドカップドイツ　アジア地区第一次予選	③日本代表	①強　化	iii
241	2004	5	AFC女子サッカー予選大会2004　日本女子代表，準優勝	③日本代表	①強　化	iii
			日本女子代表　AFC女子サッカー予選大会2004の戦いを振り返る	③日本代表	①強　化	iii
242	2004	6	日本代表　イングランド遠征　東欧遠征	③日本代表	④強　化	iv
			U-23日本代表　国際親善試合　ギリシャ遠征	③日本代表	④強　化	iv
243	2004	7	2006FIFAワールドカップドイツ　アジア地区第一次予選グループ3	③日本代表	①強　化	iii
			平成16・17年度役員決定	⑥権威向上	—	vi
244	2004	8	AFCアジアカップ中国2004　日本代表，2連覇！	③日本代表	①強　化	iii
			大会結果報告（AFCアジアカップ）	③日本代表	①強　化	iii
245	2004	9	第28回オリンピック競技大会　アテネ2004	③日本代表	①強　化	iii
			キリンチャレンジカップ2004　日本代表vsアルゼンチン代表	③日本代表	①強　化	iii
246	2004	10	AFC U-17サッカー選手権大会2004	③日本代表	①強　化	iii
			2006FIFAワールドカップドイツ　アジア地区第一次予選グループ3	③日本代表	①強　化	iii
247	2004	11	2006FIFAワールドカップドイツ　アジア地区第一次予選グループ3	③日本代表	①強　化	iii
			長沼健最高顧問旭日中綬章受章	⑥権威向上	—	vi
248	2004	12	2004年を振り返る	—	—	vii
			フットサル日本代表	③日本代表	①強　化	iii
249	2005	1	JFA2005年宣言	⑥権威向上	—	viii
			第84回天皇杯全日本サッカー選手権大会	③全国大会選手	④強　化	v
250	2005	2	日本代表　キリンチャレンジカップ2005―Go for 2006！―	③日本代表	①強　化	iii
			2005年の活動スタート（日本代表）	③日本代表	①強　化	iii
251	2005	3	2006FIFAワールドカップドイツ　アジア地区最終予選	③日本代表	①強　化	iii
			2005ゼロックススーパーカップ	③プロ選手	①強　化	v
252	2005	4	2006FIFAワールドカップドイツ　アジア地区最終予選	③日本代表	①強　化	iii
			特別企画　川淵三郎キャプテンインタビュー	—	—	vii
253	2005	5	特別企画　ジーコ監督インタビュー	③日本代表	①強　化	iii
			なでしこスーパーカップ2005	③全国大会選手	④強　化	v
254	2005	6	2006FIFAワールドカップドイツ　アジア地区最終予選	③日本代表	①強　化	iii
			キリンカップサッカー2005	③日本代表	①強　化	iii
255	2005	7	2006FIFAワールドカップドイツ　本大会出場決定	③日本代表	①強　化	iii
			FIFAコンフェデレーションズカップドイツ2005	③日本代表	①強　化	iii
256	2005	8	東アジアサッカー選手権2005決勝大会／東アジア女子サッカー大会	③日本代表	①強　化	iii
			大熊清U-20日本代表監督インタビュー	③日本代表	①強　化	iii
257	2005	9	2006FIFAワールドカップドイツ　アジア地区最終予選	③日本代表	①強　化	iii
			2006FIFAワールドカップドイツ　アジア地区予選終了	③日本代表	①強　化	iii
258	2005	10	ジーコ日本代表インタビュー	③日本代表	①強　化	iii
			フランスサッカー連盟とパートナーシップ締結	⑥権威向上	—	vi
259	2005	11	日本代表～ラトビア・ウクライナ遠征	③日本代表	④強　化	iv
			2006FIFAワールドカップドイツ本大会出場決定歓迎レセプション	⑥権威向上	—	vi
260	2005	12	2006FIFAワールドカップドイツ本大会組み合わせ決定	③日本代表	①強　化	iii
			キリンチャレンジカップ2005　日本代表vsアンゴラ代表	③日本代表	①強　化	iii
261	2006	1	第85回天皇杯　全日本サッカー選手権大会	③全国大会選手	④強　化	v
			FIFAクラブワールドチャンピオンシップ　トヨタカップジャパン2005	③世界の選手	①強　化	i
262	2006	2	SAMURAI BLUE2006 日本代表チーム，FIFAワールドカップに向けて始動	③日本代表	①強　化	iii
			第85回天皇杯全日本サッカー選手権大会記録集	③全国大会選手	④強　化	v
263	2006	3	国際親善試合　vsボスニア・ヘルツェゴビナ代表	③日本代表	①強　化	iii
			AFCアジアカップ2007予選大会 vsインド代表	③日本代表	①強　化	iii

264	2006	4	キリンチャレンジカップ 2006vsエクアドル代表	③日本代表	①強　化	iii
			SAMURAI BLUE2006プロジェクト　G-JAMPS, SAMURAI BLUE PARK開設	③日本代表	―	viii
265	2006	5	JFAアカデミー福島、開校	①人間的成長	①強　化	viii
			「日本代表、2006FIFAワールドカップドイツに向けて」井原氏・相馬氏対談	③日本代表	①強　化	iii
266	2006	6	2006FIFAワールドカップドイツ　日本代表メンバー決定	③日本代表	①強　化	iii
			国際親善試合 vsマルタ代表、vsドイツ代表	③日本代表	①強　化	iii
267	2006	7	2006FIFAワールドカップドイツ　日本代表の戦い	③日本代表	①強　化	iii
			日本代表の戦いを振り返る	③日本代表	①強　化	iii
268	2006	8	平成18年度第1回評議員会　日本サッカー協会新会長・役員決定	⑥権威向上	―	vi
			川淵三郎キャプテン（会長）～3期目の抱負を語る	③日本代表	①強　化	iii
269	2006	9	新生日本代表始動	③日本代表	①強　化	iii
			小野剛新技術委員長インタビュー	③日本代表	①強　化	iii
270	2006	10	日本代表の戦い　キリンチャレンジカップ2006，AFCアジアカップ2007予選大会	③日本代表	①強　化	iii
			イビチャ・オシム日本代表監督　インタビュー	③日本代表	①強　化	iii
271	2006	11	AFCアジアカップ2007予選大会　インド代表vs日本代表	③日本代表	①強　化	iii
			日中韓サッカーU-21代表交流戦　U-21日本代表 vsU-21中国代表	③日本代表	①強　化	iii
272	2006	12	「JFAこころのプロジェクト推進室」を設置	①こころの成長	①社会貢献	viii
			日本代表　AFCアジアカップ2007予選大会 vsサウジアラビア代表	③日本代表	①強　化	iii
273	2007	1	2007年、北京オリンピック予選に向けて	③日本代表	①強　化	iii
			第86回天皇杯全日本サッカー選手権大会	③全国大会選手	①強　化	v
274	2007	2	JFAこころのプロジェクト　第1回トライアル授業　レポート	①こころの成長	①社会貢献	viii
			フットサル特集　PUMA CUP2007第12回全日本フットサル選手権大会	③全国大会選手	④普　及	v
275	2007	3	日本代表 2007年の活動スタート	③日本代表	①強　化	iii
			U-22日本代表　北京オリンピックへの道	③日本代表	①強　化	iii
276	2007	4	JFAこころのプロジェクト　本格スタート	①こころの成長	①社会貢献	viii
			JFAアカデミー福島　2期生入校式	①人間的成長	①強　化	viii
277	2007	5	JFAこころのプロジェクト～ "夢の教室" がスタート	①こころの成長	①社会貢献	viii
			なでしこ特集	③日本代表	③全国大会選手	viii
278	2007	6	キリンカップサッカー2007～ALL FOR 2010 !～日本代表、3大会ぶりの優勝	③日本代表	①強　化	iii
			アジア男子サッカー2008　2次予選　U-22日本代表、1位で2次予選を突破	③日本代表	①強　化	iii
279	2007	7	JFA海外派遣指導者　座談会　日本人指導者、海を越えてアジアへ	⑥権威向上	―	viii
			「なでしこvision」を発表	⑥権威向上	―	viii
280	2007	8	AFCアジアカップ2007	③日本代表	①強　化	iii
			FIFA U-20ワールドカップ　カナダ2007	③日本代表	①強　化	iii
281	2007	9	キリンチャレンジカップ 2007～ALL FOR 2010 !～	③日本代表	①強　化	iii
			アジア女子サッカー2008最終予選　なでしこジャパン、北京五輪出場権獲得	③日本代表	①強　化	iii
282	2007	10	FIFA女子ワールドカップ中国 2007	③日本代表	①強　化	iii
			FIFA U-17ワールドカップ韓国2007	③日本代表	①強　化	iii
283	2007	11	TOYOTAプレゼンツ FIFAクラブワールドカップジャパン2007	③日本代表	①強　化	iii
			AFCアジア／アフリカチャレンジカップ2007	③日本代表	①強　化	iii
284	2007	12	2010FIFAワールドカップ大陸別予選組み合わせ決定	③日本代表	①強　化	iii
			アジア男子サッカー2008最終予選　U-22日本代表、北京五輪出場決定	③日本代表	①強　化	iii
285	2008	1	各カテゴリー日本代表監督が、2008年の抱負を語る	③日本代表	①強　化	iii
			日本代表監督に岡田武史氏、なでしこジャパン監督に佐々木則夫氏が就任	③日本代表	①強　化	iii
286	2008	2	2010FIFAワールドカップ南アフリカ　アジア3次予選	③日本代表	①強　化	iii
			キリンチャレンジカップ 2008～ALL FOR 2010!～	③日本代表	①強　化	iii
287	2008	3	一瞬のふれあいから夢先生のメッセージを感じ取る子どもたち～JFAこころのプロジェクト～	①こころの成長	①社会貢献	viii
			東アジアサッカー選手権大会 2008決勝大会／東アジア女子サッカー選手権 2008決勝大会	③日本代表	①強　化	iii
288	2008	4	JFAこころのプロジェクト	①こころの成長	①社会貢献	viii
			AFCプロリーグプロジェクト	③日本代表	⑥権威向上	viii
289	2008	5	JFAアカデミー福島　真のリーダーとなりうる "サッカーのエリート選手" を目指して	①人間的成長	①強　化	viii
			アンチ・ドーピングに向けて	①健　全	①フェアプレー	viii
290	2008	6	長沼健JFA最高顧問　逝去	⑥権威向上	―	vi
			全国各地に「地域に根ざしたスポーツクラブ」を	⑤施設等充実	―	viii
291	2008	7	川淵三郎キャプテン　6年間を振り返る	―	―	vii
			「6＋5ルール」の提唱	―	―	vii

292	2008	8	日本サッカー協会新会長に犬飼基昭が就任	⑥権威向上	—	vi
			スペシャルインタビュー　犬飼基昭会長に聞く	—	—	vii
293	2008	9	北京オリンピック2008	③日本代表	①強化	iii
			JFAこころのプロジェクト　スペシャルスタッフ対談	①こころの成長	①社会貢献	viii
294	2008	10	2010FIFAワールドカップ南アフリカ　アジア最終予選がスタート	③日本代表	①強化	iii
			第88回天皇杯全日本サッカー選手権大会が開幕	③全国大会選手	④強化	v
295	2008	11	2010FIFAワールドカップ南アフリカ　アジア最終予選 vsウズベキスタン代表	③日本代表	①強化	iii
			JFAアカデミー福島　アカデミー生が相撲部屋に入門	①人間的成長	①強化	viii
296	2008	12	犬飼基昭会長に聞く　心の教育を含めた選手育成が，日本サッカーを強くする	①こころの成長	④こころの成長	viii
			2010FIFAワールドカップ南アフリカ　アジア最終予選 vsカタール代表	③日本代表	①強化	iii
297	2009	1	2009年，各カテゴリー日本代表の戦い　アジアの戦いを制して世界を目指す	③日本代表	①強化	iii
			犬飼基昭会長に聞く　教育委員会と大学の連携によるスポーツ・インターンシップ制度	①人間的成長	⑤施設等充実	viii
298	2009	2	2009年，日本代表が始動 AFCアジアカップ2011カタール予選／キリンチャレンジカップ2009	③日本代表	①強化	iii
			佐々木則夫 U-20日本女子代表監督インタビュー	③日本代表	①強化	iii
299	2009	3	2010FIFAワールドカップ南アフリカ　アジア最終予選　オーストラリアとスコアレスドロー	③日本代表	①強化	iii
			2009Jリーグ開幕	③プロ選手	①強化	v
300	2009	4	2010FIFAワールドカップ南アフリカ　アジア最終予選　執念の勝利で本大会出場に王手！	③日本代表	①強化	iii
			JFA newsが創刊 300号を迎える	⑥権威向上	—	vi
301	2009	5	【JFAトップ対談】小倉純二副会長 ×田嶋幸三専務理事　2016年東京オリンピック，2018年，2022年FIFAワールドカップを招致しよう	⑥権威向上	①社会貢献	viii
			2010FIFAワールドカップ南アフリカ　アジア最終予選	③日本代表	①強化	iii
302	2009	6	4大会連続 FIFAワールドカップ出場決定！	③日本代表	①強化	iii
			【JFAトップ対談】小野剛（育成担当）×原博実（強化担当）両技術委員長が，日本サッカーの明日を語る！	①こころの成長	①強化	viii
303	2009	7	【JFAトップインタビュー】田嶋幸三専務理事 2018／2022FIFAワールドカップ招致　あの感動と興奮をもう1度！スポーツ文化を日本に根付かせたい	⑥権威向上	①社会貢献	viii
			2010FIFAワールドカップ南アフリカ　アジア最終予選　グループ2位で予選終了。最終戦は勝利で飾れず	③日本代表	①強化	iii
304	2009	8	【JFAトップ対談】犬飼基昭会長 ×岡田武史日本代表監督　2010FIFAワールドカップ南アフリカ出場　総合力で世界ベスト4を目指す！	③日本代表	①強化	iii
			日本代表，2009年後半のスケジュールを発表	③日本代表	①強化	iii
305	2009	9	AFC U-19女子選手権　中国2009 日本が4大会ぶり2度目のアジア制覇！	③日本代表	①強化	iii
			選手育成の重要性　世界に通用する質の高い選手の育成	①こころの成長	④こころの成長	viii
306	2009	10	【JFAトップインタビュー】犬飼基昭会長　日本サッカーが欧州で得たもの	—	—	vii
			FIFAゴールプログラム　セレモニー FIFA会長がJFAメディカルセンターを視察	⑥権威向上	—	vi
307	2009	11	【JFAトップインタビュー】川淵三郎キャプテン　新AFCチャンピオンズリーグとアジアサッカーのレベルアップ	①強化	⑥権威向上	viii
			日本代表の新エンブレム，新オフィシャルホームユニフォームを発表	③日本代表	①強化	iii
308	2009	12	2010FIFAワールドカップ南アフリカ	③日本代表	①強化	iii
			【JFAトップインタビュー】川淵三郎キャプテン　アジアサッカーのレベルアップとサッカー文化の醸成	①強化	⑥権威向上	viii
309	2010	1	【JFAトップインタビュー】犬飼基昭会長　2010年，日本サッカー，飛躍の年に	—	—	vii
			SAMURAI BLUE 2010年上期スケジュールを発表	③日本代表	①強化	iii
310	2010	2	2018／2022年FIFAワールドカップ招致	⑥権威向上	⑤施設等充実	vi
			スペインサッカー連盟とパートナーシップ協定を締結	⑥権威向上	—	vi
311	2010	3	【JFAトップインタビュー】鬼武健二副会長　2010Jリーグがいよいよ開幕	③プロ選手	①強化	viii
			第1回2018／2022FIFAワールドカップ日本招致委員会／招致連絡協議会を開催	⑥権威向上	—	vi
312	2010	4	【JFAトップインタビュー】犬飼基昭会長　「"世界基準"を追求しながら，日本固有のサッカーを確立する」	—	—	vii
			2010FIFAワールドカップ南アフリカ「 SAMURAI BLUEの対戦チームに迫る」	③日本代表	①強化	iii
313	2010	5	【JFAトップインタビュー】犬飼基昭会長　すべては"208Smiles"のために。日本だからこそ実現できる "次世代ワールドカップ"	⑥権威向上	①社会貢献	viii
			2010FIFAワールドカップ南アフリカ　直前特集	③日本代表	①強化	iii
314	2010	6	【JFAトップ対談】原博実技術委員長 ×風間八宏理事　2010FIFAワールドカップ南アフリカの見どころ戦術を超えた「個」を生かすレベルの高い大会	③日本代表	①強化	iii
			2022FIFAワールドカップ招致 FIFA WORLD CUP THE NEXT GENERATION produced by JAPAN	⑥権威向上	—	vi

315	2010 7	2010FIFAワールドカップ南アフリカ　特集	③日本代表	①強　化	iii
		特別企画　佐々木則夫なでしこジャパン監督インタビュー AFC女子アジアカップ中国2010を振り返る	③日本代表	①強　化	iii
316	2010 8	役員改選～新役員が決定	⑥権威向上	―	vi
		【JFAトップインタビュー】小倉純二新会長『JFA2005年宣言』の実現に向けて	―	―	vii
317	2010 9	キリンチャレンジカップ2010	③日本代表	①強　化	iii
		日本代表監督選考も国際競争の場へ	③日本代表	①強　化	iii
318	2010 10	【JFAトップインタビュー】大東和美副会長／Ｊリーグチェアマン Ｊリーグのレベルアップと基盤強化が急務	③プロ選手	①強　化	v
		2010FIFAワールドカップ南アフリカ総括～原博実技術委員長（強化担当）インタビュー	③日本代表	④強　化	iv
319	2010 11	【JFAトップインタビュー】アルベルト・ザッケローニ SAMURAI BLUE監督 何かを収穫するには、きちんと種をまかなければいけない	③日本代表	①強　化	iii
		キリンチャレンジカップ2010 SAMURAI BLUE vsアルゼンチン代表	③日本代表	①強　化	iii
320	2010 12	【JFAトップインタビュー】大仁邦彌副会長 日本サッカーが多くの成果と課題を得た 2010年。そして 2014年へ	③日本代表	①強　化	iii
		2022年FIFAワールドカップ日本招致　2022年FIFAワールドカップ，開催国はカタールに決定	⑥権威向上	―	vi
321	2011 1	【JFAトップインタビュー】小倉純二会長 日本サッカー協会創立 90周年、節目となる重要な年	⑥権威向上	―	vi
		2011年，各カテゴリー日本代表の戦い	③日本代表	①強　化	iii
322	2011 2	【JFAトップインタビュー】田嶋幸三会長兼専務理事 日本のサッカーはどうあるべきか～すべては「JFA2005年宣言」実現のために	―	―	vii
		AFCアジアカップ　カタール2011 SAMURAI BLUE、大会最多４度目のアジア王者に	③日本代表	①強　化	iii
323	2011 3	【JFAトップインタビュー】大東和美副会長／Ｊリーグチェアマン Ｊリーグ設立20周年、新たなチャレンジの幕開け	③プロ選手	①楽しさ	viii
		ザッケローニ監督のコメントで振り返る　AFCアジアカップ　カタール2011	③日本代表	①強　化	iii
324	2011 4	【JFAトップインタビュー】小倉純二会長 被災地の一日も早い復興に向け、今、サッカーファミリーにできること	①社会貢献	④社会貢献	viii
		東日本大震災によって被災された方々へ～関係者からのメッセージ	①社会貢献	④社会貢献	viii
325	2011 5	【JFAトップ対談】西村昭宏技術委員長（育成担当）×布啓一郎ユースダイレクター 「サッカーの本質」のさらなる追求。育成年代のゲーム環境を改革	①こころの成長	①強　化	viii
		JFAアカデミー福島／熊本宇城　福島6期生、熊本宇城3期生が入校	①人間的成長	①強　化	viii
326	2011 6	【JFAトップインタビュー】田嶋幸三副会長兼専務理事 順調に進む JFAアカデミー。2012年度、「JFAアカデミー堺」が誕生へ	①こころの成長	①強　化	viii
		キリンカップサッカー2011	③日本代表	①強　化	iii
327	2011 7	【JFAトップインタビュー】小倉純二会長　FIFA理事の9年間を振り返る	⑥権威向上	―	vi
		男子サッカー　アジア2次予選／ロンドンオリンピック予選	③日本代表	①強　化	iii
328	2011 8	FIFA女子ワールドカップドイツ2011　なでしこジャパン、世界一の快挙！	③日本代表	①強　化	iii
		【JFAトップ会談】上田栄治女子委員長 ×佐々木則夫なでしこジャパン監督 FIFA女子ワールドカップドイツ2011を振り返る	③日本代表	①強　化	iii
329	2011 9	【JFAトップインタビュー】小倉純二会長 日本サッカー協会創立90周年～日本サッカーの歴史に残る記念すべき年	⑥権威向上	―	vi
		2014年FIFAワールドカップブラジル　アジア3次予選	③日本代表	①強　化	iii
330	2011 10	【JFAトップインタビュー】大仁邦彌会長 進化を遂げている日本サッカー。世界のトップ10を目指して	③日本代表	①強　化	iii
		日本サッカー協会　創立 90周年記念パーティー	⑥権威向上	―	vi
331	2011 11	【JFAトップインタビュー】大東和美副会長／Ｊリーグチェアマン 20年という節目の年を迎えて、Ｊリーグ基盤の強化、ファン拡大へ向けた新たな戦略	③プロ選手	①楽しさ	viii
		2014年FIFAワールドカップブラジル　アジア3次予選	③日本代表	①強　化	iii
332	2011 12	【JFAトップインタビュー】田嶋幸三副会長兼専務理事 アジア全体のレベルアップで日本サッカーのさらなる強化を	③日本代表	①強　化	iii
		2014年FIFAワールドカップブラジル　アジア3次予選	③日本代表	①強　化	iii
333	2012 1	【JFAトップインタビュー】小倉純二会長　「JFAの約束2015」まであと3年 公益法人として社会に貢献し、すべてのカテゴリー別 W杯に出場する	①社会貢献	①強　化	viii
		2012年，日本代表スケジュール～さらなる飛躍の年々へ	③日本代表	①強　化	iii
334	2012 2	FIFAバロンドール2011　日本は3部門で受賞の快挙！	⑥権威向上	―	vi
		リスペクト・プロジェクト～リスペクト鼎談	①リスペクト	④リスペクト	viii

335	2012 3	【JFAトップインタビュー】大東和美副会長／Jリーグチェアマン Jリーグ開幕 20年。原点回帰と新たな挑戦	—	—	vii
		東日本大震災から1年 復興に向けたサッカー界の支援活動。 サッカー・スポーツを通して「絆」を深める	①社会貢献	④社会貢献	viii
336	2012 4	【JFAトップインタビュー】田嶋幸三副会長兼専務理事 JFAアカデミー，次なるステージへ	①こころの成長	①強化	viii
		JFAアカデミー JFAアカデミー堺が開校 福島校男子，熊本宇城校で初の卒校生	①こころの成長	①強化	viii
337	2012 5	【JFAトップ対談】大仁邦彌副会長（Fリーグ COO）×北澤豪 Fリーグ COO補佐 フットボールファミリーとしてフットサルを盛り上げよう	①強化	①楽しさ	viii
		SAMURAI BLUE，5大会連続のFIFAワールドカップ出場に向けて	③日本代表	①強化	iii
338	2012 6	【JFAトップインタビュー】小倉純二会長 日本サッカーの国際化に取り組んだ20年	—	—	vii
		2014FIFAワールドカップブラジル アジア最終予選	③日本代表	①強化	iii
339	2012 7	JFA役員改選 大仁邦彌副会長が第13代会長に就任	⑥権威向上	—	vi
		2014FIFAワールドカップブラジル アジア最終予選	③日本代表	①強化	iii
340	2012 8	【JFAトップインタビュー】大仁邦彌会長 日本社会に根づいたサッカー界に	—	—	vii
		第30回オリンピック競技大会（2012／ロンドン）	③日本代表	①強化	iii
341	2012 9	【JFAトップインタビュー】関塚隆 U-23日本代表監督 日本の良さを発揮すれば世界と渡り合える	③日本代表	①強化	iii
		佐々木則夫 なでしこジャパン監督 進化したなでしこジャパン～日本女子代表結成 31年の成果	③日本代表	①強化	iii
342	2012 10	【JFAトップインタビュー】小倉純二 FIFA U-20女子ワールドカップジャパン2012 日本組織委員会委員長（JFA名誉会長） 開催の目的や意義は達成でき，大会は成功だった	⑥権威向上		vi
		FIFA U-20女子ワールドカップジャパン2012 大会総括 アメリカが大会最多 3度目の優勝～日本は銅メダルを獲得	③日本代表	①強化	iii
343	2012 11	【JFAトップインタビュー】田中道弘専務理事 「JFA2005年宣言」の実現に向けて。約束の2015年まであと3年	—	—	vii
		SAMURAI BLUE欧州遠征 強豪との対戦を経て，さらなる飛躍へ	③日本代表	④強化	iv
344	2012 12	【JFAトップインタビュー】上田栄治女子委員会委員長 日本女子サッカーの2012年を振り返る 歩みを止めずに，さらなるレベルアップを	③日本代表	①強化	iii
		2014FIFAワールドカップブラジル アジア最終予選 SAMURAI BLUE、 本大会出場へ王手	③日本代表	①強化	iii
345	2013 1	【JFAトップインタビュー】大仁邦彌会長 良い流れの中にある日本サッカー 各方面に新たな施策を打ち出し，さらなる発展を	—	—	vii
		【特集】2013年各カテゴリー日本代表 年間スケジュール発表	③日本代表	①強化	iii
346	2013 2	【JFAトップインタビュー】田嶋幸三副会長 リスペクト精神を持ち，フェアで強い日本に	①リスペクト	①強化	viii
		【特別企画】 SAMURAI BLUEアルベルト・ザッケローニ監督 成長の歩みを止めることなく，一歩一歩，前に進んでいきたい	③日本代表	○強化	iii
347	2013 3	【JFAトップインタビュー】大東和美副会長／Jリーグチェアマン Jリーグがより成長していくために	—	—	vii
		【特別企画】 2013年に向けて ユース年代日本代表監督の抱負	③日本代表	①強化	iii

表 3-5　機関誌の主なテーマから導かれた「制度を構成する要素」（年度ごとのまとめ）

1979年度 （1978年度の2号分含む） No. 1〜8	①スポーツ・イデオロギー	強化	6
	②スポーツ・ルール	規則遵守	1
	③スポーツ・シンボル	日本代表	2
		世界の選手	4
	④スポーツ行動様式	強化	3
	⑥スポーツ組織	権威向上	5
1980年度 No. 9〜14	①スポーツ・イデオロギー	強化	5
	③スポーツ・シンボル	日本代表	4
		プロ選手	1
		全国大会選手	1
	④スポーツ行動様式	強化	3
	⑥スポーツ組織	権威向上	5
1981年度 No. 15〜20	①スポーツ・イデオロギー	強化	12
		楽しさ	1
	③スポーツ・シンボル	日本代表	6
		世界の選手	5
		全国大会選手	1
	④スポーツ行動様式	強化	2
1982年度 No. 21〜26	①スポーツ・イデオロギー	強化	9
	②スポーツ・ルール	規則遵守	2
	③スポーツ・シンボル	日本代表	7
		世界の選手	2
	④スポーツ行動様式	強化	2
	⑥スポーツ組織	権威向上	1
1983年度 No. 27〜32	①スポーツ・イデオロギー	強化	8
	③スポーツ・シンボル	日本代表	7
		全国大会選手	3
	④スポーツ行動様式	強化	6
	⑥スポーツ組織	権威向上	1
1984年度 No. 33〜38	①スポーツ・イデオロギー	強化	5
	③スポーツ・シンボル	日本代表	4
		全国大会選手	2
		プロ選手	2
		世界の選手	1
	④スポーツ行動様式	強化	2
	⑥スポーツ組織	権威向上	2
1985年度　No. 39〜44	①スポーツ・イデオロギー	強化	7
	③スポーツ・シンボル	日本代表	7
		全国大会選手	2
		世界の選手	1
	④スポーツ行動様式	強化	5

1986年度 No. 45〜50	①スポーツ・イデオロギー	強化	7
	③スポーツ・シンボル	日本代表	8
		世界の選手	2
	④スポーツ行動様式	強化	4
1987年度 No. 51〜56	①スポーツ・イデオロギー	強化	4
	③スポーツ・シンボル	日本代表	5
		全国大会選手	2
		世界の選手	1
	④スポーツ行動様式	強化	5
	⑥スポーツ組織	権威向上	1
1988年度 No. 57〜62	①スポーツ・イデオロギー	強化	5
		フェアプレー	1
	③スポーツ・シンボル	日本代表	5
		全国大会選手	1
		世界の選手	1
	④スポーツ行動様式	強化	4
		フェアプレー	1
	⑥スポーツ組織	権威向上	2
1989年度 No. 63〜69	①スポーツ・イデオロギー	強化	4
	②スポーツ・ルール	規則遵守	1
	③スポーツ・シンボル	日本代表	4
		全国大会選手	7
		プロ選手	1
	④スポーツ行動様式	強化	9
	⑥スポーツ組織	権威向上	1
1990年度 No. 70〜81	①スポーツ・イデオロギー	強化	7
	③スポーツ・シンボル	日本代表	8
		全国大会選手	8
		プロ選手	2
		世界の選手	2
	④スポーツ行動様式	強化	12
	⑤スポーツ文物	施設等充実	1
	⑥スポーツ組織	権威向上	6
1991年度 No. 82〜93	①スポーツ・イデオロギー	強化	9
	②スポーツ・ルール	規則遵守	1
	③スポーツ・シンボル	日本代表	9
		全国大会選手	6
		プロ選手	2
		世界の選手	1
	④スポーツ行動様式	強化	9
	⑥スポーツ組織	権威向上	7

1992年度 No. 94〜105	①スポーツ・イデオロギー	強化	7
	③スポーツ・シンボル	日本代表	10
		全国大会選手	5
		プロ選手	3
		世界の選手	2
	④スポーツ行動様式	強化	9
	⑥スポーツ組織	権威向上	6
1993年度 No. 106〜117	①スポーツ・イデオロギー	強化	12
		楽しさ	1
		フェアプレー	1
	②スポーツ・ルール	規則遵守	1
	③スポーツ・シンボル	日本代表	8
		全国大会選手	4
		プロ選手	4
		世界の選手	1
	④スポーツ行動様式	強化	8
	⑥スポーツ組織	権威向上	1
1994年度 No. 118〜129	①スポーツ・イデオロギー	強化	6
		楽しさ	1
	②スポーツ・ルール	規則遵守	1
	③スポーツ・シンボル	日本代表	4
		全国大会選手	2
		プロ選手	1
		世界の選手	2
	④スポーツ行動様式	強化	8
	⑤スポーツ文物	施設等充実	3
	⑥スポーツ組織	権威向上	5
1995年度 No. 130〜141（増刊号含む）	①スポーツ・イデオロギー	強化	11
	②スポーツ・ルール	規則遵守	1
	③スポーツ・シンボル	日本代表	8
		全国大会選手	4
		プロ選手	1
		世界の選手	1
	④スポーツ行動様式	強化	10
	⑥スポーツ組織	権威向上	3
1996年度 No. 142〜153	①スポーツ・イデオロギー	強化	7
	③スポーツ・シンボル	日本代表	6
		全国大会選手	3
		プロ選手	1
	④スポーツ行動様式	強化	8
	⑤スポーツ文物	施設等充実	2
	⑥スポーツ組織	権威向上	12

1997年度 No. 154～165 （増刊号166含む）	①スポーツ・イデオロギー	強化	9
	②スポーツ・ルール	規則遵守	4
	③スポーツ・シンボル	日本代表	7
		全国大会選手	2
		プロ選手	2
	④スポーツ行動様式	強化	7
	⑤スポーツ文物	施設等充実	1
	⑥スポーツ組織	権威向上	11
1998年度 No. 167～178	①スポーツ・イデオロギー	強化	10
		健康	1
	②スポーツ・ルール	規則遵守	8
	③スポーツ・シンボル	日本代表	10
		全国大会選手	3
	④スポーツ行動様式	強化	6
		安全	1
	⑥スポーツ組織	権威向上	10
1999年度 No. 179～191	①スポーツ・イデオロギー	強化	9
		フェアプレー	11
	③スポーツ・シンボル	日本代表	7
		全国大会選手	1
		プロ選手	2
	④スポーツ行動様式	強化	2
		フェアプレー	11
	⑥スポーツ組織	権威向上	2
2000年度 No. 192～203	①スポーツ・イデオロギー	強化	10
	③スポーツ・シンボル	日本代表	11
		全国大会選手	1
		プロ選手	1
	④スポーツ行動様式	強化	11
	⑤スポーツ文物	施設等充実	1
	⑥スポーツ組織	権威向上	6
2001年度 No. 204～215	①スポーツ・イデオロギー	強化	9
		フェアプレー	1
	②スポーツ・ルール	規則遵守	1
	③スポーツ・シンボル	日本代表	15
		全国大会選手	1
	④スポーツ行動様式	強化	5
		フェアプレー	1
	⑥スポーツ組織	権威向上	8
2002年度 No. 216～227	①スポーツ・イデオロギー	強化	11
	③スポーツ・シンボル	日本代表	12
		全国大会選手	5
	④スポーツ行動様式	強化	6
	⑥スポーツ組織	権威向上	6

2003年度 No. 228～239	①スポーツ・イデオロギー	強化	18
	③スポーツ・シンボル	日本代表	18
		全国大会選手	1
	④スポーツ行動様式	強化	1
	⑥スポーツ組織	権威向上	3
2004年度 No. 240～251	①スポーツ・イデオロギー	強化	16
	③スポーツ・シンボル	日本代表	18
		全国大会選手	1
		プロ選手	1
	④スポーツ行動様式	強化	4
	⑥スポーツ組織	権威向上	3
2005年度 No. 252～263	①スポーツ・イデオロギー	強化	17
	③スポーツ・シンボル	日本代表	17
		全国大会選手	3
		世界の選手	1
	④スポーツ行動様式	強化	4
	⑥スポーツ組織	権威向上	2
2006年度 No. 264～275	①スポーツ・イデオロギー	強化	17
		こころの成長	2
		人間的成長	1
		社会貢献	2
	③スポーツ・シンボル	日本代表	17
		全国大会選手	2
	④スポーツ行動様式	強化	2
	⑥スポーツ組織	権威向上	1
2007年度 No. 276～287	①スポーツ・イデオロギー	強化	18
		こころの成長	3
		人間的成長	1
		社会貢献	3
	③スポーツ・シンボル	日本代表	18
		全国大会選手	1
	⑥スポーツ組織	権威向上	2
2008年度 No. 288～299	①スポーツ・イデオロギー	強化	12
		こころの成長	3
		人間的成長	3
		社会貢献	2
		フェアプレー	1
		健全	1
	③スポーツ・シンボル	日本代表	8
		全国大会選手	1
		プロ選手	1
	④スポーツ行動様式	強化	1
		こころの成長	1
	⑤スポーツ文物	施設等充実	2
	⑥スポーツ組織	権威向上	3

2009年度 No. 300～311	①スポーツ・イデオロギー	強化	13
		こころの成長	2
		社会貢献	2
	③スポーツ・シンボル	日本代表	10
		プロ選手	1
	④スポーツ行動様式	こころの成長	1
	⑤スポーツ文物	施設等充実	1
2010年度 No. 312～323	①スポーツ・イデオロギー	強化	14
		楽しさ	1
		社会貢献	1
	③スポーツ・シンボル	日本代表	14
		プロ選手	2
	④スポーツ行動様式	強化	1
	⑥スポーツ組織	権威向上	5
2011年度 No. 324～335	①スポーツ・イデオロギー	強化	14
		楽しさ	1
		こころの成長	2
		人間的成長	1
		社会貢献	4
		リスペクト	1
	③スポーツ・シンボル	日本代表	10
		プロ選手	1
	④スポーツ行動様式	社会貢献	3
		リスペクト	1
	⑥スポーツ組織	権威向上	4
2012年度 No. 336～347	①スポーツ・イデオロギー	強化	16
		楽しさ	1
		こころの成長	2
		リスペクト	1
	③スポーツ・シンボル	日本代表	13
	④スポーツ行動様式	強化	1
	⑥スポーツ組織	権威向上	2

＊右端の数字は，該当する局面を構成する要素を強調していると考えられたテーマの数を示す。

　表3-4及び表3-5から，機関誌のテーマの内容を考察すると，まず1978年から2013年まで，一貫して，サッカーの強化を強調してきたことがわかる。

　周知のとおり，日本代表チームが初めてサッカーワールドカップに出場したのは1998年である。それ以前から，日本代表が出場していないワールドカップをはじめ

とする国際大会のテーマを取り上げることで，日本サッカー協会は，早い時期から日本のサッカー関係者の目を世界に向けさせようとしていたと考えられ，国際競技力の向上を目指していたと考えられる。また，大会の結果報告や分析が多く，特に世界の競技力に目を向けさせることで，日本国内の競技レベルを高める必要性を示し，プロ・リーグ創設の気運を醸成していったのではないだろうか。このことは，日本におけるスポーツ組織が，競技者（高度化）のための組織になっているという杉浦（2006）や日下（1985，1988）の指摘を支持するものである。

1990年頃からは，2002年ワールドカップの日本への招致についてのテーマが増え始めた。また，1993年のJリーグ開幕で，ワールドカップを開催する環境やプロ選手の尊厳を高めるような競技力強化以外に関するテーマも少しずつではあるが取り上げられるようになる。

例えば，1994年3月には「フェアプレー」，「規則遵守」，1994年9月・10月，1996年7月，1997年1月には「施設等充実」に関するテーマが取り上げられている。しかし，1999年度の「フェアプレー」に関するテーマがキャンペーンとして取り上げられた時期を除けば，競技力強化のテーマに比べると僅かである。

2002年のワールドカップ日本開催後から2006年頃までは，機関誌のテーマは再びほとんど「強化」と「日本代表」に関するものとなる。2006年頃からはサッカーを通した「こころの成長」，「人間的成長」，「社会貢献」などがテーマとして取り上げられるようになる。2006年5月には「JFAアカデミー福島[6]開校」のテーマ，2006年12月には「JFAこころのプロジェクト推進室設置」のテーマ，2007年4月には「JFAこころのプロジェクト本格的スタート」のテーマが取り上げられている。その後，JFAアカデミーやJFAこころのプロジェクトを通して，競技力強化以外のテーマが多く示されるようになっている。

JFAこころのプロジェクトに関しては，2011年3月11日の東日本大震災後，その有用性が評価され，現在では社会からの要請が増しているものと考えられる。これらが契機となって，この時期に日本サッカー協会の主体的構えが転換期を迎えたと考えることができる。

2006年はサッカーワールドカップドイツ大会が開催され，上位進出を期待されていた日本代表が，本大会の予選リーグで敗退となった年である。この点にのみ注目すれば，それまで競技力向上・高度化を強調してきた日本サッカー協会が，結果を

残せなかったという批判・評価を免れるために，高度化以外の価値を発信するように なったと捉えることもできよう。一方で，2002年の日韓ワールドカップで，世界 のサッカーや人びとを通して，高度化だけではないサッカーがもたらす価値に触れ， それが醸成され，2006年に表出するようになったと捉えることもできる。

　杉浦（2006）や鈴木（2006）によって，高度化のためのスポーツ組織から愛好者 のためのスポーツ組織への転換の必要性が指摘されたのも2006年である。スポーツ 界や社会的にもこの年が転換期と捉えられる可能性はある。

　JFAアカデミー福島やJFAこころのプロジェクトの開始を通した日本サッカー協 会の主体的態度の転換が，なぜ2006年だったのかについては，当時の社会状況等を 踏まえ，機関誌分析だけではなく，より詳細な検討が必要となろう。

　日本サッカー協会が主体的に創り出そうとしていた「制度を構成する要素」につ いて考察する。まず1978年から2013年まで，一貫して，サッカーは強化に価値があ る（競技力が高い選手に価値がある）というスポーツ・イデオロギーを強調してい た点に特徴がある。特に，1978年から2005年までは，日本代表や世界で活躍する選 手・チーム等をテーマとして多く取り上げ，競技力の向上が重要であるというスポ ーツ・イデオロギーや，如何に競技力を向上させるかというスポーツ行動様式を強 調していた。

　しかし，JFAアカデミー福島が開校し，JFAこころのプロジェクト推進室が設置 された 2006年からは，それまで強調されてきた要素に加えて，「こころの成長」， 「人間的成長」，「社会貢献」，「フェアプレー」，「楽しさ」，「健全」，「リスペクト」 など，サッカーは様々な価値をもたらすというスポーツ・イデオロギーを強調した。 それとともに，サッカーを通して人間的成長やこころの成長を促し，社会貢献をす るための具体的なスポーツ行動様式も強調されるようになった。また，スポーツ・ シンボルとしては，日本代表選手や世界で活躍する選手に加え，Ｊリーグ開幕に向 けた準備が始まった1989年頃からプロ選手も強調されてきた。

　制度を構成する要素としてのスポーツ組織については，日本サッカー協会の権威 を向上させるようなテーマが多く取り上げられ，日本サッカー協会の権威が強調さ れてきたと考えられる。なお，スポーツ・ルールとスポーツ文物の要素については 機関誌分析からは，特筆すべき点は窺うことができなかった。スポーツ・ルールに おける「明示的なゲーム・ルール」やスポーツ文物におけるサッカーに使用する用

具等は，国際サッカー連盟の決定に従うところが多く，競技規則に定められている。そのため，組織の考え方や方向性を示す機関誌において日本サッカー協会が主体的に強調する点はほとんどなかったと考えられる。黙示的なルールは，当然，明示的な役割を担う機関誌からはよみとれず，これらの点に機関誌分析の限界が示されるであろう。

2005年までの日本サッカー協会によって形成されてきた制度的特徴は，特に制度を構成するスポーツ・イデオロギー，スポーツ・シンボル，スポーツ行動様式を通して，高度化を強調するものであった。序章では，この高度化の強調が，サッカー行為者の劣等感による不安感情をもたらすものであるとしていた。制度を構成するスポーツ組織の要素において，日本サッカー協会の権威が強調されることで，同協会登録選手の帰属意識や帰属欲求が高まることが考えられ，そのことが未登録者が疎外感による不安感情を抱く要因になるものとも捉えられる。

このような制度的特徴は，あくまでも日本サッカー協会が強調する，スポーツ組織側からの視点で捉えられたものである。そこで，サッカー行為者側からも，同様に高度化の強調という特徴をもった制度として捉えられ，その影響を受けていたのかということを検討する必要がある。

そのために，サッカー行為者の社会的性格（性格構造）を調査し，また，それらの形成過程を制度的側面から分析していくことが必要だろう。したがって，まず，次章で，サッカー行為者の社会的性格（性格構造）の問題を明らかにしてみたい。

③ まとめ

本章では，前章で理論的に示した分析の枠組み及び機関紙分析という方法に基づいて，日本サッカー協会によるサッカー行為者の組織化の方向性の現状を示すために，同協会が創り出している制度的構造の特徴を分析・解釈した。

機関紙分析の結果，1978年から2005年までは，競技力の向上が重要であるというスポーツ・イデオロギーや，如何に競技力を向上させるかというスポーツ行動様式を強調するとともに，日本代表選手や世界で活躍する選手に加え，プロ選手というスポーツ・シンボルを強調してきた。このことから，より競技力向上志向の選手を

育て，日本のサッカーを強くしていこうとする日本サッカー協会の主体的構えが見受けられた。また，制度を構成する要素としてのスポーツ組織について，日本サッカー協会の権威を強調することで，日本サッカー協会に登録する選手等の帰属意識や帰属欲求を高めようとしていたことも考えられた。

これらの制度を構成する要素とその事柄が，日本サッカー協会側からの視点における，サッカー行為者との間を媒介するサッカー制度の制度的構造の特徴と解釈できる。したがって，日本におけるサッカー行為者の社会的性格（性格構造）と日本サッカー協会との，サッカー制度を媒介とした構造的関係の理論的解釈に基づけば，このような制度的特徴によって，サッカー行為者が高度化志向となり，その制度から外れた（未登録となった）者は，劣等感や疎外感を抱くことになると考えられる。これは，「多様な」スポーツ・イデオロギー，スポーツ・ルール，スポーツ・シンボル，スポーツ行動様式，スポーツ文物，スポーツ組織という要素によって構成される「自立型スポーツ組織による制度的構造」としては捉えられない現状にあるといえよう。

JFA アカデミー福島が開校し，JFA こころのプロジェクト推進室が設置された2006年からは，それまで強調されてきた要素に加えて，サッカーを通して人間的成長やこころの成長が大切であるということや，サッカーを通した社会貢献が重要であるというようなスポーツ・イデオロギーが強調され，こころの成長や社会貢献のための具体的なスポーツ行動様式なども強調されてきた。このことから，日本サッカー協会が，サッカーの高度化と普及（特に高度化への偏重）のみに重点を置いてきた組織から，多様な価値観を認めるとともに，社会に目を向けた組織としての存在に変わりつつあると考えられた。日本におけるサッカー行為者の社会的性格（性格構造）と日本サッカー協会との，サッカー制度を媒介とした構造的関係の理論的解釈に基づけば，このような変わりつつある制度的特徴によって，サッカー行為者は，サッカーに対するより多様な価値観をもち，制度から外れた（未登録となった）者でも，劣等感や疎外感など抱くことがなくなるのではないかと考えられる。これは，「自立型スポーツ組織による制度的構造」が形成されていく過程と捉えることも可能だろう。

ただし，本章で解釈した制度的特徴は，あくまでも日本サッカー協会が強調する，スポーツ組織側からの視点で捉えられたものであることから，サッカー行為者側か

118

らも，同様に高度化の強調という特徴をもった制度として捉えられ，その影響を受けていたのかということを検討する必要がある。したがって第4章で，サッカー行為者の社会的性格（性格構造）の問題を明らかにしていく。

注

1) 日本サッカー協会と登録者の状況や指導者資格制度などを鑑みれば，日本サッカー協会の影響が末端のサッカー行為者個人にまで伝わりやすい状況であることは想像できる。さらに，約33,000部（2012年6月に日本サッカー協会広報部にFAXにて確認したところ，最新の発刊号の部数であるとの回答を得た）の機関誌が加盟全チーム及び購入希望者に毎月配布され，メディア露出度なども考慮すると，日本サッカー協会のサッカー行為者に対する影響は少ないものであると考えることはできないだろう。

2) 現在，日本サッカーミュージアムによって管理されているが，2012年7月15日に行った問い合わせによれば，日本サッカーミュージアムとしては，これらの機関誌が，大日本蹴球協会並びに日本蹴球協会より，1958年までに発刊されたすべての機関誌であると把握しているとのことである。ただし，今後，これらの機関誌以外に協会機関誌として発行された資料が発見される可能性もあるとの回答を得ている。

3) 菊（1993，p. 33）は，スポーツ・イデオロギーについて，「分析のための段階的把握として，ここでは特定個人のもつ『考え方』のイデオロギー的性格を『信念』とし，特定集団のそれを『信条』とし，それらがスポーツ界全体に明示され得る段階にまで達したものを『イデオロギー』として一応区別しておく。しかし，イデオロギーの内容をその深部まで論じるためには，信条や信念に対する総合的な洞察が必要となってくるのであり，これらは区別されながらも，あくまで総体として捉えられなければならない」という。ここで，本研究において，日本サッカー協会が機関誌を通して示した考え方や価値観は，日本サッカー協会という特定集団の「信条」として捉えられるが，序章で述べたように，加盟登録チーム数や指導者資格取得者数等を考えると，その「信条」がサッカー界全体に明示され得るものと考えられるため，「スポーツ・イデオロギー」として捉えることとする。

4) 前章と同様に，ここでの「スポーツ組織」とは，「スポーツ集団（クラブ，運動部，チーム）やそれらを統括するアソシエーション（協会，連盟，コミッショナー）等」（菊，1993．pp. 33-34）を指す。本研究で定義する「スポーツ組織」は，菊（1993）が指摘する「スポーツ地位の局面としてのスポーツ組織」の中で，制度の長の役割を担っている「スポーツ組織」を指している。すなわち，スポーツ組織が制度のなかの一部（局面）であると同時に，制度を創り，制度を通して人に影響を及ぼすものであると捉えている。制度の局面を構成する要素として「スポーツ組織」という語を用いる場合の捉え方は以下同様とする。

5) 1999年1月号（No. 176）「JFA news」の35〜36頁に掲載されている「各号の主要テーマ一覧表（機関誌のトピックス）」では，テーマが主に2つずつ抽出されている。

6) JFAアカデミー福島とは，日本サッカー協会によるエリート教育であり，サッカーだけでなく，人間的な面の教育も重視し，社会をリードしていける真の世界基準の人材の育成を目的としている。

第4章

日本におけるサッカー行為者の社会的性格の問題

　サッカー行為者の社会的性格（性格構造）の問題を考察していきたい。具体的には、サッカー行為者が組織化される、あるいは、組織化されないことでどのような問題を抱えているのかを、スポーツ行動予測モデルを用いた調査・分析によって示していく。序章では、高度化への偏重が、ドロップアウトやセカンドキャリアの問題などの弊害をもたらしていると説明した。

　また、日本においては高度化（競技力向上）を志向するスポーツこそが正統なスポーツであると捉えられているとすれば、スポーツ組織に競技者登録をしていない愛好者は、疎外感や劣等感を抱くことが予想できると指摘した。そこで、登録者と未登録者の社会的性格（性格構造）を調査し、それらを比較することで、その問題を指摘していきたい。すなわち、「疎外」や「帰属」などの概念を用いて議論される個人の不満や不安、劣等感、疎外感を含む社会的性格（性格構造）について、登録者と未登録者を比較することで問題を指摘する。そのために、まず、社会的性格（性格構造）を含むスポーツ行為者にかかわる包括的な要素の特性を明らかにしようとしてきた研究を簡潔に概観し、そのなかから、スポーツ行為者の社会的性格（性格構造）にかかわる要素を明らかにすることができるモデルを用いて調査・分析していく。

1 スポーツ行動予測モデルと調査方法

　山口・池田（1987, p.145）は、1970年代には、「多数の要因の影響度や関連度を同時に多元的に分析できる」多変量解析の技法を用いた多元的な研究分析が行われるようになったという。その代表的なものとして、例えば、粂野ほか（1979, p.25）

は，「変数間の相関係数をもとにして，あらかじめ設定された因果関係モデルの妥当性を解明しようとする」（傍点は筆者）パス解析という分析法を用いて，父親の関心，母親の関心，友人の励まし，両親の励まし，運動能力の自己認知，中学時代のクラブ参加，高校時代のクラブ参加，直接スポーツ参与という8変数の因果関係モデルを検証した。

しかし，この研究では，例えば，中学時代のクラブ参加に影響を与えている変数について，「取り上げた変数以外にもっと強い要因がある」（粂野ほか，1979，p. 28）と自ら指摘しているように，あらかじめ設定してある変数の因果関係モデルを検証するため，新たな変数（要因）を抽出することはできないという課題がある。また，多々納・厨（1980a，p. 105）は，「一定の目的に対して最も妥当な数量に変換することによって質的要因をも数量化し，量的要因も質的要因も全く同じ立場で分析し，両者を含めての関連を明らかにすることができる」林の数量化理論という解析法を用いて，スポーツ実施に関連する過去及び現在の44要因をとりあげ，スポーツ実施・非実施をかなりの精度で説明・判別できることを示唆した。

しかし，説明変数として44要因をあげたものの，「説明変数としての諸要因をさらに多様化すると共に精密化する必要がある」（多々納・厨，1980a，p. 118）ことを課題として挙げている。さらに，多々納・厨（1980b，p. 139）は，被説明変数としてのスポーツの質的・量的差異を考慮し，スポーツ行動の類型化と類型化されたスポーツ行動それぞれの規定要因の究明を行ったが，「本研究では除外されたスポーツ活動の質的側面から類型化を含め，すべての問題と側面についての究明において一層の拡大と深化が必要である」との課題を残している。

これらのほかにも，統計的手法を用いた研究には，荒井・松田（1977）のスポーツ行動分析の準拠モデルを作成した後，質問紙調査により得られた3,625という有効な標本数からそのモデルの個々の変数相互の関連を確認した研究や，松田ほか（1979，p. 3）の「スポーツ活動における種目選択行動を取り上げ，これに関与する要因を解明していく」分析，池田ほか（1976）の勤労青少年のスポーツ実施を規定する要因の分析，種村ほか（1976，1977，1978，1979，1980）及び牛窪ほか（1977，1978）のミニ・バスケットボール教室参加者のパーソナリティについて検討した一連の発表，そして，それらの発表をまとめた種村・丹羽（1980）の検討などが挙げられる。

第4章　日本におけるサッカー行為者の社会的性格の問題　*121*

　これらの研究は，「特に重回帰分析やパス解析において，独立変数間の内部相関が高いのに，同時に回帰させたため，多重共線性の問題をおこし，誤った解釈をしたり，信頼性の低い結果を報告するというケースもみられる」（山口・池田，1987，p. 145）という指摘はあるものの，「パス解析や多変量解析等の統計理論の適用によって，因果モデルが提示され，スポーツ的社会化研究の科学的レベルが一層高められた」（山本，1987，p. 35）といわれている。

　そして，そのような一連の研究の中で，金崎ほか（1981）のスポーツ行動の社会学的要因と徳永ほか（1981）の心理的・身体的要因における予測因を明らかにした研究を経て，徳永ほか（1985）が設定及び検証した「スポーツ行動の予測モデル」は，「ある国における社会化過程を分析する際にはかなりの説明力を有しているもの」（山口・池田，1987，p. 143）とされている。彼らによって提示されたスポーツ行動予測モデルは，新たな変数（要因）を抽出することはできないという課題は残されているものの，要因設定においては，「必要十分な要因を抽出すること」（山口・池田，1987，p. 22）や，「関連諸要因の相互連関関係について十分に配慮する必要がある」（山口・池田，1987，p. 23）ことなどを念頭に置き，それまでの数々のスポーツ行動の諸要因に関する研究を体系的に分析することによって作成された。また，彼らの研究は，そのスポーツ行動予測モデルに基づき，「スポーツ行動診断検査」の実施法や採点法，その応用などを開発した点にもその特色がある。「この診断検査は，中学生，高校生，大学生，社会人に適用が可能なように作成されている」（山口・池田，1987，p. 212）というように，汎用性が高いことから，この診断検査及びモデルがその後の研究に活用されるとともに検証され，鍛え上げられていくことが期待できる。実際に，金崎ほか（1989）や徳永ほか（1989）のスポーツ行動の継続化とその要因に関する研究や，菊（1994）による女子大学生のスポーツ意識とスポーツ行動予測を検討した研究などに活用され，その重大な問題性が指摘されていないことからも，今もなお有効なモデルであると考えられる。

　徳永ほか（1985）のスポーツ行動予測モデルは図 4-1 のとおりであり，スポーツに対する行動意図がスポーツ実施を決定する極めて重要な要因であり，行動意図は，特定状況におけるスポーツに対する「態度」，スポーツの効果に対する「信念」及びスポーツについての「重要な他者の期待に対する信念（以下「規範信念」と略す）」などのスポーツ意識によって予測することができるという。さらに，スポーツ意識

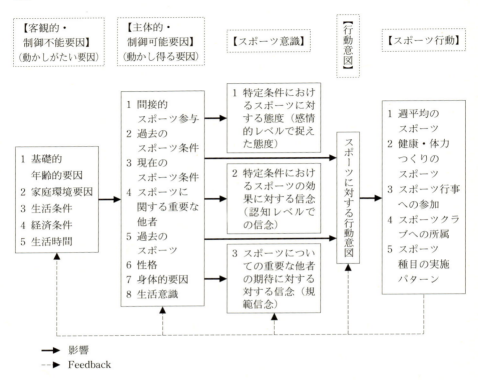

図 4-1 スポーツ行動の予測モデル（徳永ほか，1985, p. 148）

以外の要因である主体的・制御可能要因（動かし得る要因）と客体的・制御不能要因（動かし難い要因）によってもスポーツ行動意図やスポーツ行動を予測でき，反対にスポーツ行動によってもそれぞれの要因は影響を受けることを意味したモデルである[1]。

このモデルに基づいて作成された診断検査の目的は，「自己のスポーツに関する情報をできるだけ多く集め，それを客観的に認識すること」（徳永ほか，1985, p. 212）とされているように，スポーツ行為者の社会的性格として捉えられるスポーツ意識（態度，信念，規範信念）をも確認することができるため，有効に活用できるものと考えられる。

そこで，このスポーツ行動予測モデルに準拠しながら，スポーツ行動予測診断検

査を用いてスポーツ意識（態度，信念，規範信念）を中心にしながらも，主体的・制御可能要因（スポーツ条件）や客体的・制御不能要因等についても，登録者と未登録者を比較していく。具体的には，登録者及び未登録者に対して質問紙調査を実施し，下記(1)から(3)についての比較を行う。

① スポーツ意識の比較

　スポーツ行動診断検査では，スポーツ意識について「態度」，「信念」，「規範信念」の3要素別に合計6尺度（表4-1），26項目の質問を設定している。そして，スポーツ意識の3要素からスポーツ意識を6類型に分類している（表4-2）。本調査では，登録者及び未登録者のそれぞれのスポーツ意識の類型を比較した。徳永ほか（1985）は，このスポーツ意識の類型の1つを示すことがスポーツ行動診断検査の

表 4-1　スポーツ意識及び主体的・制御可能要因の23尺度

	尺度	内　　容		質　問　項　目	
スポーツ意識	1	態　度	快　感　情	1，3，5，7	ノンパラメトリック検定
	2		不 安 感 情	2，4，6，8	
	3	信　念	心理的効果	9，12，15，18，21	
	4		社会的効果	10，13，16，19，22	
	5		身体的効果	11，14，17，20，23	
	6	規　範　信　念		24，28，32	
主体的・制御可能要因	7	過去のスポーツ条件		25，29，33，36，39	
	8	現在のスポーツ条件		26，30，34，37，40	
	9	重　要　な　他　者		27，31，35，38，41	
	10	性格面	適　応　性	46，51，56	
	11		情　緒　性	47，52，57	
	12		活　動　性	48，53，58	
	13		意　志　性	49，54，59	
	14	生　活　意　識		50，55	
	15	間接的スポーツ参与		42	
	16	身体面	スポーツ技能	43	
	17		健　康　度	44	
	18		体　　格	45	
	19		体　　力	60，61，62	
	20	過去のスポーツクラブ所属	小　学　校	Ｖ【小学生時代】	クロス集計
	21		中　学　校	Ｖ【中学生時代】	
	22		高　　校	Ｖ【高校生時代】	
	23		大　　学	Ｖ【大学生・専門学校生時代】	

＊徳永ほか（1985）をもとに筆者作成

表 4-2　スポーツ意識の 6 類型

①A・A'型	スポーツをすることにやや不安を感じ，スポーツの楽しさを味わうことが少ない。スポーツの効果（心理的，社会的，身体的効果）も低く評価している。しかも，家族や友達からもスポーツをすることをあまり期待されていない，と思っている。過去や現在のスポーツ条件，重要な他者，性格，身体的要因などの評価やスポーツの実施程度，過去・現在のスポーツクラブ所属，スポーツに対する行動意図，間接的スポーツ参与はすべて 5 類型の中で最も低い。すなわち，条件，意識，行動の水準が最も低い。
②B・B'型	スポーツをすることに不安を感じることは少なく，スポーツに楽しさを感じる人が多い。スポーツの効果も高く評価している。しかし，家族や友達からはスポーツをすることをあまり期待されていない，と思っている。過去のスポーツ条件，性格，身体的要因は E・E'型の次に恵まれている。その割には重要な他者や現在のスポーツ条件はやや低い。スポーツ実施程度，現在のスポーツクラブ所属，スポーツに対する行動意図は A・A'型の次に低い。つまり，以前はスポーツ行動が多く，意識や条件も高く，恵まれている割には現在の行動が少ない。
③C・C'型	スポーツ意識，スポーツ条件，スポーツ行動とも 5 つの類型の平均的なタイプである。C 型はまったく平均的であるが，C'型はスポーツに対する態度やスポーツの効果はやや高く評価している。スポーツは「週1〜2日」及び「月1〜2回」の「ときどき・たまたま」型が多く，スポーツに対する行動意図も「あまりない」が多い。
④D・D'型	スポーツをすることにやや不安を感じ，スポーツの楽しさを味わうことが少ない。スポーツの効果も低く評価している。しかし，その一方で家族や友達からスポーツをすることを期待されている，と思っている。過去のスポーツ条件，性格，身体的要因は A・A'型の次に低く評価しているが，重要な他者，現在のスポーツ条件は E・E'型の次に高く評価している。スポーツの実施程度，スポーツクラブ所属，スポーツに対する行動意図は E・E'型の次に多い。つまり，意識や条件が低く恵まれていない割には行動が多い。
⑤E・E'型	スポーツをすることに不安を感じることは少なく，スポーツの楽しさを感じる人が多い。スポーツの効果も高く評価している。しかも，家族や友達からもスポーツをすることを期待されている，と思っている。過去や現在のスポーツ条件，過去・現在のスポーツクラブ所属，性格，身体的要因，重要な他者などすべての条件の評価が最も高い。スポーツ実施程度，スポーツクラブ所属率及び行動意図も非常に高い。さらに，意識，条件，行動の水準が最も高い。
⑥AB, C", C"', DE型	ＡＢ型はＡ型とＢ型，ＤＥ型はＤ型とＥ型の混合型である。スポーツに対する態度とスポーツの効果に対する信念のどちらかを高く評価し，どちらかを低く評価している人，あるいは，どちらも平均的に評価している人である。そして，ＡＢ型は家族や友達からスポーツをすることを期待されていない，と思っている人である。ＤＥ型は逆に，期待されている，と思っている人である。スポーツ行動はＤＥ型のほうが多い。C"型は態度やスポーツの効果は低く評価し，C"'型は態度や効果のどちらかを高く評価し，どちらかを低く評価している人，あるいは，どちらも高く評価している人である。そして，C"型もC"'型も家族や友達からのスポーツをすることの期待をあまり感じていない人である。

＊徳永ほか（1985）をもとに筆者作成

主目的としているが，本調査では，スポーツ意識の6尺度及び26項目の質問も比較した。

② **主体的・制御可能要因の比較**

スポーツ行動予測モデルの主体的・制御可能要因については，17尺度（表4-1），40項目の質問が設定されており，これら17尺度及び40項目の質問を比較した。

③ **客体的・制御不能要因，行動意図及びスポーツ行動の比較**

スポーツ行動予測モデルでは，客体的・制御不能要因，行動意図及びスポーツ行動がスポーツ意識及び主体的・制御可能要因に影響またはフィードバックする。本調査では，それらを規定する質問も比較した。

以上①〜③の比較を行い，登録者と未登録者の特徴（特に社会的性格の特徴）を示し，その問題を指摘する。

調査概要は下記のとおりである。

① **調査時期及び調査場所**

2008年7月6日（日）から2008年12月16日（火）までの期間に，各試合会場及び練習場所で調査した。

② **調査対象者**

民間会社が企画・運営するサッカー大会参加者及び日本サッカー協会が形成する関東リーグ・東京都リーグの参加者を調査対象者とした[2]。

③ **調査方法**

ア　民間会社主催の各大会時（表4-3）に，参加チーム代表者に質問紙をチーム人数分配付し，チームごとに回収した。

イ　日本サッカー協会が形成する関東及び東京都リーグに所属しているチームの代表者に質問紙を20枚ずつ郵送し，各チーム所属者の記入後，代表者から郵送にて回収した。

④ **調査内容**

調査内容は，徳永ほか（1985, pp. 213-217）のスポーツ行動予測診断で示された質問項目を基本とした下記アからカまでの質問78項目[3]を設定した。

ア　登録者と未登録者を判別する質問1項目。

イ　スポーツ意識及び主体的・制御可能要因（スポーツ条件）の尺度1から19までを規定する質問62項目及び尺度20から23までを規定するクラブはサッカー部

表 4-3　民間会社主催のサッカー大会概要一覧

株式会社 セリエの 大会名・ 大会期日	2008年 7月27日(日) 第6回1DAY サッカー大会 inよみうりランド 第1ステージ	2008年 8月10日(日) 第6回1DAY サッカー大会 inよみうりランド 第2ステージ	2008年 10月19日(日) 第6回1DAY サッカー大会 inよみうりランド 第4ステージ	2008年 11月16日(日) 第6回1DAY サッカー大会 inよみうりランド オータムカップ 第1ステージ	2008年 12月6日(土)〜7日(日) 2008年 チャンピオンズカップ
場　　所	東京ヴェルディ トレーニング グラウンド	東京ヴェルディ トレーニング グラウンド	東京ヴェルディ トレーニング グラウンド	東京ヴェルディ トレーニング グラウンド	千葉県横芝光町 光しおさい公園
参加資格	18歳以上で構成さ れた草サッカーチ ーム	18歳以上で構成さ れた草サッカーチ ーム	18歳以上で構成さ れた草サッカーチ ーム	18歳以上で構成さ れた草サッカーチ ーム	18歳以上で構成された草 サッカーチーム
試合形式	参加チームによる 総当たりのグルー プリーグ戦を行い、 大会全順位を決定 する。	参加チームによる 総当たりのグルー プリーグ戦を行い、 大会全順位を決定 する。	参加4チームによ る総当たり戦を行 い、その結果を元 に順位決定戦を行 い大会全順位を決 定する。	参加チームによる 2回戦制総当たり のグループリーグ 戦を行い、大会全 順位を決定する。	参加8チームを4チーム ずつの2グループに分け てグループリーグ戦を行 い、各グループ上位2チー ムがA決勝トーナメン トへ、下位2チームがB 決勝トーナメントへ進出 し、大会全順位を決定す る。
試合時間	全試合30分1本	全試合30分1本	全試合25分1本	全試合25分1本	
参　加 チーム数	午前の部： 　4チーム 午後の部： 　3チーム	午前の部： 　4チーム 午後の部： 　4チーム	4チーム	午前の部： 　3チーム 午後の部： 　3チーム	8チーム
主　　催	セリエフットボー ルネット	セリエフットボー ルネット	セリエフットボー ルネット	セリエフットボー ルネット	セリエフットボールネッ ト
協　　賛	株式会社 モルテンウィダー inゼリー	株式会社 モルテンウィダー inゼリー	株式会社 モルテンウィダー inゼリー	株式会社 モルテンウィダー inゼリー	株式会社 モルテンウィダー inゼリー
後　　援	週刊サッカー ダイジェスト	週刊サッカー ダイジェスト	週刊サッカー ダイジェスト	週刊サッカー ダイジェスト	週刊サッカー ダイジェスト
協　　力	東京ヴェルディ	東京ヴェルディ	東京ヴェルディ	東京ヴェルディ	―
制作運営	株式会社セリエ	株式会社セリエ	株式会社セリエ	株式会社セリエ	株式会社セリエ

及びサッカークラブチームに限定した。また，所属歴についてスポーツ行動予測診断検査では，「学校へ行っていないのであてはまらない」，「所属しなかった」，「途中でやめた」，「1年間以上所属した」という4回答から選択させているが，本調査では，サッカー歴が「サッカー部」及び「クラブチーム」だった者は「1年以上所属した」，「サッカーをしていない」と答えた者は「所属しなかった」とし，それ以外の回答は除いた。

ウ　個人的に自分自身のことを競技志向であると自覚しているかまたは楽しさ志向であると自覚しているかを直接的に問う質問2項目。

エ　客体的・制御不能要因である年齢・性別・職業に関する質問4項目。

オ　スポーツ行動における質問4項目（本調査では，新たに「サッカーに使う月々の費用」及び「年間Jリーグ観戦数」という質問項目を加えた）。なお，スポーツクラブ所属に関する質問では，「途中でやめた」という回答は「所属していない」とした。

カ　行動意図に関する質問1項目。

⑤　集計方法

調査データの集計及び解析は，SPSS統計ソフト（Ver. 18.0）を用いた。名義尺度のスポーツ意識の6類型，尺度20から23までの4尺度及びサッカー歴に関する質問4項目，行動意図に関する質問1項目，スポーツ行動に関する質問2項目（「最近3か月を平均して，どのくらいスポーツ（運動）をしましたか（体育の授業は除く）」及び「現在，スポーツクラブ（同好会なども含む）に所属していますか」）はクロス集計し，χ^2検定を用いた。

順序尺度であるそれ以外の尺度及び質問項目はノンパラメトリック検定（順位和検定）により差の有無を確認した。「通常，2×M分割表の検定にはχ^2検定が適用される。しかし…順序カテゴリの分割表の場合には，順序情報を無視してしまうχ^2検定は有効ではない」（内田，2007，p. 144）ため，そして，登録者と未登録者という独立2標本の差であるため，Mann-Whitneyのノンパラメトリック検定（U検定）を用いた[4]。

なお，本研究では，5％水準を有意差検定の基準として用い，χ^2検定において，「期待度数が1つでも1以下のセルがあったり，全体の20％以上が5以下のとき，隣どうしのセルを合併し，分類数を減らす」（市原，1990，p. 122）処理を行った。また，スポーツ意識の類型や尺度の得点については，徳永ほか（1985，pp. 217-220）の採点法に従った。なお，設定した質問78項目のうち，性別に対する質問では対象から女性を除き，職業に関する質問2項目については回答が少なかったため集計から除いた。

したがって，比較した項目は，設定した78項目から性別1項目，職業に関する質問2項目，登録者と未登録者を判別する質問1項目を除いた74項目となっている。

2 調査結果と考察

　調査日，大会名，チーム名，配布数，回収数，回収率，有効回答数，無効回答数，有効回答率などの詳細及び合計は表4-4に示す通りである。ここで有効回答数266人中，登録者は63人，未登録者は107人，両者に該当する者は96人であった。したがって，この登録者63人と未登録者107人を対象者として比較を行った。なお，対象者の年齢分布は図4-2のとおりであった。

(1) スポーツ意識の型の6分類による比較

　スポーツ意識による型の6分類では，両者に差は見られなかった（$\chi^2=3.009$, n.s.）。スポーツ条件，意識，行動の水準が最も低いA・A'型は両者とも0人であり，スポーツ実施程度が高い，スポーツクラブに所属している者が多い，スポーツに対する行動意図が高いという特徴をもつ類型の者が両者ともに多いという傾向があった。これは，両者ともスポーツを実施している者であるため，スポーツ実施者と非実施者の分類に用いられた6類型という大分類においてはどちらもスポーツ実

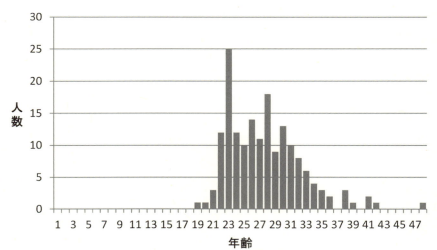

図4-2　比較対象者の年齢と人数

第4章　日本におけるサッカー行為者の社会的性格の問題　*129*

表 4-4　質問紙調査結果概要

○民間会社主催の大会参加者 　調査日・大会名	場　　　所	配布数	回収数	回収率 （％）	有　効 回答数	無　効 回答数	有　効 回答率 （％）
2008年7月27日（日） 第6回1DAYサッカー大会 inよみうりランド第1ステージ	東京ヴェルディ トレーニンググラウンド	96	96	100.0	57	39	59.4
2008年8月10日（日） 第6回1DAYサッカー大会 inよみうりランド第2ステージ	東京ヴェルディ トレーニンググラウンド	85	85	100.0	51	34	60.0
2008年10月19日（日） 第6回1DAYサッカー大会 inよみうりランド第4ステージ	東京ヴェルディ トレーニンググラウンド	51	51	100.0	19	32	37.3
2008年11月16日（日） 第6回1DAYサッカー大会 inよみうりランドオータムカップ 第1ステージ	東京ヴェルディ トレーニンググラウンド	59	45	76.3	30	15	66.7
2008年12月6日（土）〜7日（日） 2008年チャンピオンズカップ	千葉県横芝光町 光しおさい公園	39	29	74.4	17	12	58.6
■民間会社主催の大会参加者	小　　　計	330	306	92.7	174	132	56.9
○日本サッカー協会が形成する 　リーグ参加者 　調査（郵送）日・チーム名	回　収　日	配布数	回収数	回収率 （％）	有　効 回答数	無　効 回答数	有　効 回答率 （％）
2008年7月6日（日） 鶴牧サッカークラブ （東京都2部リーグ所属）	2008年7月6日（日）	20	20	100.0	19	1	95.0
2008年8月3日（日） エリースFC東京 （関東2部リーグ所属）	2008年8月12日（火）	20	20	100.0	17	3	85.0
2008年8月3日（日） T.F.S.C. （関東2部リーグ所属）	2008年9月1日（月）	20	20	100.0	11	9	55.0
2008年9月1日（月） 青梅FC・DIEGO （東京都1部リーグ所属）	2008年9月17日（水）	20	20	100.0	15	5	75.0
2008年10月25日（土） 三菱東京UFJ銀行サッカー部 （東京都4部リーグ所属）	2008年11月5日（水）	20	20	100.0	19	1	95.0
2008年11月29日（土） 府ロクファミリー （東京都2部リーグ所属）	2008年12月16日（火）	20	20	100.0	11	9	55.0
■日本サッカー協会が形成する 　リーグ参加者	小　　　計	120	120	100.0	92	28	76.7
■アンケート調査対象者	合　　　計	450	426	94.7	266	160	62.4

130

施者の特徴が示されたと考えられる。

⑵　スポーツ意識による比較

　スポーツ意識の尺度1から6までの6尺度のそれぞれについて比較すると，尺度2「態度（不安感情）」のみに，未登録者の方が有意に低いという結果が示された（U＝2251，p＜.01）。すなわち，未登録者の方がサッカー実施に対して不安感情を抱きやすいと考えられる。

　さらに，スポーツ意識を規定する質問26項目及び個人的に競技志向であると自覚しているか楽しさ志向であると自覚しているかを直接的に問う質問2項目のスポーツ意識に関する質問の合計28項目のそれぞれについて比較すると，質問2「なんとなく心配でおちついていられない」（U＝2522，p＜.01），質問3「考えるだけでうきうきした気持ちになる」（U＝2582，p＜.05），質問4「みじめなことにあいそうな気がする」（U＝2595，p＜.05），質問6「はずかしいことがおこりそうな気がする」（U＝2382，p＜.01），質問8「こわいめにあいそうな気がする」（U＝2395，p＜.01），質問11「胃や腸の調子がよくなる」（U＝2662，p＜.05）の6項目に差がみられた。

　ここで，質問2，4，6，8の4項目は，尺度2「態度（不安感情）」を規定する質問項目であり，「心配」，「みじめ」，「はずかしい」，「こわいめ」という語彙から，ここでも未登録者のサッカー実施に対する不安が指摘できる。この未登録者の不安は，本研究におけるこれまでの議論に基づけば，高度化を志向するサッカーの価値が高いというような高度化志向の社会的性格に因るものと考えることができる。すなわち，未登録者の行うサッカーは，高度化を志向するものではなく，高度化の価値に劣る遊びを重視するサッカーであるという捉え方により，不安を抱くものとして解釈できる。

　また，未登録者は登録者よりも「考えるだけでうきうきした気持ちになる」者が多く，これは，高度化志向に関連する真剣，真面目に取り組むサッカーに価値があるという考え方に因るものと考えられる。それは，登録者が行う競技志向のサッカーは，真剣に，真面目に行わなければならず，未登録者のように遊びや楽しさを重視するサッカーを行っていないためであると考察できる。さらに，未登録者の方が「胃や腸の調子がよくなる」という健康面の効果を感じているということも，反対の登録者からみれば，極端にいえば，登録者は健康を害してでも競技力向上や勝利

のためにトレーニングをする傾向があり，高度化志向がもたらす弊害を示唆する結果であると捉えられる。

⑶　主体的・制御可能要因（スポーツ条件）による比較

　主体的・制御可能要因の尺度7から23までの17尺度を比較すると，尺度8「現在のスポーツ条件」（U＝2356，p＜.01），尺度21「過去のスポーツクラブ所属（中学校）」（χ^2＝16.503，p＜.01），尺度22「過去のスポーツクラブ所属（高校）」（χ^2＝18.435，p＜.01）及び尺度23「過去のスポーツクラブ所属（大学）」（χ^2＝5.582，p＜.05）に差がみられた。すなわち，未登録者の方が登録者に比べて，現在のスポーツ条件に恵まれていないと考え，中学校・高校・大学において部活動やクラブチームに所属していなかった者が多いといえる。

　さらに，主体的・制御可能要因を規定する質問36項目を比較すると，質問26「現在はスポーツのための場所や施設に恵まれている」（U＝2430，p＜.01），質問30「現在は，スポーツのためのクラブ・グループ・友人に恵まれている」（U＝2796，p＜.05），質問31「私の母はスポーツにかなり熱心である」（U＝2774，p＜.05），質問33「子供のころは，スポーツの指導者に恵まれていた」（U＝2589，p＜.05），質問34「現在は，スポーツの指導者に恵まれている」（U＝2020，p＜.01）及び質問40「現在はスポーツをするチャンス（行事・大会・機会）に恵まれている」（U＝2559，p＜.01）の6項目に差が見られた。

　ここで，質問26，30，34，40の4項目は，尺度8「現在のスポーツ条件」を規定する質問項目であり，未登録者は，現在のスポーツ条件の中でも，具体的には，スポーツのための場所や施設，クラブ・グループ・友人，指導者，チャンス（行事・大会・機会）に恵まれていないと感じている。しかし，スポーツ意識による型の6分類の比較においては，登録者と未登録者の両者とも，規範信念が高い，スポーツ実施程度が多い，定期的にスポーツを実施する者が多い，スポーツに対する行動意図が高いという特徴を示しており，未登録者も登録者に劣らずスポーツを実施できているといえる。それにもかかわらず，現在のスポーツ条件に恵まれていないと感じてしまうのは，サッカー行為者の高度化志向という社会的性格に関連させて考えると，未登録者が行うサッカー（民間会社主催の大会等）には正当な評価が与えられていないという認識があると解釈できる。すなわち，物的条件等ではない，正統

132

性や権威性などの条件に恵まれていないと考えることができる。

　また，本調査では，過去のスポーツクラブ所属についての質問をサッカー歴の質問により代替したため，差がみられた尺度21から23までの「中学，高校，大学（専門学校）でのスポーツクラブ所属」に該当するサッカー歴の質問の結果についてもみてみると，中学校時代（$\chi^2=20.839$, p<.01），高校時代（$\chi^2=18.774$, p<.01），大学（専門学校）時代（$\chi^2=43.615$, p<.01）のいずれにも差がみられた。

　登録者が中学校，高校，大学（専門学校）のいずれにおいても「サッカーをしていない」者が1割以下であったのに対して，未登録者は中学校，高校，大学（専門学校）のいずれにおいても「サッカーをしていない」者が25％以上もいた。この結果からは，中学校・高校・大学（専門学校）においてサッカー部及びクラブチームに所属していた者の多くは，高校卒業後あるいは大学卒業後も登録者としてサッカーを継続する傾向にあるということが考えらえる。それは，高度化志向のサッカーこそが正統なサッカーであり，そのようなサッカーをすることで満足感を得ることができるという社会的性格が形成されていると考えられる。

　なお，小学生でのスポーツクラブ所属及びサッカー歴には差がみられないことから，中学生になる際に，既に，高校や大学を卒業してからの登録者と未登録者の分岐点があると推察できる。また，将来，未登録者としてサッカーを実施する者が，中学生年代のときに望むようなサッカー環境がないということもできよう。

　さらに，「私の母はスポーツにかなり熱心である」及び「子供のころは，スポーツの指導者に恵まれていた」という質問の結果から，母親がスポーツに熱心で，子供のころに指導者に恵まれていた者は，登録者になる傾向があることが示された。これは，母親や，子供の頃のスポーツ指導者が，サッカー行為者の高度化志向に影響を与えているものとして捉えられる。すなわち，スポーツ指導者に恵まれるほど，競技志向のサッカーをすることが正統なサッカーをすることと捉えるようになると考えられる。

⑷　客体的・制御不能要因，スポーツ行動及び行動意図による比較

　客体的・制御不能要因については，それらを規定する質問項目に対する回答が少なかったため，年齢のみの比較となったが，差はみられなかった（U＝3102, n.s.）。行動意図に関する質問では，「次の2週間以内に何かのスポーツ（運動）をするつ

もりがありますか」という1項目のみ設定し，その比較結果に差がみられた（χ^2 ＝17.643, p＜.01）。登録者では約98％が次の2週間以内に何かのスポーツ（運動）を「必ずする」又は「おそらくするだろう」と答えているが，未登録者の約2割は「しない」又は「おそらくしない」と回答している。スポーツ意識の6類型の比較では登録者も未登録者もスポーツに対する行動意図が高いという特徴を示していたが，それはあくまでもスポーツ非実施者に比べての特徴であり，未登録者は登録者に比べるとスポーツに対する行動意図が少なからず低いといえる。

　スポーツ行動に関する質問では，「最近3ヶ月を平均して，どのくらいスポーツ（運動）をしましたか（体育の授業は除く）」（χ^2＝22.132, p＜.01），「現在，スポーツクラブ（同好会なども含む）に所属していますか」（χ^2＝12.413, p＜.01）及び「あなたがサッカーに使うお金は月々いくらですか」（U＝2147, p＜.01）という3項目に差がみられた。

　最近3ヶ月を平均してスポーツ（運動）を「月に1～2回」又は「ほとんどしなかった」と回答したものが登録者では1割以下と少ないのに対して，未登録者では4割近くもいた。また，登録者では9割以上が現在スポーツクラブに所属しているが，未登録者では3割近くも所属していない。ここでも，スポーツ意識の6類型の比較では登録者と未登録者の両者とも，スポーツ実施程度が高い，スポーツクラブに所属している者が多いという特徴を示していたが，それはあくまでもスポーツ非実施者に比べての特徴であり，未登録者は登録者に比べるとスポーツ実施程度が低く，現在のスポーツクラブ所属率が低いといえる。さらに，登録者は未登録者の約2倍のお金をサッカーに費やしているが，これは未登録者が登録者に比べてスポーツ実施程度が低いため，サッカーに使う費用も少なくなっているのだと考えられる。

　以上から，登録者と比較した未登録者の特徴として，下記7項目が示された。

　ア　不安感情の尺度において有意に低い。

　イ　現在のスポーツ条件の尺度において有意に低い。

　ウ　中学校・高校・大学（専門学校）でサッカー部やクラブチームに所属していない傾向がある（小学校では差がみられない）。

　エ　次の2週間以内に何かのスポーツをするつもりがない者が多い。

　オ　サッカーに使う費用が少ない。

　カ　スポーツ実施程度が低い。

キ　スポーツクラブに所属していない者が多い。

　そして，これらの結果とその考察から，サッカー行為者の高度化志向という社会的性格にかかわる問題は，次のように指摘できる。

　サッカー行為者が高度化志向という社会的性格を特徴としてもっていると，未登録者が行うサッカーは，高度化の価値に劣る遊びのサッカーであるという捉え方になり，未登録者であれば（敗者や弱者と見做されるような）劣等感を感じることになると考えられる。また，高度化志向のサッカーこそが正統であると捉えることにより，未登録者は正統なサッカーをしていないという意味で不安を抱くものと解釈できる。これらは，登録者に比べて未登録者はスポーツ行動や行動意図が少し低いが，スポーツ非実施者に比べると高いにもかかわらず，現在のスポーツ条件に恵まれていないと感じてしまうという結果からも説明できる。

　すなわち，未登録者は，物的条件等ではない，未登録者の行うサッカーの正統性や権威性などの条件の改善を望んでいるものと考えられる。一方で，登録者は，正統なサッカーは高度化を志向し，真剣に，真面目に取り組むものであると捉えることにより，サッカーの楽しさや遊びの要素を十分に享受できなくなると考えられる。また，健康を害してでも競技力向上や勝利のためにトレーニングをすることこそが正統なサッカーであると考えることにより，勝利至上主義やドーピングの問題に繋がることが考えられる。

　さらに，日本サッカー協会との関係を踏まえると，公認の大会や試合によって，登録者の行うサッカーはより一層正統化され，正統なサッカーから外れたと捉えることによる未登録者の疎外感が生じてくることも考えられる。なお，これらの感情や考え方，社会的性格というものは，小学生の頃に，特にスポーツ指導者や母親によって大きな影響を受けていることが示唆された。

　以上のように，サッカー行為者の社会的性格（性格構造）の問題をみてきたが，それらと日本サッカー協会や制度との関係については，ここではまだ実証されたものではなく，また，実証することは難しいが，次章で，本研究の分析枠組みとライフヒストリー分析という手法を用いて，解釈を試みていきたい。

③ まとめ

　サッカー行為者が組織化される，あるいは，組織化されないことでどのような問題を抱えているのかを，スポーツ行動予測モデルを用いた調査・分析によって示した。そこでは，登録者と未登録者への調査結果の比較により，サッカー行為者が高度化を志向するために，未登録者の劣等感や不安，さらには疎外感が生じるという問題が示された。それらの問題は，日本サッカー協会がそのような制度を創出しているためであることが考えられたが，それは，第5章のライフヒストリー分析で解釈し，考察を深める必要があろう。

注

1）　徳永ほか（1985，p. 188）は，この予測モデルの作成は，「社会心理学的立場から…一般の人々のスポーツ行動の実施・非実施を予測」するためのものであったことから，スポーツ組織所属のスポーツ行為者とそうでないスポーツ行為者というどちらもスポーツを実施しているものの比較に用いられた研究は見当たらないことには注意を払う必要がある。しかし，スポーツ組織所属のスポーツ行為者とそうでないスポーツ行為者は，スポーツ行動が異なるという捉え方（登録者は，未登録者が行う試合やサッカーを実施せず，反対に未登録者は，登録者が行う日本サッカー協会主催の大会や試合を実施しないという捉え方）により，スポーツを実施している2者の比較にこのモデルを適用することは可能であろう。

2）　ここでは，日本サッカー協会が形成するリーグにのみ参加する者は，日本サッカー協会に競技者登録をすることが必須であるため，登録者とする。また，民間会社主催のサッカー大会のみに参加する者は，日本サッカー協会に競技者登録をしている可能性を否定できないものの，登録をする必要がなく，登録をしていないと考えられるため，未登録者と見做すこととする。

3）　アンケートの質問は下記のとおりである。

　Ⅰ　性別

　Ⅱ　年齢

　Ⅲ　あなたの過去1年間のサッカー大会参加状況について，下記A．B．C．のうちあてはまる記号に〇をつけて，大会名や理由等をお答えください。

　　　A．サッカー協会主催大会のみに参加している。

　　　B．民間会社（サッカー協会以外）主催大会のみに参加している。

　　　C．サッカー協会及び民間会社（サッカー協会以外）主催大会の両方に参加している。

　Ⅳ　あなたのお仕事は？

　　1．公務員　2．役員　3．会社員　4．個人事業主　5．学生　6．その他

A．正規雇用　B．　パート・アルバイト・短期雇用　C．　派遣　D．　その他

Ⅴ　あなたのサッカー歴について教えてください。

【小学生時代】A．　サッカー部　B．　クラブチーム　C．　サッカーをしていない　D．　その他

【中学生時代】A．　サッカー部　B．　クラブチーム　C．　サッカーをしていない　D．　その他

【高校生時代】A．　サッカー部　B．　クラブチーム　C．　サッカーをしていない　D．　その他

【大学生・専門学校生時代】A．　サッカー部　B．　クラブチーム　C．　サークル

D．　サッカーをしていない　E．　その他

Ⅵ　あなたがサッカーに使うお金は月々いくらくらいですか。

Ⅶ　あなたは過去1年間に何回くらいJリーグ（J1及びJ2）の試合をスタジアムで観戦しましたか。

■もし，「今日から2週間以内にスポーツをする」としたら，次のような気持ちはどれくらいあてはまりますか。

1　スポーツの後は満足感が得られるだろう

2　なんとなく心配でおちついていられない

3　考えるだけでうきうきした気持ちになる

4　みじめなことにあいそうな気がする

5　楽しいことがあるにちがいない

6　はずかしいことがおこりそうな気がする

7　スポーツの後はこころよい気持ちになるだろう

8　こわいめにあいそうな気がする

■もし，「今後，スポーツを何ヶ月も続ける」としたら，次のようなことはどれくらいあてはまりますか。

9　忍耐力の強い性格になる

10　思いやりのある協力的な性格になる

11　胃や腸の調子がよくなる

12　競争する楽しさを味わうことができる

13　グループのれんたい感（むすびつき）が増す

14　ぐっすり眠るのに役立つ

15　将来、役に立つ特技が得られる

16　エチケットやマナーがよくなる

17　すばやい動きができるようになる

18　自分の可能性（実力や限界）をためすことになる

19　毎日の生活がいきいきとし、充実したものになる

20　からだのよぶんな脂肪がとれる

21　自分の能力を他人に認めて貰える

22　明るい性格になる

23　ふとりすぎの予防になる

第4章　日本におけるサッカー行為者の社会的性格の問題　*137*

■次の24～62までのことがらについてどのくらいあてはまりますか。

24　私の家族は，私が「少なくとも2週間以内にスポーツをすること」を期待している

25　子供のころは，スポーツや遊びのための場所や施設に恵まれていた

26　現在は，スポーツのための場所や施設に恵まれている

27　私の父はスポーツにかなり熱心である

28　私の友人は，私が「少なくとも2週間以内にスポーツをすること」を期待している

29　子供のころは，スポーツのためのクラブ・グループ・友人に恵まれていた

30　現在は，スポーツのためのクラブ・グループ・友人に恵まれている

31　私の母はスポーツにかなり熱心である

32　地域の人々の中には，私が「少なくとも2週間以内にスポーツをすること」を期待している人がいる

33　子供のころは，スポーツの指導者に恵まれていた

34　現在は，スポーツの指導者に恵まれている

35　家族の中には，私にスポーツを熱心にすすめる人がいる

36　子供のころは，スポーツのための時間を十分にとることができた

37　現在は，スポーツのための時間を十分にとることができる

38　親しい友人や先輩の中には，私にスポーツを熱心にすすめる人がいる

39　子供のころは，スポーツをするチャンス（行事・大会・機会）に恵まれていた

40　現在は，スポーツをするチャンス（行事・大会・機会）に恵まれている

41　地域の人々の中には，私にスポーツを熱心にすすめる人がいる

42　テレビ・新聞などでスポーツをかなり見たり，読んだりするほうである

43　スポーツはかなり得意なほうである

44　健康でからだの調子がよい

45　私のからだはややふとりすぎである

46　何ごとも自分から進んですることは少なく，消極的なほうである

47　ちょっとしたことでも心配になり，神経質なほうである

48　リーダーなどになって，ものごとを解決していくほうである

49　すぐあきらめることなく，ものごとを忍耐強くおこなうほうである

50　現在の生活に満足している

51　自分の考えを強調しすぎたりして，あまり協力的ではない

52　ものごとを良いほうや楽しいほうに考えることが多い

53　競争することが好きなほうである

54　意志は弱いほうである

55　勉強（仕事）も能率よくやるが，余暇を楽しむことも重くみている

56　いろんな人と付き合うのが好きなほうである

57　喜んだり，怒ったりして気分の変化が大きい

58　みんなができないことでも勇気を出してするほうである

59　責任感はあまりないほうである

60　持久力（スタミナ）はあるほうである

61　筋力（ちから）はあるほうである

62　走ることはかなり速いほうである

■あてはまる数字に○をしてください。

① 最近3ヶ月を平均して，どのくらいスポーツ（運動）をしましたか（体育の授業は除く）。

1.　ほとんどしなかった　2.　月に1～2回　3.　週1～2回　4.　週3～4回　5.　週5～6回

② 現在，スポーツクラブ（同好会なども含む）に所属していますか。

1.　所属していない　2.　途中でやめた　3.　所属している

③ 次の2週間以内に何かのスポーツ（運動）をするつもりがありますか。

1.　しない　2.　おそらくしない　3.　おそらくするだろう　4.　必ずする

■あなたのサッカーに対する意識について教えてください。

A　あなたは競技志向ですか？

B　あなたは楽しさ志向ですか？

4) 市原（1990, p.17）によれば，独立2標本の順序尺度の検定法はMann-Whitney検定を用いることとされている。

第5章
日本サッカー協会とサッカー行為者の社会的性格との関連

　本章では，「自立型スポーツ組織による制度的構造モデル」からみた，日本サッカー協会が生成する制度的構造（日本サッカー協会とサッカー行為者との構造的関係）の現状を解釈し，その課題を示す。まず，日本サッカー協会が主体的に形成しようとしてきた制度的構造と，サッカー行為者が抱える社会的性格（性格構造）の問題とが，先に示した分析枠組みに基づくと，どのように解釈できるのかということを示す。具体的には，ライフヒストリー分析により，実際のサッカー行為者の主観的意味から解釈する制度的構造の特徴を示すとともに，サッカー行為者の社会的性格（性格構造）も同時に解釈し，それらの関係を解釈していく。

1 ライフヒストリー分析の方法

　ライフヒストリー分析の特徴やその方法を用いる根拠は既に述べたとおりだが，具体的にはサッカー制度を構成する局面のそれぞれの要素について，サッカー行為者に影響を及ぼしたと考えられる事柄を，呈示されたライフヒストリーからよみとる（解釈する）ことで，制度的構造の特徴を示す。そこで，まずライフヒストリーの呈示方法について述べておく。

　桜井（2002, p. 61）は，「ライフヒストリーの最終的な作品は，調査者の記述がかなりの部分をしめるものから，ほとんどが対象者自身の一人称の語りからなるものまで千差万別である」という。千差万別であるというものの，佐藤（1995, pp. 13-14）は，「ライフヒストリーは，現代の日本の社会学の研究実践において，確かな方法となっているか。いくつかの意味で『まだなってはいない』のだといわざるをえないだろう」といい，ライフヒストリー研究が社会学の中でまだ確立されてい

ないことを説明しており，ライフヒストリー研究がまだ十分に行われてきていない
ことを示唆している。それは，スポーツに関連する分野においても同様であるが，
近年少しずつ増えてきているライフヒストリー法を用いたスポーツに関する研究を
みてみよう。

　藤田（1998）は，ミクロレベルからマクロレベルまでの要素を視野に入れて，身
体障害者のスポーツへの社会化過程を明らかにした研究において，ライフヒストリ
ー法を用い，分析の視点として設定したスポーツへの社会化過程の4つの場それぞ
れに対して，対象者の話を呈示するという方法をとっている。また，吉田（2001）
は，先行研究で示した主体的社会化論の枠組みに基づき，競技者の困難克服の過程
について検討した研究において，競技者のルポルタージュと競技者本人の手記を資
料としてライフヒストリーを呈示している。吉田（2006）も主体的社会化論に基づ
き，競技者の困難克服の過程について検討しているが，インタビューに基づいてラ
イフヒストリーを呈示している。

　そして吉田（2010）も，特にバーンアウトやドロップアウトに注目し，同様にイ
ンタビューに基づいてライフヒストリーを呈示している。さらに水上（2009）も，
企業スポーツの将来像を論じていくためのライフヒストリー研究の意義を示すため
の研究において，吉田（2006，2010）と同様にインタビューに基づいてライフヒス
トリーを呈示している。

　一方で，後藤（2010a）の地域で暮らす人々の歴史的・社会的背景や生活の規定
性とスポーツとの関係性を検討した研究や，後藤（2010b）の障害者の日々の暮ら
しと障害者スポーツの実践との関係性を検討した研究では，インタビューに基づい
てライフヒストリーを呈示するという方法では吉田（2006，2010）や水上（2009）
と同様だが，複数人のライフヒストリーを比較的短くまとめ，対象者の分類や比較
により考察を行っている。このように，数少ないスポーツに関連するライフヒスト
リー研究においても，すべてが同じライフヒストリーの呈示方法を採用しているわ
けではなく，いずれの方法が最適かということも断定することはできない。

　しかし，本研究では，ライフヒストリーの呈示にあたって，「インタビューでの
語りの言葉をそのまま活かした部分と＜わたし＞が解説する部分とを交互に重ねて
呈示する形式」（小林，2000，p.106）を採用することとしたい。ここで，小林が述
べている「＜わたし＞」とは，ライフヒストリーを書く主体（本研究の筆者・調査

者）のことであり，「語りの言葉」とは，自己の経験をライフヒストリーとして語る主体（被調査者）が語った言葉のことを指している。小林（2000，p. 109）によれば，語る主体が語った言葉を語り口のままで示すことで，臨場感を与え，リアリティを示すことになる効果が考えられるという。

また井腰（1995，p. 114）は，「語られたことを『要約』したのでは，失われてしまうものがあ」り，それはレトリック，「話者が自分の経験を伝えるために，自分が置かれた状況を聞き手に理解できるような形で示すことで…聞き手自身の経験に照して理解させようとする語り方」であるという。

しかし，語り手の「語った言葉だけを記したら，おそらく読者はほとんど理解不可能なものであろう。インタビューにおける口述の語りは，おうおうにしてプロットが不安定であり，たとえば繰り返しや冗長な話，話題のめまぐるしい変化などに満ちている。だから，インタビューでの語りを文字化したままでは，読むこともむずかしい場合がすくなくない」（小林，2000，p. 109）。

そこで，「ライフヒストリーを書く作品にしろ，ライフヒストリーを分析する論文にしろ，研究者である＜わたし＞の視点で，ある個人の経験を解釈して読者に呈示する」（小林，2000，p. 110）ことが必要であり，その編集や整理の結果，「はじめてテクストとして読むことが可能なものになり，また他者が理解できるものになる」（小林，2000，p. 109）という。ここで，ライフヒストリー法における編集とは，「聞き手が話者の語りを通して了解した『話者によって経験された世界』を読者という一般的な他者に了解可能な世界へと表現しなおす変換作業である。これまで最も一般的に採用されてきた変換の仕方は，語られた順序ではなく，万人が了解可能な誕生からの加齢の過程にそった時系列で配列するという方法である」（井腰，1995，p. 117）という。なお，ライフヒストリー法を用いたスポーツ研究では，水上（2009）や吉田（2006，2010）が，このようなライフヒストリーの呈示方法を採用している。したがって，ライフヒストリーを加齢の過程に沿って時系列的に記述していくこととする。

そして，呈示したライフヒストリーから，サッカー制度の制度的構造の特徴を提示するために，第2章で示したように，菊（1993）が設定したスポーツ制度を構成する局面の6要素を援用する。すなわち，ライフヒストリーの内容から，その6要素のそれぞれについて解釈することで，制度的構造の特徴を提示する。それは，日

本におけるサッカー行為者が捉えるサッカー制度の特徴を解釈することである。なお，菊（1993，pp. 33-34）の 6要素の概要と，それぞれの要素について具体的にライフヒストリーからよみとる事柄は下記のとおりである。

① **スポーツ・イデオロギー**

スポーツ・イデオロギーは，「ある程度理念的に整序されているところの観念の形態及びその体系であり，より簡単に言えば制度を支える人々の考え方，それに対する意味，価値の付与の総体」（菊，1993，p. 34）であることから，対象となるサッカー行為者のサッカー（スポーツ）に対する考え方（その考え方が，特に，対象者が特殊・特別な考え方であると考えていない限り，対象となるサッカー行為者が属する制度内では一般的な考え方であるものとして捉える）をライフヒストリーからよみとる[5]。

② **スポーツ・ルール**

スポーツ・ルールは，「明示的なゲーム・ルールや黙示的なルール，組織に関連したルール（協会規約等）」（菊，1993，p. 34）であることから，サッカーの競技規則だけではなく，サッカーを行ううえでのルール（例えば，遅刻をしたら試合に出場させてもらえないというチームの決まりなど）をライフヒストリーからよみとる。

③ **スポーツ・シンボル**

スポーツ・シンボルは，「プレーヤーの知名度やチーム名，技術名称，儀式等に代表される記号的シンボル」（菊，1993，p. 34）であることから，有名なサッカー選手や目標としていたサッカー選手，あるいは，サッカーにおいて夢や目標としていたものをライフヒストリーからよみとる。

④ **スポーツ行動様式**

スポーツ行動様式は，「スポーツ技術及びそれを高めるための練習方法，慣習的行為。教育局面としてのスポーツ技術の伝達行為をも含む」（菊，1993，p. 34）としていることから，対象者がサッカーを実施する際の練習方法や慣習的行為をライフヒストリーからよみとる。

⑤ **スポーツ文物**

スポーツ文物は，「スポーツで使用される一切の用具，施設，その他の物的条件」（菊，1993，p. 34）であることから，サッカーをする際の用具や施設等の物的条件をライフヒストリーからよみとる。

第 5 章　日本サッカー協会とサッカー行為者の社会的性格との関連　*143*

⑥　スポーツ組織

　スポーツ組織[2]は，「スポーツ集団（クラブ，運動部，チーム）やそれらを統括するアソシエーション（協会，連盟，コミッショナー）等。尚，競技会（大会）は，地位‐役割を付与されたプレーヤーによる集団間での組織的なゲームとして捉えられるので組織に含めて考えることにする」（菊，1993，pp.33-34）としていることから，サッカークラブやチーム，協会，大会の存在と関係をライフヒストリーからよみとる。

　このように，それぞれの要素について，サッカー行為者によって捉えられていたと考えられる事柄を，ライフヒストリーからよみとることで，制度の特徴を説明する。

　また，先に示した感情や意志，高度化志向，劣等感や疎外感，あるいは，不満や不安などの心理的側面を，同様にライフヒストリーからよみとる（解釈する）ことで，サッカー行為者の社会的性格（性格構造）を示す。なお，ライフヒストリー分析から解釈するサッカー行為者の社会的性格（性格構造）は，先に定義したように「人の社会的役割と結びついた有機体の心的構造の，比較的安定した統合体を指し，社会的構造から一般的に説明され得るもの」としていることから，一時的な感情や心理ではなく，対象者がある程度の期間有していたと考えられるそれとして捉えることにする。したがって，サッカー行為者の社会的性格（性格構造）は，一定の期間ごとに示すこととし，また，制度を構成する6要素も常に一定ではなく，対象者の生活時期によって変化して異なるため，制度的構造の特徴についても，ある程度一定であると考えられる時期に分けて提示していく。

　ここで，ライフヒストリーの対象者は次のことに留意して選定した。まず，機関紙分析でも述べたように，本研究では，日本サッカー協会への登録が激減する18歳以上の同協会に未登録の者で，スポーツ実施率が最も低い現在20代，30代のサッカー行為者の社会的性格が高度化志向であり，そのために劣等感や疎外感を抱くという問題が生じるものとして捉えている。そこで，現在20代あるいは30代で18歳（高校生）までは登録者であったサッカー行為者を対象とする必要がある。そして約30年分の機関紙分析から解釈したサッカー制度の特徴にも照らして分析をするため，現在30歳前後のサッカー行為者を対象とした。

　また，日本におけるサッカー行為者は，他のスポーツ種目と同様，学校体育や学

校運動部の影響を受けていることは当然だが，本研究では，スポーツ組織である日本サッカー協会との関係に注目しており，同協会が主催する大会やイベントという点でのかかわりだけではなく，同協会の指導資格を有する指導者から指導を受けることや，同協会の制度に基づいて選抜されたチームや環境でサッカーを行うことで，日常的に（間接的にも）日本サッカー協会の影響を受けていると考えられるようなサッカー行為者（M氏：調査開始日現在30歳）を選定した。

　さらに，その対象者の特徴を明らかにするため，日本サッカー協会の指導資格を有した指導者からの指導や選抜チームなどでの活動が少なく，学校運動部を中心にサッカーを行うことで，比較的，日本サッカー協会からの影響が少ないと考えられるようなサッカー行為者（S氏：調査開始日現在31歳）を比較対象として選定した。

　なお，M氏は，大学卒業後から1回目の調査日までは未登録のサッカー行為者（2回目の調査日では登録者となっていた）であり，S氏は，高校卒業後から現在まで未登録のサッカー行為者である[3]。

　以上の方法により，第2節では，対象者となるM氏とS氏のライフヒストリーを呈示し，彼らが捉えるサッカー制度の特徴を示す。

　続く第3節では，彼らの社会的性格（性格構造）の特徴を示し，第2節で示したサッカー制度の特徴との関係を解釈する。なお，これも既に述べたことだが，ライフヒストリー法の特徴の1つである「個別を通して普遍にいたる道を志向」するということを考慮し，対象者のライフヒストリーを個別・固有のものとして重視するのではなく，先に示した理論的解釈を踏まえて分析していく。

② サッカー行為者が捉えるサッカー制度の特徴

(1)　M氏のライフヒストリーとそこから解釈される制度的特徴

　M氏に対しては，2012年1月21日に65分間，2012年7月7日に65分間の計2回のインタビューを行い，それに基づいて構成したライフヒストリーをM氏本人にメールで送信し，確認・修正を受けた。そして，修正したライフヒストリーについて，

第5章　日本サッカー協会とサッカー行為者の社会的性格との関連　*145*

再度M氏に確認を受けた。なお，「　」はM氏の語り，（　）は筆者の補足，…は中略を示している。

①　遊びとしてのサッカー（幼稚園）からJリーグ発足（小学校6年生）まで

M氏は1981年4月，団体職員で，高校までは甲子園を目指して野球をしていた野球好きの父と，音楽大学出身で当時ピアノの先生をしていた母との間に，3歳年上の姉を1人もつ長男として生まれた。M氏の両親は東京都H市に住んでいたが，M氏出産の時期に母が実家のある香川県に戻っていたため，M氏の生まれは香川県である。しかし生まれて数か月後には，H市に戻り，H市で幼少時代を過ごした。「H（市は，サッカーが）結構盛ん」であり，M氏が4歳のとき「たまたま入った（N）幼稚園」にNサッカークラブ（対象は幼稚園児と小学生）があった。

そこで，「仲の良い友達がやっているから俺もやりたい」と言って，サッカーを始めた。両親に勧められた記憶はない。Nサッカークラブは，「H（市）ではまあ名の通っている」サッカークラブであり，幼稚園の理事長がクラブの代表者を兼ねていた。Nサッカークラブでは，特に決まった指導者がいたわけではなく，「あんまりなんか教わったっていうより遊んでいたというだけ」であったが，フットサルでの対外試合や市内レベルの大会も年に数回程度行っていた。ただし，その試合や大会も本格的なものではなく，記憶が定かではないが，ユニフォームを「買った記憶がない」し，「スパイクとかも履かずに，普通の格好で」，ほとんどN幼稚園内で行っていた。

M氏はN幼稚園を卒園後，父親の仕事の都合により，小学校1年生から3年生までをメキシコで過ごした。メキシコでは日本人学校に通い，「その期間はあんまりサッカーはやっていない」。メキシコでも当初サッカーチームに入ったが，「言葉が分からなくてついていけないから」1か月も経たずに辞めた。その後は，たまに遊びに行った公園でメキシコ人に誘われて参加したストリートサッカーや「体育で，ちょろっとやるくらい」だった。メキシコは「基本治安が悪い」ため，公園には自分や友人の親がいないと遊びに行くことができず，公園に行くこと自体が少なかった。メキシコはサッカーが盛んな国ではあるが，当時はそのことを「知らなかった」。公園でサッカーをしている様子を見かけることはあったものの，「言葉がわからないから」テレビもほとんど見ず，友達との話題にもならなかった。メキシコでの3年間は，日本人学校内で，「走るのが速かったからかけっこ」や，「キャッチボール

とか」をして遊んでいた。

　M氏は，小学校3年の途中で日本に帰国し，再びNサッカークラブに入った。N
サッカークラブの小学校年代は，H市で「優勝するときもあるし」，「ベスト4か8」
程の実力のチームだった。練習は週に2回程度（基本的に土曜日は練習，日曜日は
試合）で，副業として教えている主担当のコーチに加えて，チーム所属メンバーの
熱心な父親たちによるボランティアコーチが指導し，戦術的な指導はなく，個人の
技術的な指導が少しあった程度で，「まあ勝利至上主義とかじゃなくてみんな試合
に行ってやろうっていう感じ」の方針であった。また，試合時の送り迎えや，水分
補給のための飲料準備など，「保護者の力で結構」サポートしてもらい，試合や大
会で頑張ろうという雰囲気があった。M氏は，小学校4，5年生の頃は「まだ下手」
だったので試合に出る機会が少なかったが，5年生の途中から試合にたくさん出る
ことができるようになり，小学校6年生には H市の選抜チームにも選出された。

　その選抜チームでは，東京都内の各市区選抜チームによるフジパンカップ大会に
参加し，H市選抜チームが優勝を収めるとともに，その試合がテレビ放映された。
その後，H市選抜チームは関東大会に進んだが，そこでは，記憶は定かではないが，
3位か4位という成績で大会を終えた。H市選抜チームは，他のクラブのコーチが
指導をし，大会に向けて週1回程度の定期的な練習を行っていた。指導内容につい
てはあまり覚えていないが，「そこはさすがに，勝つためにやって」いたため，試
合に出ることができない選手もおり，「どういう方向（方針）で今日はやろう，み
たいなのはあった」。「僕は結構足が速かったので，スペースにもっと蹴ってとか，
走れ，みたいなそんな」指導があった。M氏個人的には，チームメイトが東京都選
抜チームに入っていたため，自身も東京都選抜チームに入りたいという思いがあっ
たが，結果的に選出されることはなかった。

　また，M氏が小学校6年生のときに，日本のプロサッカーリーグであるJリーグ
が開幕しており，「個人的には井原は好きだった。井原と武田。武田だったかな。
（当時の横浜）マリノス（現在の横浜F.マリノス）が好きだったな。何でか知ん
ないけど」。そして，Jリーガーやプロサッカー選手を夢みて目標にするようになっ
た。Jリーグが始まる前には，「サッカーダイジェスト（サッカー専門雑誌）とか
（を）毎回買っているような」サッカーに詳しい友達に誘われてトヨタカップ（現
在の FIFAクラブワールドカップ）を観戦しに行ったこともあり，Jリーグ開幕後

第５章　日本サッカー協会とサッカー行為者の社会的性格との関連　**147**

は，テレビ観戦やサッカーマガジン（サッカー専門雑誌）を購読するなどして，友達ともサッカーの話をよくしていた。　M氏は自身のサッカー人生において，「だから結構友達の影響が…でかいですね，常に」と振り返る。そして，プロサッカー選手になりたいという目標に向かって，M氏は中学校進学時に当時のＪリーグクラブである横浜マリノスのジュニアユース（中学生年代）チームのセレクションを受けた。親は「やりたいって言ったものに対して」は「基本的に何でもやらせてくれた」ため，自分からセレクションに応募し，結果は最終選考で不合格となってしまったが，プロサッカー選手になることを意識していた。

　Ｎサッカークラブの活動以外は，「小学校の男子の人数が少なくて１クラス９人くらいしかいなかったから，（小学校には）２クラスあってクラス対抗でほぼほぼ毎日サッカー」を放課後の校庭で行っていた。「それがでかいわな。小学校で遊びだけどほぼほぼ本気でやっていた。その小学校でＮサッカークラブに行っているやつも半分くらいいたから」サッカーが上手くなった。放課後のサッカーは，指導者や先生は不在で，リーダー格の友達がまとめていて，「サッカーやんなきゃ仲間いれねえぜくらいの」状況で，「みんな，やりたくないやつもいただろうけれど，権力ないやつは，みんな」無理矢理やらされていた。「それに本当に入らないやつは…ちょっとハブられ（仲間はずれにされ）」ることもあり，サッカーをやりたくない人にとっては「ちょっと怖い世界」であった。　M氏自身は，上手くなりたいというよりも，「遊びで，付き合い」として放課後のサッカーに参加し，サッカーがとにかく楽しいというよりも「遊ぶのが好きだった」。遊びとして走ることも好きで，週１回の活動がある小学校のクラブ活動では，陸上クラブに入っていた。

　ここで，この時期のM氏のライフヒストリーから，サッカー制度の特徴を解釈してみたい。表 5-1 からわかるように，小学校３〜６年生頃になると，サッカーは遊びや楽しみであると同時に，親や周囲の大人に認められている遊びというようなスポーツ・イデオロギーがあったと解釈できる。また，サッカーをしないと仲間外れにされるというようなスポーツ・ルールのもと，半強制的にサッカーを行う，本気で取り組む，コーチの指導に基づいて行う，などのようなスポーツ行動様式がこの時期のサッカー制度を構成する要素として説明できる。

　ここでは，「保護者の力で結構」サポートされていたことから，M氏の仲間だけでなく，保護者を含めた周囲（地域社会）でもサッカー活動の正当性や権威性が認

148

められていたことが推察できる。また，小学校6年生のときのJリーグ発足により，プロ選手やJリーガーがサッカー界の頂点であるというように，それらがスポーツ・シンボルの特徴として示される。そして，このことは同時に，サッカーは遊びとしてよりも競技として捉えられる傾向になり，勝利の価値が大きいというようなスポーツ・イデオロギーが生じてくるものとして解釈できる。

② 競技としてのサッカー（中学校時代）とプロサッカー選手になるという目標

　小学校卒業後は，H市立A中学校に入学した。公立の中学校は，進学する学校を自分で選択することはできなかったが，A中学校のサッカー部は東京都でベスト8に入るくらいの強いチームであるという噂を聞いていたため，サッカー部に入部した。小学校6年生のときのH市選抜チームメンバーの多くが同じサッカー部に入ったため，「結構メンツ（サッカーが上手いメンバー）は揃っていた」。練習はほぼ毎日あり，指導者は中学校の体育の先生で，自身のサッカー経験はないが，中学校体育連盟（以下「中体連」と略す）の中でもサッカー東京都選抜の監督をするなど，「すごい研究熱心でいろいろ勉強して，多分C級（日本サッカー協会公認の指導者資格）は持って」いて，「結構しっかりやる人」だった。

　サッカー部の試合には，先生の意向もあり，保護者が観戦・応援に来ることはほとんどなく，「小学校から（サッカーを行う環境が）結構180度変わったっていう感じですかね。先生も超怖かったですよ，その先生」。「中学校の先生（サッカー部の指導者）は，本当に両方とも（サッカーの技術的指導も私生活の指導も）厳しく，怖かった」。「私生活もかなりうるさく言っていた。やっぱり学校でも体育の先生なので，私生活の方も結構ビシバシやっているような人だったので，結構みんなビビっていました」。集合時間に遅刻をしたら試合に出場できないというルールや，練習は，色のないTシャツ，短パン，白ソックスで行い，シャツは短パンから出さないようにするというルールがあり，しっかりしていないと怒られた。また，「勉強もしっかりしろ」と言われており，文武両道かつ私生活もしっかりするよう指導された。サッカーに関しては，「先生の方針として，同じ実力だったら年下を（試合に）出す」とずっと言われていて，「当時，俺身長でかかったし，足も速かったから」，M氏は，唯一，中学1年生から上級生と一緒に試合に出場していた。しかし，上下関係は厳しくなく，「みんな優しくはしてくれ」たものの，「中（学）1（年生）は中（学）3（年生）にビビる」ものだし，ちょっとやりづらかった。

第5章　日本サッカー協会とサッカー行為者の社会的性格との関連　*149*

表 5-1　M氏のライフヒストリー解釈①（誕生から小学校6年生まで）

西暦	年齢	時期	出　　来　　事	主な語りの内容（太字は，語りからの解釈）
1981年	0歳	誕生	父：団体職員，野球好き，甲子園目指す 母：音大出身，ピアノの先生（3歳上の姉がいる）	
1985年 〜 1987年	4歳 〜 6歳	幼稚園 3年間	・サッカーが盛んなH市 ・Nサッカークラブ（地域のサッカークラブ）でサッカーを始める。 ・フットサル等で対外試合や市内レベルの大会もやっていた（年に数回程度）。 ・H市では名の通っているチーム	「仲の良い友達がやっているから俺もやりたい」「あんまりなんか教わったっていうより遊んでいたというだけ」 **⇒サッカーは楽しい**
1988年 〜 1990年	7歳 〜 9歳	小学校 1年〜 3年	・メキシコの日本人学校に転校（父の仕事の都合） ・サッカーチームに入りたいと思ってチームに入ったが言葉がわからないため1ヶ月程度でやめた。 ・たまに公園でメキシコ人とサッカーをしたがほとんどサッカーをしていない。 ・体育で少しサッカーをする程度。 ・かけっことキャッチボール（日本人学校内）	「その期間はあんまりサッカーはやっていない」 テレビも見ず，友達との会話にも出ず，メキシコのサッカーが盛んということも知らない。 **⇒サッカーに興味・関心なし**
1990年 〜 1993年	9歳 〜 12歳	小学校 3年〜 6年	・帰国後，Nサッカークラブに入る（練習：週2回） ・H市でベスト4〜8くらいの実力（優勝経験もあり） ・父親達によるボランティアコーチが指導 ・「保護者の力で結構」サポート ・ほぼ毎日，放課後は学校の友達とサッカー ・指導者や先生は不在，リーダー格の友達 ・遊びとして走ることも好きで，陸上クラブ（週1回） ・「サッカーダイジェスト（サッカー専門雑誌）とか毎回買っているような」サッカーに詳しい友達 ・トヨタカップ（現在のFIFAクラブワールドカップ）を友達に誘われて観戦	戦術的な指導はなく，個人の技術的な指導が少しあった程度で，「まあ勝利至上主義とかじゃなくてみんな」試合に行ってやろうっていう感じ」の方針 **⇒サッカーは遊び，楽しみ** 「それがでかいわな。小学校で遊びだけどほぼほぼ本気でやっていた」 **⇒練習量が多く，本気で行うサッカーの肯定** 「サッカーやんなきゃ仲間いれねえぜくらいの」状況で，「みんな，やりたくないやつもいただろうけれど，権力ないやつは，みんな」無理矢理やらされていた。 **⇒サッカーの権威性** 「遊びで，付き合い」として放課後のサッカーに参加サッカーがとにかく楽しいというよりも「遊ぶのが好きだった」 **⇒サッカーは遊び，仲間との交流**
1993年	12歳	小学校 6年	○5/15 Jリーグ開幕 ・Jリーガーやプロサッカー選手を夢みて目標にするようになる。 ・テレビ観戦，サッカー専門雑誌購読，友人との会話	「個人的には井原は好きだった。…マリノスが好きだったな。何でか知んないけど。」 **⇒プロ選手・チームを意識** 自身のサッカー人生において，「だから結構友達の影響が…でかいですね，常に」と振り返る。 **⇒サッカーにおける友人の影響**
		小学校 6年冬 (11月頃) 学芸会 シーズン だった と思う	・H市選抜に選出される。 ・各市選抜チーム対抗の「フジパンカップ」（東京都の大会／テレビ放映あり）に参加してH市選抜が優勝。 ・その後，関東大会に参加し，結果は3位か4位 ・他のクラブのコーチが指導，週1回程度の練習（この期間もNサッカークラブでの練習は継続） ・中学校進学時に当時のJリーグクラブである横浜マリノスのジュニアユース（中学生年代）チームのセレクションを受ける。→最終選考で不合格	指導内容についてはあまり覚えていないが，「そこはさすがに，勝つためにやって」いたため，試合に出ることができない選手もおり，「どういう方向で今日はやろう，みたいなのはあった」　チームメイトが東京都選抜チームに入っていたため，自身も東京都選抜チームに入りたい。→結果的に選出されず **⇒勝利を求める傾向，向上心をもつ** 自分で応募。基本的に両親は，自分がやりたいというものを何でもやらせてくれた。 **⇒自信（自分の選択は間違っていない）**

同じ競技レベルであれば年下の選手を使うという先生の方針の下で、下級生で上手い選手が上級生で下手な選手に対して見下す言動をとる人は、いないことはなかったが、「1個上（1歳年上）の先輩とかはすごく仲良かったので、全然…問題なかった」し、「さすがに2個上（2歳年上に対して）は怖くてあんまり」そのような態度をとる人はいなかった。先輩が「基本優しかった」ため、上下関係は良好だったし、先生も特に何も言わなかった。サッカー部の練習では、「先生がいないときに笑い合」い、「先生が来たらピシッとする」というような状態だった。毎日部活でサッカーをしていたので、小学生のときに放課後の校庭で行っていたような遊びでサッカーをしたいという思いはなく、「中学が一番楽しかった」ので、辛いとか苦しいという気持ちもなかった。リフティングなどの自主練習も行い、上手くなりたいという気持ちがあった。

中学校時代のサッカー部の成績は、中学校3年生のときに春の大会で東京都大会優勝（全国大会はなし）、夏の東京都大会で準優勝、それ以外の大会ではほとんどが H市で優勝という成績だった。「本当にうちの中学強かったんですよ、そのときは。で、個人的には中（学）1（年生）からずっと（中体連の）東京都選抜（チームに）入れてもらって」、他の中学校の先生（他の中学校のサッカー部の指導者）が選抜チームの指導者となり、年間を通して月に2，3回程度、定期的に練習をしていた。中学校2年の終わり頃に、東京都のクラブチームの選抜チーム（以下「都クラブ選抜」と略す）と中体連の東京都選抜チーム（以下「都中体連選抜」と略す）から選考された「本当の」東京都選抜チーム（以下「都選抜」と略す）にも選出されて全国大会に出場した。当時は、Jリーグの下部組織やいくつかのクラブチームは、中学校の部活に比べてサッカーのレベルが高く（当時のヴェルディ川崎（現在の東京ヴェルディ1969）のジュニアユース（中学生年代）チームは全国大会で優勝しており、都クラブ選抜はほとんどがそのメンバーで占められていた）、都クラブ選抜の方が都中体連選抜よりも強かったが、両チームで試合をした際に、都中体連選抜が勝ったため、例年は都中体連選抜からはほとんど選出されることがないが、M氏を含め、5人が都中体連選抜から都選抜に選ばれることとなった。

都選抜として参加した全国大会は、当時「多分中学校の（年代の）中で一番でかい大会」（その大会のパンフレットには、過去の大会の優秀選手として、現在の日本代表選手などの錚々たる選手の名前が記載されている）であり、「そんなに勝て

なかった」。個人的にも，都選抜ではサブメンバーであったため，「ほぼほぼ（試合に）出られなかった」。都選抜では，当時のヴェルディ川崎ジュニアユースチームの監督が指導者となって，その全国大会に向けて一定期間トレーニングを行っていた。

都選抜では，私生活に対しての指導はほとんどなく，より技術的なことを指導されたが，「あまり理解できなかった」こともあった。クラブチームの選手はテクニックが上手いが，私生活については，特に「ヴェルディ（川崎）は結構…チャラい（言動が軽く浮わついている）イメージ」があり，最初は，多少，都クラブ選抜の選手と都中体連選抜の選手の間に溝があったが，「馴染みだせば別に大丈夫だった」。同じ中学校にヴェルディ川崎の選手が1人いたが，彼は陸上部に入っており，練習後にクラブチームの練習に参加していた。陸上部の練習後にクラブチームに通うのは「大変だろうな」とは思ったが，「まあ，でもちょっとは憧れ」があり，「いつか倒してみたい」という気持ちがあった。Jリーガーもチャラチャラしている（言動が軽く浮わついている）イメージはあったが，「そこまで悪いイメージはなくて」，「あのピッチに立ちたいという気持ちはあった」。

しかし，中学校2年の終わりか中学校3年生の頃に都選抜に選出されて上記の全国選抜大会に出場したことで，「そこが，俺，結構きっかけで，上には上がいるんだなっていうのをその頃感じて，あそこで多分もっと頑張ろうってなるか，ちょっと別世界だなって，そこで線引きをしたときに，俺はどっちかというと，こんなに上手いやつがいたんだっていうので，ちょっと諦め半分のどっちかといえば（そういう気持ちになった）。今，考えればあそこで俺もああいうふうに追いつこうみたいな気持ちがあればやっていたかもしれないけど，そこである程度，あ，プロって相当厳しいんだろうなって感じて，その（全国）大会に出たことによって，ある程度目標をちょっと下げた気がする。プロだった目標が全国大会に出たいというふうに変わった」。それは，悔しいというよりも「衝撃的」だった。「今まで自分が通用していたものが，ほとんど通用しなかったっていう」感じだった。

その時期，自分としては「調子が結構良くて」，都選抜に選ばれる前に，「関東選抜の候補にもあげてもらって」選考会に行ったが，現在Jリーグで活躍しているような選手が多数いて，「そこはちょっと別次元だなと思って…上との差を感じ始めた」。都中体連選抜では，「ほとんど（自分が活躍）できるなって思ったけど，そこ

（都選抜）から何だろう，自分の位置がちょっと分かりはじめて，それにあわせて目標を変えた」。都選抜での体験が，高校進学時に，サッカー部ではなく，陸上部に入ろうかと，少し考えることにつながった。「そこでちょっともしかしたら走りだったら，俺はトップを行けるんじゃないかって。サッカーはちょっとある程度，上いっぱいいるしなって。…もしかしたら陸上部だったら，（トップレベルに）行けるかなっていうのは考えた。だけど，まあいろいろ考えた末，サッカーしかないなってなった。もちろん」。そして，結論としては，高校でもサッカー部に入部することになった。

　中学時代のサッカーについては，「中学（時代のサッカー）が一番楽しかったけど，その選抜とかは，あんまり何ていうか，面白くはなかった。やっぱり友達がいなかった。選抜でも（友達は）いるんだけど，本当に仲のいいやつは中学のやつしかないから（サッカー以外で遊ぶのは中学校の部活の友達だった）」。「何か練習が楽しみで行くっていう感覚はなかったかもしれない」が，「そこまで嫌だっていう感じもなかった」。自分がプロサッカー選手になりたいという気持ちはあったので，「選抜で試合に行くとかっていうのは楽しかったと思」うが，「練習会場が遠いとかっていうのもあって，何か，まあ，中学生ならではのあれですかね」，「中学生ならではという訳ではないかもしれないですが，遠くに行くのが面倒だったり，近場で仲の良い連中とつるんでいたいという気持ち」があった。「ただ，練習が面白くなかったっていうのはあ」る。なお，中学校の先生（指導者），都中体連選抜の指導者，都選抜の指導者のいずれからも，明確にプロサッカー選手（Jリーガー）を目指せというような指導はなかった。

　ここで，この時期のサッカー制度の特徴を解釈してみよう。表5-2から，中学校時代になると，サッカーを「遊び」ではなく「競技」として捉え，真剣，真面目，競技力向上，文武両道，規則厳守，厳しさ（楽しいだけではない）という語彙に代表されるようなスポーツ・イデオロギーが特徴として示されると考えられる。スポーツ・ルールとしては，競技レベルが同じであれば若い選手が試合に出場できるというような，一般社会での年功序列や年上を敬うというようなルールとは異なるものがあった。

　また，サッカーにおいてチームの方針や指導者に従うことはもちろん，私生活における規則遵守もサッカーを行ううえでのルールとなっていたことも，スポーツ・

表 5-2　M氏のライフヒストリー解釈②（中学校時代）

西暦	年齢	時期	出　来　事	主な語りの内容（太字は，語りからの解釈）
1994年 ～ 1996年	13歳 ～ 15歳	中学校 1年～ 3年	・H市立A中学校のサッカー部に入部（ほぼ毎日練習） ・東京都でベスト8に入るくらいの強いチーム ・指導者は中学校の体育の先生（サッカー経験なし，サッカー東京都選抜の監督経験あり，C級資格あり） ・中学1年生から上級生と一緒に試合に出場（中1から試合に出ていたのは1人だけ） ・サッカー部の練習では，「先生がいないときに笑い合」い，「先生が来たらピシッとする」ような状態・東京都大会優勝，準優勝，H市大会優勝等・中学校では駅伝大会にも毎年出場していた。	H市選抜の多くが同じ中学校→「メンツは揃っていた」 **⇒結果・成績を重視** 指導者（先生）は「すごい研究熱心でいろいろ勉強して，」「結構しっかりやる人」。小学校から（サッカーを行う環境が）180度変わった。先生は厳しく，怖かった。 **⇒真剣，真面目，指導者の権威の肯定** 集合時間に遅刻をしたら試合に出場できない，練習は色のないTシャツ，短パン，白ソックスで行い，シャツは短パンから出さないようにするというルールがあった。「勉強もしっかりしろ」と言われ，文武両道かつ私生活の指導をされた。 **⇒文武両道，ルールを守ることが重要という意識** 「先生の方針として，同じ実力だったら年下を（試合に）出す」。上下関係は厳しくなく「みんな優しくはしてくれ」たものの「中1は中3にビビる」ものだし，ちょっとやりづらかった。 **⇒競技力の価値重視，楽しさだけではない** 「中学が一番楽しかった」ので，辛いとか苦しいという気持ちもなかった。自主練習も行った。 **⇒向上心**
			・中学1年生から中学3年生まで中体連の東京選抜に選ばれていた（月に2～3回の練習，指導者は学校の先生） ・中体連の東京選抜とクラブチームの東京選抜が合同でセレクションをし，全体の東京都選抜に選ばれ全国大会に出場（大会に向けて少し練習，大会ではあまり勝てずに自身もサブ選手でほとんど試合に出場せず，指導者はヴェルディ監督）	選抜での練習は，友達が少なく，あまり面白くはなかった。練習が楽しみで行くという感覚はなかった（そこまで嫌だという感じもなかった）。自分がプロサッカー選手になりたいという気持ちはあったので，選抜で試合に行くとかっていうのは楽しかったと思う。 **⇒競技力向上のためのサッカー，楽しくない** 選抜では私生活に対しての指導はほとんどなく，より技術的なことを指導されたが，「あまり理解できなかった」。全国選抜大会に出場したことで，プロだった目標を全国大会に出たいという目標に変更。悔しいというよりも「衝撃的」。もしかしたら陸上部だったら，（トップレベルに）行けるかなっていうのは考えた。 **⇒競技力向上志向，競技力の価値大という意識**
			・当時は，Jリーグの下部組織やいくつかのクラブチームは，中学校の部活に比べてレベルが高かった。ただし，私生活はしっかりしていないイメージ。 ・Jリーグの試合も漠然とみていた。 ・同じ中学校にヴェルディ川崎の選手が1人いたが，彼は陸上部に入っており，練習後にクラブチームの練習に参加していた。	Jリーガーもチャラチャラしている（言動が軽く浮ついている）イメージはあったが，「そこまで悪いイメージはなくて」，「あのピッチに立ちたいという気持ちはあった」。陸上部の練習後にクラブチームに通うのは「大変だろうな」とは思ったが，「まあ，でもちょっとは憧れ」があり，「いつか倒してみたい」という気持ちがあった。 **⇒競技力を重視**

ルールの特徴として示される。スポーツ・シンボルとしては，プロ選手に加えて，強豪クラブチームに所属していた身近な存在である同級生の存在が考えられる。スポーツ行動様式に関しては，小学校に比べて，より競技力向上のための練習を，真剣かつ真面目に取り組むというものであった。スポーツ文物については小学校の頃からと同様に，テレビや雑誌，サッカーを行ううえで必要なユニフォームやスパイク等が挙げられる。スポーツ組織としては，学校部活動だけでなく，選抜チーム，対戦相手としてのクラブチームなどが挙げられる。また，中学校時代が終わる頃には，全国大会というものが制度を構成する要素のスポーツ組織として示されるようになると考えられる。

③　全国大会出場という目標（高校時代）

　高校進学時には，「（全国）高校（サッカー）選手権（に出場すること）しか考えてなくって，全国大会に出れるとこがいいなっていうので」，進学する学校を選択した。「（全国）高校（サッカー）選手権ってすごい（テレビで）見ていて，ずっと出たいなっていう気持ちが」あった。

　また，文武両道という意識もあったので，「サッカーも強いし，進学校っていうのは，そこがポイントだった，一番。それで絞ったら，I高校，T高校，K高校くらいしか残らなかった。うちから通えるってなったらそれくらいしか残らなかった」。その中でも，「I高校は中高一貫で高校から入れない感じだったから，すぐに消去して，そうですね，K高校かT高校」に絞った。そして，「普通にセレクションを受け」たところ，合格したので，サッカー推薦でK高校に入学し，K高校サッカー部に入部した。サッカー推薦でも「ある程度（勉強の成績の）評定を取ってないとK高校の場合は進学校だからダメだったけど，別に評定全然足りていたから問題なく」合格できた。K高校には，親しくしていた「1つ（1歳）上の先輩が入っていて，その人の影響が大きいかな。で，その人が何か高（校）1（年生）から（試合に）出ていて，（その先輩が）高（校）1（年生）のときに，（K高校が）全国大会にちょうど初めて出たとき」だった。H市の複数の高校からもサッカー推薦の誘いがあったが，その先輩の影響もあり，K高校に進学することを決めた。

　また，「中（学）2（年生）くらいのときに，高（校）3（年生）で（全国高校サッカー選手権に）出ていた中村俊輔」選手を見て，「T高校行きたいなって思っていたんだけれども，T高校はセレクション終わっていて，（K高校に進学が決まった）そ

の後に（サッカー推薦の勧誘の）電話かかってきて，もうK高校決まった後にかかってきたから，まあいいやと思って」T高校は諦めた。K高校もT高校も，「私立っていうところで，（経済的な面で）親はちょっと都立に行って欲しいというのはあった」が，M氏が「ある程度サッカーでずっとやっていたから，そこは大目に見てくれたか知んないけど」親には反対されなかった。

　K高校サッカー部は，サッカー推薦の部員が毎年9人くらいいて，1学年の部員数は30人程度なので，総勢3学年で100人程の部員がいる。また，「うち（K高校）は，全部（の運動部活動に）」スポーツ推薦があり，「ラグビー，野球，陸上，駅伝ね。駅伝とバスケ，剣道，それすごく盛んだから。バスケは結構全国大会行っていて，ラグビーは常に全国だし，野球も年によっては」全国大会に出場する。K高校サッカー部の指導者は，K高校の教員が監督で，現在のK高校の監督であるLさんという人がコーチだった。K高校の教員である監督は，「早稲田（大学サッカー部に）行って，プロ（サッカーチーム）まで行っているのかな。当時の全日空（当時のJリーグクラブである横浜フリューゲルス）までは（プロサッカー選手として）ちょっとやって」いた人で，基本はその監督がK高校サッカー部を指導していた。コーチのLさんは，「イングランドのサッカー協会の（指導者）資格を持って」いて，地域の中学生サッカークラブの総監督をしていたが，副業のような形で，週に3〜4回，K高校サッカー部の指導に来ていた。

　また，高校3年の春頃，Lさんのコーチ雇用は継続しつつ，K高校の教員である監督が，Aさんというもう1人のコーチを雇って連れてきた。Aさんは，元Jリーグクラブ監督であったが，3か月から半年くらいで辞めてしまった。「それが，何か，ちゃんとした手続きを取らずに雇ったか何かっていう，表向きの理由はそう言われていたんです。そういうのがあったから先生（K高校の教員である監督）を（監督から）外すみたいな感じになって」，結局Lさんが監督になり，もう1人，K高校サッカー部のOBがコーチとなって指導をしていた。Aさんというコーチが辞め，K高校の教員である監督が外された表向きの理由に加えて，「あと何かうち（K高校サッカー部）の保護者とも…いざこざがあったらしくて，あんまりだからその（Aさんという）コーチが，あんまり人気がな」かったことも理由の1つだった。Aさんは，「口もあんまりよくないし，もう，育成っていう教え方じゃなかった気が」する。「まあ，あんまりユース世代向きじゃなかったってこと」だと思う。

また，Aさんは，「本当に勝つためのサッカーをしようとしてい」て，子供たちからも保護者からも「教育者としてはあんまり評判はよろしくなかった」。

K高校サッカー部での指導は，「ほとんど技術的なものだった。その先生（K高校の教員である監督）はすごい私生活も嫌味ったらしく言っていたけど，怖いって感じでなくて，嫌味ったらしくちょろちょろ言って」きた。K高校は進学校だったので，勉強もしっかりする部員は多かった。Lさんというコーチのサッカーにおける指導は「すごく細かいところまで，本当に1歩右だ左だっていう，そこら辺まで要求していたから，細かさはすごくあった」。サッカーの情報は，中学生のときと同様，サッカーダイジェストやサッカーマガジンというサッカー専門雑誌を購入したり，テレビでJリーグを見たり，友人との会話から得ていた。テレビでJリーグの試合を「しょっちゅう見て」いたが，プロサッカー選手に「なれたらいいかなっていうかすかな期待はありましたけど…レベル的にちょっときついかなって思って」いたので，プロサッカー選手になるということはそこまで意識していなかった。

また，先輩が名前を覚えるために，「必ず1年生はネームシャツ（自分の名前を大きく書いた布を張ったTシャツ）を着なきゃいけない」，先輩に必ず挨拶をしなければいけないという，「そんなのはどこにでもあると思うんですけど」，ルールがあった。そのようなルールを破ると，暴力ざたみたいなものはなかったが，「いろいろと（文句などを）言われ」て，「それなりにやっぱり2個（2歳）上くらい（の先輩）はめっちゃ怖かった」。「高校のときはね，サッカーは面白いとは思わなかった。その（高校生の）ときも高（校）1（年生）から（試合に）出してもらっていたんだけど，そこから上下関係がものすごく厳しくて，あまり（試合に）出たいという気持ちがなくなった」。ただ，「高校はやっぱり（部員間の競技レベルの）差が（あり），（試合に出られない部員が）半分以上はあって，以上はというか，ほぼほぼ（試合に）出られないやつが多いので，でも（自分は試合に）出ているからこそ，チームのことはしっかりやらなきゃという自覚は常にあったから，（試合に）出ている分，何か仕事，そのいろいろ片付けとかある程度そういうのは全部ちゃんと率先してやろうという気持ちは常にあり」，監督やコーチに指導されたというよりも，自分で気付いて行動していた。

K高校サッカー部の成績としては，「高（校）3（年生）の最後に（全国高校サッカー選手権大会に）出たのが一番大きくて，春に関東大会に出たのがその次で，あと

はもうあれだね。東京都ベスト4。毎年，毎年，全部決定戦（東京都は上位2チームが全国大会に出場できるので，ベスト4の試合が東京都代表決定戦となる）で負けるっていう感じ。インターハイも選手権も，2年のときにテレビ中継で帝京（高校）と（東京都代表決定戦の試合を）やって，それも結局負けちゃったから」，高校3年生のときに全国高校サッカー選手権大会に出場したことが一番良い成績だった。高校3年間の間は，プロを「もう目指さなくなっていた。俺の目標はそこ（プロになるという目標）から（全国）高校（サッカー）選手権に出るという目標に変わった。高校からそういう設定にした。プロになるというよりは」。そして，高校の3年間が終わったらサッカーを辞めようと思っていた。「サッカーはもう遊びでいいかって。そこで（高校3年間で）その目標（全国高校サッカー選手権に出るという目標）が達成されなかったら多分やっていただろうけど，俺の中で達成されちゃったから，満足しちゃった。そこからはもう指導者とかそういう道に進もうかなと思って，大学はそういう資格を取ろうと」思った。

　また，全国高校サッカー選手権大会に出場するという目標とは別に，「都立高に対する，何ていうか，敵対心っていうの（があった）。うち（K高校は）男子校っていうか，別に共学なんだけれども，男子（校という感覚）でね，校舎が（男女）別建てだったりして（いたので）。都立高だとすごい女の子とワイワイやっているイメージがあるから，都立高だけには絶対負けたくない（という気持ちがあった）。応援とかが絶対女の子いっぱい来るし」，負けたくなかった。

　高校時代のサッカー制度を解釈してみると，表5-3からわかるように，資格を有する指導者やプロ経験のある指導者，全国大会などの影響により，文武両道，真剣，真面目，競技力向上というような中学時代のスポーツ・イデオロギーが継続して存在していたと解釈できる。スポーツ・ルールでは，先輩への忠誠というようなルールも加えられる。ここで，中学時代から大きく変わるのが，スポーツ・シンボルであり，プロ選手になるという目標から全国大会へ出場することに変化する。これは，中学時代にプロ選手になることは難しいという挫折を経験し，M氏本人が語るように，ある程度目標を「下げた」ものである。

　しかし，競技力が高い選手という意味においてはスポーツ・シンボルに変化はないともいえる。そして，高校時代にその全国大会出場という目標を達成したことで，所謂バーンアウトも経験したようである。そして，「サッカーはもう遊び『で』い

158

表 5-3　M氏のライフヒストリー解釈③（高校時代）

西暦	年齢	時期	出　来　事	主な語りの内容（太字は，語りからの解釈）
1997年 〜 1999年	16歳 〜 18歳	高校 1年〜 3年	・K高校に入学し，サッカー部に入部（サッカー推薦） ・K高校のサッカー推薦は勉強の成績も必要だったが，中学の成績はよかったから問題なかった。 ・1学年の部員数は30人程度なので，総勢3学年で100人程の部員（サッカー推薦の部員が毎年9人くらい） ・指導者はK高校の教員（元プロサッカー選手）とLコーチ（英国協会の指導者資格あり，地域の中学生年代クラブチームの監督） ・元プロサッカーチーム監督のAコーチが3ヵ月ほどいたが，勝利至上主義で，教育者としては問題があったため，子供からも保護者からも評判が悪く，辞めた。 ・高校3年の最後の選手権で全国大会出場，高校3年の春に関東大会に出場，その他のインターハイと選手権では東京都ベスト4 ・サッカー専門雑誌購読，テレビ観戦，友人との会話	全国大会（高校選手権）に出場できる程度のサッカーの競技レベルで，かつ，進学校を選択。 ⇒**文武両道が重要という意識** 高校選手権はテレビで見て，ずっと出たいという気持ちがあった。 ⇒**高校選手権出場が目標・夢** 指導は，ほとんど技術的・戦術的なものだったが，教員である監督は私生活も嫌味ったらしく言ってきた。進学校だからみんな勉強もしっかりしていた。 ⇒**文武両道が重要という意識** ネームシャツ着用，先輩への挨拶必須というルール。部員の半分以上は試合に出場できないが，M氏自身は試合に出ているからこそ，そのようなルールや部での仕事をしっかりやろうと思っていた。 ⇒**競技者の責任を意識** 都立高に対する敵対心（都立高は女の子とワイワイやっているイメージ） ⇒**真剣，真面目，競技力向上がサッカーでは重要という意識** 高校の3年間が終わったらサッカーをやめようと思っていた。サッカーはもう遊びでいい。目標が「達成されちゃったから，満足しちゃった」。 ⇒**バーンアウト・ドロップアウトを経験** プロサッカー選手へのかすかな期待はあった。指導者とかそういう道に進もうかなと思って，大学はそういう資格を取ろうと」思った。

い」というような発言から，競技力向上を目指し，真剣にサッカーをすることが，遊びでサッカーを行うことよりも価値が高いものというスポーツ・イデオロギーが依然として存在していたと考えられる。スポーツ行動様式については，より技術的・戦術的な専門的練習を行うようになるが，基本的には中学生時代から変わらず，スポーツ文物，スポーツ組織についても，中学生時代から大きな変化はみられない。

④　サッカーとの多様なかかわり（高校卒業〜大学時代）

　M氏は，高校卒業後に1年間浪人をした。サッカー推薦で大学には「行けたけど，行きたくなかった。サッカー（推薦）では行きたくなかった。サッカー（推薦）で（大学に）行くと，（大学4年間）サッカー絶対にやらないといけないし，勉強に力を入れたかったから，サッカーをどっちかといえばメインにしたくなかった，大学は。あとは（これまで受験を経験したことがなかったから）受験をしたかったとい

うのが」あった。「自分の中の学力の力も試したいと思って，受験というのを考え」た。大学は，体育学部のあるところに行って，体育の先生になりたいと思っていた。中学生のときに，サッカー部の先生とは別の「普通の体育の先生がすごく面白い人」で，「こういうふうになりたいなと思ったのがきっかけ」で，ちょうど中学3年生の頃に，プロサッカー選手になることが難しいと感じたため，「指導者という道もあるんだなと」思った。

そして，指導者になるための資格が取れる大学を調べたところ，希望する大学に入学するためには，受験をするか一般推薦入試を受ける必要があった。人生の中で一度は受験をしてみたいという気持ちはあったが，「でもまあ（受験をせずに一般）推薦でもスポーツ学科入れるんだったらそのまま（一般）推薦でもいいやと思って，国立（大学を）受けたけどそこはダメで」1年浪人することになった。

浪人時代は，テレビでもサッカーは見ず，サッカー専門雑誌も読まなかったが，M氏と同様に浪人をして同じ予備校に通っていた，K高校サッカー部の友人と過ごすことが多かったので，2人の会話ではサッカーの話題も出てきていた。また，浪人時代には「遊びでしか」サッカーをしていなかった。大会参加や試合ではなく，「友達に何か（サッカーをする機会が）あって，呼ばれたら行くくらいのレベルで，何か（大会や試合を）するとかというのはなくって」，友達と集まって「友達との球蹴り」をしていた。その友達とのサッカーは楽しかったが，単純にサッカーが楽しいというよりも，友達と一緒にサッカーをすることが楽しいという感覚だった。そして，「1年浪人したことで，もう1回サッカーやりたい気持ちが復活しちゃった」ので，国立大学で体育学部があり，サッカー部も強いというG大学に行きたかったが，結果的には私立のN大学の体育科に進むことになった。

大学ではサッカーを辞めようと思っていたが，「何かやらないと，結局サッカーやらないと，何か仲間ってできないから（サッカー部に入った）。そこはもう仲間作りのために入ったようなもんだから，どっちかっていえば。だから，明確なサッカーの目標はなかった…そこはもう勉学が第一」という意識で大学に通っていた。N大学サッカー部は，東京都1部リーグに所属（入学当初は東京都2部，大学2年時に1部へ昇格）し，「当時は早稲田（現在は関東大学サッカー1部リーグ所属）と」も対戦し，「大学でもやるならちゃんとやろうと常に思っているから，一応何か（個人としては）東京（都サッカーリーグ選抜チーム）くらいまで入れて」もら

ったが，サッカー選手としての目標は特になかった。ちゃんとやろうっていうこと
は，「ヘラヘラ球を蹴っている」というイメージの「サークルとかでなくて」，サッ
カーを「真面目に」やることとして考えている。「だけどうち（N大学）の部活も
まあ…半分サークルのようなものですから。もう1つ体育会でサッカー（部）ってい
うのがN大学にはある。そっちは本当，通いきれないんで（入るのを）やめたんで
すけど」，真面目にサッカーに取り組んでいた。特にサッカー部内のルールという
ものはなかったが，「絶対遅刻はしちゃいけない」ということと，「飲み会のルール
はいっぱい」あった。また，N大学サッカー部は，指導者が不在で，「自分たちで
（練習）メニューを考えてやるっていうスタイルだったから，（大学）4年（生）のと
きは俺が全部（指導を）やって」いた。体育科に在籍していたこともあり，テレビ
や雑誌からスポーツやサッカーの情報を得ることが多く，練習法や指導法について
も勉強をしていた。大学3年生のときには，日本サッカー協会公認のC級指導者資
格も取得したが，「指導者兼プレーヤーやっていて，そこでちょっと，また，さら
に（選手としても指導者としても）限界を感じた」。

　また，大学2年生から，東京都大学サッカー連盟（以下「学連」と略す）の学生
幹事の仕事をしていた。そこで，幹事長の依頼もされたが，「僕，でも，もうプレー
ヤーとして結構やりたかったっていうのもあって，プラス，キャプテンもやって
いたので，さすがにそれ両立（は）無理だっていう話で」，友人に幹事長をやって
もらった。学連の学生幹事は，東京都大学サッカー連盟に所属する各大学の学生が，
「世代交代で，必ず誰かはやらなきゃいけなくて，（M氏が大学2年生のときに）そ
の代（M氏の年代）から何名か（選ぶように）って言われていて，で，まあしょう
がねえかと言って」引き受けることになった。学連の学生幹事の仕事は，「週1（回）
で各代表者を集めて，マネージャーとかそういう子たちを集めて，選手登録の仕方
とか，そういうの話し合う場があるんですけれど」，その会議の準備などの仕事を
していた。その関係で，東京都サッカー協会に頻繁に通っていたので，関係者の計
らいで，日本サッカー協会公認のC級指導者資格の講習会を優先的に受講させても
らうことができた。

　大学での勉強は特に楽しくはなかったが，教員免許資格を取得することはできた。
しかし，大学卒業後は先生に「ならなかった。…大学の4年のときに選手兼コーチ
でずっとやっていて，何か楽しくなかったというのが一番（の理由）。教えること

が，サッカーを教えるということが俺の中であまり面白いものと思わなかったというのが一番」の理由だった。ただ，「勉強でもスポーツに興味があって」，仕事としてはスポーツ（特にサッカー）にかかわりたいと思っていた。

この時期のサッカー制度を解釈してみたい。高校を卒業すると，M氏は大学受験のための浪人生活を送るため，サッカーとのかかわりはほとんどなくなる。しかし，その中でも，友人との数少ないサッカーをする機会を通して，サッカーは仲間と楽しい時間を過ごせるものであるというスポーツ・イデオロギーが示されていたと考えられる。そして，大学時代には，再度，部活動としてサッカーを行うが，指導や勉強，仕事としてもサッカーにかかわるようになる。そこでのスポーツ・イデオロギーとしては，M氏の語りからわかるように，中学・高校時代と同様に，真剣に，真面目に，競技力向上を目指してサッカーを行うことが，サークルに代表されるような遊び感覚でサッカーをすることの価値に勝るものであるという特徴が挙げられる。一方で，浪人時代に示された，仲間作りや楽しさとしてのサッカーにも価値があるというスポーツ・イデオロギーも存在していたと考えられる。

高校までと異なる点として，スポーツ・シンボルがなくなったことと，スポーツ行動様式が，指導者がいなかったため，受身的な行動から主体的な行動になったということが挙げられる。ただし，競技力向上や勝利のための練習等の行動様式は変化していないと考えられる。また，制度を構成する要素のスポーツ組織として，東京都大学サッカー連盟，東京都サッカー協会，日本サッカー協会等が挙げられ，それらの権威性がその特徴として解釈できる。また，その権威ある日本サッカー界の中心的な組織とかかわることで，より真面目に，真剣にサッカーとかかわることの価値が高いというスポーツ・イデオロギーがさらに醸成されたのではないかと考えられる。

⑤　仕事とサッカー

大学卒業後は，3年間，スポーツ用品の「販売業をやっていたんだけれども，サッカーのバイヤーになりたかった。サッカースパイクとかサッカーユニフォームとかを（扱うバイヤーになりたかった）。まあ，バイヤーをやりたくて，その職（スポーツ用品の販売業）に就いたんだけど，結局そこまで（バイヤーに）なるには相当な年月が必要だと分かって，それでいて，（その）会社にずっと居れないなと思ったから」辞めることにした。そのスポーツ用品の販売業は，「転勤はあるし，土日

表 5-4　M氏のライフヒストリー解釈④（高校卒業—大学時代）

西暦	年齢	時期	出来事	主な語りの内容（太字は，語りからの解釈）
2000年	19歳	浪人	・K高校サッカー部の友達と予備校通い。 ・たまに友達に呼ばれて，遊びでサッカーをしていた（大会や対外試合とかではなく，一緒に球蹴りという程度）。 ・テレビや雑誌でもサッカーはみなかった。	サッカー推薦で大学に行けたが，サッカー推薦で行くと，サッカーを絶対にやらないといけないし，勉強に力を入れたかったから行かなかった。中学の体育の先生が面白かったことがきっかけで，指導者や体育の先生になりたいと考えた。ただ単純にサッカーが楽しいというより，友達と一緒にサッカーをすることが楽しいという感覚だった。「1年浪人したことで，もう1回サッカーやりたい気持ちが復活しちゃった」 ⇒**友達と楽しい時間を過ごせるサッカーを意識**
2001年 〜 2004年	20歳 〜 23歳	大学 1年〜 4年	・N大学体育科入学 ・サッカー部に入部し，東京都1部リーグで当時は早稲田（現在関東1部リーグ）とも試合をした。 ・自分達でメニューを考えて練習（4年の時はM氏が指導者兼選手（キャプテン） ・学連（東京都大学サッカー連盟）の仕事もしていた。週に1回程度，東京都サッカー協会に通い，リーグ戦運営の会議の準備等をしていた。 ・大学3年時に，日本サッカー協会公認のC級指導者資格も取得（東京都サッカー協会に便宜を図ってもらう）。 ・サッカー専門雑誌（サッカークリニック）などで指導の勉強もしていた。（体育科でも勉強）	仲間作りのためにサッカー部に入部。サッカーの明確な目標はなし（勉強が第一）。 ⇒**サッカーは仲間作りができるという意識** 「大学でもやるならちゃんとやろうと常に思っているから，一応何か（個人としては）東京（都サッカーリーグ選抜チーム）くらいまで入れて」もらった。ちゃんとやろうっていうことは，「ヘラヘラ球を蹴っている」というイメージの「サークルとかでなくて」，サッカーを「真面目に」やること。 ⇒**真剣，真面目，競技力向上がサッカーでは重要という意識** 所属していた部活も半分サークルのようなものだったが，体育会の部活には距離的に通えなかった。 ⇒**真剣，真面目にやらないサッカーを卑下** ・遅刻厳禁と飲み会のルールあり ・選手としても指導者としても限界を感じた。→楽しくなかった。→結局先生にはならなかった。

は休みないし，（将来的に続けていくことは難しいと思った）。…あと自分の中である程度，今（その仕事を）やっている人に失礼だけど，ある程度やった感（やりきったという感覚）があったから（辞めようと思った）。その仕事に対してはある程度，俺の全力を注いだから（もう辞めても）いいかなっていう」気持ちになった。

そのスポーツ用品の販売業に就職してからは，勤務が基本的に夜10時から11時くらいまであり，土日も働いていたので，数か月に1回くらい会社の人とフットサルをする程度で，サッカーはほとんどしていない。「転勤で地方に行っていたから，周りに友達がいなかった。だからやる気もなかったし，環境もなかったし，環境がなかったんだよね，そう考えると」。その頃はサッカーに対して「一番本当にあんまり興味なかった」。

ただ，販売士の資格となる「小売り検，小売業検定みたいな」検定に向けて，「商品の知識を得るために，そういう勉強」をして，そういった勉強にも役立つた

め，「唯一ゴルフは」会社の人や他のお店の人と，週２回くらいやっていた。そういう時間はあったが，「でもサッカーをしようっていう感覚はなかったです。結局何ですかね，衰えているのを実感するのが嫌なんです。（サッカー）やると，本当（以前は）もっと（上手く）やれたのになっていうのが出ちゃうんです。そうなるのが，自分が分かっているから，だから中途半端にやりたくなかったんです。それだったら，辞めたって」なった。また，「社会人１年目が多分一番へこんだ（気持ちが落ち込んだ）時期」だった。「サッカーで今まで，何つうの，ある程度さ，サッカーがあったからある程度ね，尊敬の目で見られていたけど，それをなくしてしまったときに，本当にもう，１人のただの社会人になったときに，本当に自分ってサッカー取ったら何もなかったんだっていうのを改めて再確認したのが社会人１年目。で，その社会人３年やった中で，サッカーなくてももう俺は大丈夫だってなって，そこの考え（自分からサッカーを取ったら何もないという考え）がちょっと変わった」。大学まで，競技としてサッカーをしていた時期は，「一応サッカー上手ければ何か私生活（が）多少（しっかりしていなくても）ね，（私生活の態度が）ダメでも」許されるという意識があった。

　そして，スポーツ用品の販売業を退職後，公務員を目指して公務員試験のための勉強を始めた。その際，H市で総合型地域スポーツクラブの代表をしていた友人から，「ちょうどそのときに，サッカークラブ立ち上げるからやってくれないかっていう話があって，じゃあとりあえず１年間面倒見るよって言って，勉強しながら週４（回）」サッカーの指導をしていた。公務員を目指していた最初の頃は，「やっぱり教員になりたいっていうのがあって」，教員採用試験を受けたが受からず，「そのときに，もう，とりあえずちょっと，もう就職しないとダメだというので，公務員の試験もちょっと受けてみて，受けていく中で」，現在の職業（スポーツ関係の独立行政法人の事務職）の試験に合格して働くことになった。現在の職については，大学の卒業論文で，日本のスポーツ政策に関することを研究した際に知り，そのときから興味があった。しかし，当時は，自分は事務職には向いていないと決めつけていた。

　M氏は，現在の職に就いてからは，「周りに（サッカーを）やる環境があって，やる人がいればやるけど，自分から何ていうか，知らないところ（知らないチーム）にいれてくださいっていうのは，そこまでの気持ちはない」。ただ，職場の人との

サッカーや友人とのサッカーなど，ある程度，定期的にサッカーをしている。「今は，別にもう，そういうの（遊びのサッカーやヘラヘラしているサッカーが良くないというようなイメージ）が何もなくなってきた。別に何だろう。自分の中でしっかり目的を持ってやればそれでいいかなって。そのチームが本当にね，そういう楽しさを重視するんだったら，それに合わせてやればいいと思う」。

　ただ，スポーツは「真剣にやった方が，何か得るものがあるんじゃないかと思っているんで，何か，もしかしたら自分がもうワンステップ，こう，何ていうか成長するきっかけを与えてくれるかもしれないっていう気は思っています。別にそれが，別にサッカーでじゃなくても，その気持ちで仕事もやればもしかしたらもっと，こうやれるんじゃないかっていうのを（思っている）。何か遊びだったら別に，そのまま何か楽しければいいって終わるじゃないですか。そこで得るものってそんなに，楽しいっていう気持ちだけ」だと思う。スポーツは，ちゃんとやってこそ価値があるものだという価値観がある。「やっぱり職場の人とは完全に遊びでやるもんじゃないですか。それはそれで面白いものがあるんですけど，でもやっぱり真剣勝負をしたいっていうのもあるじゃないですか」。遊びのサッカーと真剣に行うサッカーは「別物」として捉えている。だから「そこの中間レベルのサッカーはやりたくない感じがします。その，本気でやっていいのか，遊びでやるべきか分からないみたいなのはちょっと」やりたくない。

　例えば，大学で部活をやっている人とサークルでやっている人の2人がいた場合，「僕が採用面接者だったら，部活をやっているやつを採ります，絶対。それはもう何ですかね。日本人のそういう感覚的なもの」ではないか。

　なお，最近サッカーやフットサルを「やっていく中で，まだ動けるなっていうのは感じたので，まあもうちょっとワンステップここで，ここでやってもいいかなっていう気持ちもあったんで」，友人・先輩に誘われて，東京都社会人サッカー　1部リーグのチーム（競技力向上志向のチーム）に入団した。入団した理由は，「動けるうちに燃え尽きたかった」とためで，「最後，まあちゃんとやって終わりたいっていう気持ちが芽生えたと思う」。

　ここで，この時期のサッカー制度の特徴を解釈する。大学を卒業して社会人になると，サッカーとのかかわりがなくなるため，サッカー制度の特徴をよみとることはほとんどできなくなるが，競技力が高く，真剣にサッカーを行うことに意義があ

第５章　日本サッカー協会とサッカー行為者の社会的性格との関連　**165**

表 5-5　M氏のライフヒストリー解釈⑤（社会人〜現在）

西暦	年齢	時期	出　　来　　事	主な語りの内容（太字は，語りからの解釈）
2005年	24歳	社会人	就職 ・3年間，スポーツ用品の販売業 ・勤務は基本的に夜10時から11時くらいまで土日も働いていた。・数か月に1回くらい会社の人とフットサルをする程度で，サッカーはほとんどしていない。 ・販売士の資格となる検定にも役立つため，「唯一ゴルフは」会社の人や他のお店の人と，週2回くらいやっていた。・スパイクやユニフォームを扱うバイヤーになりたくて，スポーツ用品の販売業に就いたが，結局バイヤーになるには相当な年月が必要だと分かり，さらに，そのスポーツ用品の販売業は，転勤も多く，土日は休みなしということで，将来的に続けていくことは難しいと思ったため退職することにした。また，自分の中である程度，その仕事をやりきったという感覚もあったため，もう辞めてもよいという気持ちになった。	「勉強でもスポーツに興味があって」，仕事としてはスポーツ（特にサッカー）にかかわりたいと思っていた。・転勤で地方に行き，周りに友達がいなかったため，やる気もなかったし，環境（時間）もなかった。その頃はサッカーに対して「一番本当にあんまり興味なかった。」 ゴルフの時間はあったが，サッカーをしようという気持ちはなかった。結局，衰えているのを実感するのが嫌だった（サッカーをやると，以前はもっと上手くできたのに悔しいという気持ちになることが分かっているから，中途半端にやりたくなかった）。 **⇒競技力の価値が大きいという意識** 社会人1年目が多分一番へこんだ（気持ちが落ち込んだ）時期」だった。サッカーがあったから，今まである程度尊敬の目で見られていたが，1人のただの社会人になったときに，本当に自分ってサッカー取ったら何もなかったということを再確認した。 **⇒サッカーによる優越感や自信を抱いていた** 大学まで，競技としてサッカーをしていた時期は，「一応サッカー上手ければ何か私生活（が）多少（しっかりしていなくても），（私生活の態度が）ダメでも」許されるという意識があった。 **⇒サッカー選手としての価値が人間としての価値に通じるという意識**
2007年	26歳		退職 ・教員／公務員を目指して勉強 ・H市で総合型地域スポーツクラブの代表をしていた友人からの依頼で，週4（回）サッカーの指導	今は，遊びのサッカーやヘラヘラしているサッカーが良くないというイメージがなくなってきた。自分の中でしっかり目的を持ってやればそれでいい。そのチームが楽しさを重視するのであればそれに合わせてやればいいと思う。 **⇒遊びのサッカーの価値もある程度認識**
2008年	27歳		・スポーツ関係の独立行政法人の事務職の試験に合格して就職 ・職場の仲間や友人と定期的にサッカーをしている。	ただ，スポーツは真剣にやった方が，何か得るものがあると思っている。 **⇒真剣なサッカーは，遊びで行うサッカーの価値よりも高いという意識** 遊びは，楽しければいいとなり。そこで得るものはそんなにない。スポーツは，ちゃんとやってこそ価値があるものだという価値観がある。 **⇒真剣なサッカーは，遊びで行うサッカーの価値よりも高いという意識** 遊びのサッカーと真剣に行うサッカーは「別物」として捉えている。 **⇒遊びのサッカーの価値もある程度認識** 中間レベルのサッカーはやりたくない。その，本気でやっていいのか，遊びでやるべきか分からないみたいなのはちょっとやりたくない。 **⇒「遊び」と「真剣」は相容れない** 例えば，大学で部活をやっている人とサークルでやっている人の2人がいた場合，「僕が採用面接だったら，部活をやっているやつを採ります，絶対。それはもう何ですかね。日本人のそういう感覚的なもの」ではないか。 **⇒真剣なサッカーは，遊びで行うサッカーの価値よりも高いという意識**
2012年	31歳		・東京都社会人サッカー1部リーグのチームに入団。	最近サッカーやフットサルを「やっていく中で，まだ動けるなっていうのは感じたので，まあもうちょっとワンステップここで，ここでやってもいいかなっていう気持ちもあったんで」，友人・先輩に誘われて，東京都社会人サッカー1部リーグのチーム（競技力向上志向のチーム）に入団。入団した理由は，「動けるうちに燃え尽きたかった」，「最後，まあちゃんとやって終わりたいっていう気持ちが芽生えたと思う」。 **⇒競技力向上志向で真剣にやることで心が満たされる。**

るというスポーツ・イデオロギーがあったと考えられる。サッカーを行う環境や時間もなかったと語っているが，ゴルフをする時間はあったとも言っており，サッカーを行わなかった理由としてはM氏の意識の問題が指摘できよう。

また，これまで，サッカーとかかわってきた中で，M氏は基本的に競技力が高く，周囲よりも優れていたが，サッカーと関係がない社会では，それらが評価されることはなく，社会人になってからの3年間程は，自分を見つめなおす時期となっていた。ここでは，サッカー界という制度の中で競技力が評価の判断基準となることが，サッカー界に深くかかわっている間は問題にならないが，サッカー界の外の社会に出た際に問題になるというセカンドキャリアの問題が浮かび上がる。

しかし，その後，転職やサッカーと再びかかわりを持つようになると，様々な価値観をもった人とサッカーを行うことで，スポーツ・ルールやスポーツ行動様式が，サッカーを行う状況（人や場所，志向等）に合わせるものとなり，遊びとしてサッカーを行うことと真剣に競技力向上を目指してサッカーを行うことは，それぞれに価値があるものであるというスポーツ・イデオロギーが表れてくる。しかし，中学・高校時代のスポーツ・イデオロギー（真剣に，真面目に，競技力向上を目指してサッカーを行うことの価値が高い）が現在も存在し続けていると解釈できる。

以上のM氏のライフヒストリーから解釈できたサッカー制度の特徴をまとめると，表5-6のとおりである。ここで，中学生時代の文武両道のイデオロギーや私生活（時間・身だしなみ）の規則というルールなどは，M氏本人が「やっぱり学校でも体育の先生なので，私生活の方も結構ビシバシやっているような人だったので」というように，教育（学校）制度の局面を構成する要素として捉えられる。この点については，第4節で詳しく述べることとし，ここでは，ひとまず，M氏を取り巻く制度（局面）の特徴として示しておく。

⑵　S氏のライフヒストリーとそこから解釈される制度的特徴

S氏に対しては，2012年7月7日に140分間，2012年9月8日に45分間の計2回のインタビューを行い，M氏と同様に，構成したライフヒストリーをS氏本人にメールで送信し，確認・修正を受けた。そして，修正したライフヒストリーについて，再度S氏に確認を受けた。なお，「　」はS氏の語り，（　）は筆者の補足，…は中略を示している。

表 5-6　M氏のライフヒストリーから解釈できる制度の特徴

[M氏]	小3～6	小6 Jリーグ	小6 選抜チーム	中学生	高校生	浪人	大学生	現在
①スポーツ・イデオロギー	遊び、楽しみ、認められるもの、仲間との交流、権威性		勝利の価値大	遊び→競技、真面目、真剣、競技力向上、文武両道、規則厳守、厳しさ	文武両道、真剣、真面目、競技力向上	仲間と楽しい時間を過ごせるもの	仲間作り、真剣、真面目、競技力向上	遊びとしての価値も認めるが、真剣に行うことの価値の方が高い
②スポーツ・ルール	サッカーをしないと仲間外れにされる		勝利のための試合出場の有無	高い・速い・若い選手が試合に出場、私生活(時間・身だしなみ)の規則、指導者・チームの方針・ルール	先輩への忠誠、規則厳守		時間厳守	チームの志向に合わせる
③スポーツ・シンボル		プロ選手、Jリーガー、Jリーグチーム	選抜チーム(より上位)	プロ選手、Jリーガー、Jリーグチーム等	高校選手権(全国大会)出場選手	(指導者)		チームの志向に合わせる
④スポーツ行動様式	遊び、多量、コーチ指導、本気、半強制的、保護者によるサポート	観戦、購読、会話	勝つための方法、コーチの指導に従う	競技力向上のための練習、真剣、真面目、文武両道、規則厳守、指導者に従う	技術的・戦術的な専門的練習、文武両道、規則厳守、先輩に従う、私生活の責任		自主的、練習方法考案	チームの志向に合わせる
⑤スポーツ文物	学校の校庭(ユニフォーム、スパイク)	テレビ、専門雑誌		テレビ、雑誌	専門雑誌、テレビ		専門雑誌、学連	地域のクラブ、ユニフォーム、チーム、スパイク
⑥スポーツ組織	学校(クラス対抗)、クラブ		フジパンカップ(東京都大会)、選抜大会、関東大会	学校部活動、選抜チーム、クラブチーム	高校選手権(全国大会)、部活		東京都サッカー協会、日本サッカー協会、大学(体育科)	楽しみ重視の競技、競技力向上志向のチーム

① 習いごととしてのサッカーと遊びのサッカー（幼稚園から小学校4年生まで）

　S氏は，1981年7月，I市に2人兄弟の次男として生まれた。父親は，建設業の会社の建築士で，スポーツにおいては，若い頃は水泳を主に行ないながら，少林寺拳法，スキー，ボウリングなども「それなりにやって」いた。サッカーはしていなかったが，「ある程度何でも（スポーツは）でき」て，運動神経は良かった。また，父親は，野球のテレビ観戦が好きで，プロ野球チームの「巨人を応援してたから，毎晩巨人の試合は（テレビで）見てたよ。（巨人が）負けると（父親は）機嫌悪かったよ」。母親は，当時は専業主婦だったが，S氏が小学生の頃からは，週に3〜4日，営業販売のパートをしていた。運動神経が悪く，ほとんどスポーツをしていなかったが，つい最近，S氏とS氏の兄が自立して「手がかからなくなってから」テニスを少しやり始めた。

　S氏は，M幼稚園に「入るか入らないかぐらい」のときに兄と一緒に，地域のMサッカークラブに入った。親から「後々聞いた話だけど」，子どもの頃，兄が自分1人で何かをすることが好きだったので，親は，S氏の兄に「集団の中で何かやらせたかった」ようだった。そのため，「団体スポーツをやるべき」という親の方針があり，兄がMサッカークラブに入れられた。そのときに，「俺も多分やりたいって言ったんだろうね，きっと」。あまり覚えていないが，物心がつく頃には既に入っていた。地域の団体スポーツを探した際，Mサッカークラブが家の「すぐ近くにあった」ことや，「祖母の弟がサッカー好きで，ちっちゃい頃から多分，俺と兄貴はそこでもサッカーに触れていた」ため，親が自分たちをサッカーのクラブに「入れたのかもしれない」。

　また，父親は野球観戦が好きだったが，野球とサッカーにかかるコストを比べると，サッカーの方が費用負担は少なく，「門戸は広い気がする」ため，サッカークラブに入れられたのだろう。Mサッカークラブは，幼稚園とは関係がない地域のクラブで，「一応コーチは」いたが，「みんなでボール蹴るってぐらいの感じ」で遊び感覚でサッカーをしていた。

　しかし，Mサッカークラブに入って1年後には，S氏はI市からT市に引っ越し，F幼稚園に入った。同時に，幼稚園児，小学生，中学生が対象のFサッカークラブに入り，サッカーを続けた。F幼稚園とFサッカークラブの関係については，詳しくは知らないが，F幼稚園の園児のみでF幼稚園のグラウンドで活動していたので，

第5章　日本サッカー協会とサッカー行為者の社会的性格との関連　**169**

「まあ絡みはあったんだろうね」。Fサッカークラブに入っていない園児は帰宅するが，入っている30人程度の園児は，「幼稚園が終わったら，幼稚園のグラウンドで練習」し，「練習が終わったらバスで幼稚園から各家に送ってくれる」という環境だった。もちろん，「バスのときもあったけど，母親が迎えに来たときもあった」。しかし，園児の親はFサッカークラブの活動に積極的にはかかわっていなかった。Fサッカークラブの活動は週2回程度で制服からサッカーのユニフォームに着替えて行っていた。「M（サッカークラブ）に比べれば，より体系的というか，その，コーンドリブル（カラーコーンを用いたドリブル練習）」などをコーチの指導に基づいて行っていたが，対外試合をした記憶はない。

ただ，「とても遊びに近かったと思う」し，みんな「楽しくやってたね。比較的」。Fサッカークラブでは，30代後半で指導資格をもっていたコーチであった Oコーチが「幼稚園生から4年生までを」「後々，（小学）指導していた。（S氏自身が）中学生になったときに，（Fサッカークラブの幼稚園児の指導の）手伝いに行ったときも思ったけど，まあ，いわゆる団子サッカー（ボールにみんなが集まって，団子のようになって蹴り合うサッカー）で楽しくやるっていう感じ」だった。

また，Fサッカークラブ以外にも，親に外で遊んでくるように言われたときは，公園などで，「8割方，兄貴と（サッカー）をやって」，たまに他の友達ともサッカーをしていた。遊びとして，幼稚園や小学生の頃は，サッカーの方が好きだったものの，レゴブロック（おもちゃ）遊びも大好きだった。親には，レゴブロックの「他はほんと何も買ってもらえなかったけど，誕生日とかそういう何か括り（祝い事）がなくてもレゴ（ブロック）だけは買ってくれた」。

F幼稚園を卒園後，K小学校に入学すると同時に，継続してFサッカークラブの幼稚園の部から小学生の部に入った。K小学校には，Fサッカークラブとは別に，Kサッカークラブがあり，「（K）小学校の子は，普通は」Kサッカークラブに入る。Kサッカークラブは，K小学校とは直接関係ないが，K小学校のグラウンドで主に活動し，子どもたちの「親御さんがコーチもやるし，世話もする」クラブなので，「親御さんが結構（活動）に出なきゃいけない。当番制とかで」。Kサッカークラブの月会費は500円程度で，Fサッカークラブの月会費3,000円（「もうちょっと高かったかもしれない」）に比べて安いが，「うちの母親は絶対そういうの（親としてのクラブの活動）やらないし，…かかわりたい人でもないし，その，サッカーで自分

が何かやるというよりは，月謝（多く）払ってでも」，親の活動が少ないＦサッカークラブの方が良いという母親の気持ちがあった。

なお，「兄貴は（Ｉ市からＴ市に）引っ越したときは，もう小学生」だったが，Ｓ氏がＦ幼稚園に入園してＦサッカークラブという親の活動が少ないクラブがあることを知ったため，兄もＫサッカークラブではなく，Ｆサッカークラブの小学部に入っていた。また，Ｓ氏にとっては，コーチが幼稚園から小学校４年生までは同じＯコーチだったというのも，小学生になってもＦサッカークラブを続けた理由だった。Ｏコーチは「穏やか，優しい」印象で，私生活の指導は，「普通のことは言ってたような気はするよ，たぶん。でもそんなにうるさく言ってなかった」。

Ｆサッカークラブの活動は，水曜と日曜の週２回で，日曜は主に試合を行っていた。練習は，小学１・２年生，３・４年生，５・６年生の２学年ずつの３グループに分かれて行っていて，小学生年代の指導方針は，「個人技重視だった」。１年生から，「試合のときはどっかの大きいグラウンド，大会のときとか行って，やらせて」もらっていた。試合の方針は，「まあ，そりゃ勝ったら嬉しいっていうぐらいの感じだと思う」。「当然レギュラー，非レギュラーがあったけど，それは年を重ねるごとにそれ（レギュラーと非レギュラーを分ける意識）が強くなっていった」。１，２年生の頃は40人程度だったので，Ａ，Ｂ，Ｃ，Ｄの４チームくらいに，一応，競技レベルを基準にして分けられていたと思うが，「みんな機会均等」に試合に出場していた。「俺（が入っていたチームは），結構ね，Ｄとかそっちだったと思うよ。きっとね。３，４年生になったらＡ（チーム）にいたけど，１，２年生のときはあんまり覚えていないけど，下の方（のチーム）だったと思う」。

ただ，記憶が定かではなく，自分の背番号が80番台だったので，クラブに入った順番にチーム分けされていたのかもしれない。「もしかしたら，そのＡ，Ｂ，Ｃ，Ｄはそんなに（競技レベルの）序列はなかったかもしれない」。小学校１，２年生の頃はみんな「楽しくやってたと思うよ。もうボールをみんなで追いかけて」遊ぶという感覚だった。

サッカー以外には，幼稚園から小学校４年生まで週１回，兄と一緒に水泳（プール）を習わされていた。また，小学校１年生の頃は，週１回２時間程度，自宅のマンションの下階にいる友達の家でオルガンも兄と一緒に習わされていた。サッカーも，「比較的習いごとの枠に入るんだけど，プールと比べたら全然，楽しかった。

プールはやりたくなかった。すっげー嫌いだった」。サッカーやプールの習いごと
がある日以外は，放課後に小学校の校庭で，小学校の友達と，野球，ドッジボール，
サッカーなどをして遊んでいた。「小学校の休み時間とか，兄貴と兄貴の友達と
（サッカー）やったりもした」。しかし，K小学校に通っていないFサッカークラブ
のメンバーと遊ぶことはなかった。

　小学校3，4年生になると，Oコーチに加え，「穏やかな」アシスタントコーチが
いたが，基本的な指導はOコーチで変わらず，練習も週2回で変わらないが，より
競技レベルによるチーム分けがされていった。ただし，試合は，相手チームも競技
レベルによるチーム分けがされており，競技レベルが低いチーム同士の試合がある
ため，「プレーしないで帰るという経験はしたことがな」く，勝利至上主義ではな
かった。チーム分けに関しては，「何となくだけど，A（チームの子）とB（チー
ムの子）は近い実力もあったし，（身体の）成長の早い子がA（チーム）になりが
ち」だった。「俺（S氏）も比較的そう（身体の成長が早い子）だった，きっと。
C（競技レベルの低いチーム）にいた子は，ちょっとその身体もそんなに強くなか
ったような気がする。その，そもそも，ちっちゃかったりだとか，成長が遅かった
りだとか。それでまあ，気後れもしちゃうし。

　今思えば，どっちかと言えば，俺みたいなのは横暴（な子供）だよね。Aにいて，
（横暴）だったと思う。そういうのって，小学3，4年生でより明快になっていたよ
うな気がする」。また，小学校3，4年生では，サッカー合宿や，チーム内で，賞品
が出るリフティング大会もあり，楽しかった。Fサッカークラブでは，リフティン
グをすることでサッカーの基本技術が上達するという考えがあり，今でもその考え
に賛成している。そして，そのリフティング大会では，単純にリフティング回数で
勝敗を決定するのではなく，リフティングの上達率（最初にできていた回数と最後
にできた回数の差）が大きい子が勝つという仕組みだったため，下手だった子にも
勝つチャンスがあり、楽しかった。

　S氏については，表5-7からわかるように，小学校1〜4年生頃に既にサッカー
における制度の特徴をよみとることができる。スポーツ・イデオロギーについては，
サッカーは遊びであると同時に「習い事」であるという特徴が示される。また，リ
フティングの回数の上昇「率」を競う大会などを通して，結果ではなく過程が評価
されるものであるというスポーツ・イデオロギーもあったと考えられる。スポーツ・

ルールとしては，コーチの指導・指示に従うことや，競技レベルによってチーム分けされることなどが挙げられる。しかし，このようなルールの下でも，競技としての感覚はあまりなく，あくまでも楽しくサッカーを行っていたが，高学年になるほど，競技としてのサッカーを意識するようになったようである。スポーツ行動様式は，遊びとしてのサッカー行為と，習い事としてのサッカー行為が挙げられ，スポーツ文物とスポーツ組織は，クラブチーム，グラウンド，ユニフォーム，スパイクなどの公式試合を行ううえで必要なものが挙げられる。なお，スポーツ・シンボルは特によみとれなかった。

② 競技としてのサッカー（小学校 5，6 年生〜中学生）と J リーグ

小学校 5 年生になると，F サッカークラブでの指導者が，O コーチから U コーチに変わった。F サッカークラブでは，O コーチが全体をまとめるとともに，幼稚園から小学 4 年生までを指導し，U コーチは，小学校 5，6 年生及び中学生の部の技術指導を主に担当していた。当時30代で，F サッカークラブの指導とは別の仕事もしていた U コーチは，「自分もサッカー上手くて」，「すごいサッカーが好きな人で，だけど，こう，厳しいのと」，「怖くて，俺にとっては」，5 年生になってからサッカーの環境や取り組み方がだいぶ変わり，どちらからというと楽しむというよりも勝つための指導になった。

U コーチは，「O コーチが先生的（な人）だとすれば，やはり」クラブチームのコーチというイメージで，私生活や勉強の指導はほとんどなく，技術的な指導が主に行われた。「今の（時代の）クラブチームのコーチはきっと，下手な先生よりしっかりしているけどさ，何かさ（U コーチは）タバコも吸ってたし，ハーレーのバイクで来る感じの人だ」った。U コーチは言葉使いが怖く，気分で怒っているときもあり，殴られることもあった。試合中，相手の強いシュートを防ぐときに，絶対に顔を背けたり，逃げたりしてはいけないというルールがあり，そのルールを「何回も破ったりとか，あと，その，気のない（気の抜けた）プレーをしたときに，俺は殴られてはいないけど，バンって殴られた子はいたよね。そういう意味では，周りは怖いって思うじゃない」。ただ，「言っていることが間違っていた訳でもないね。あと，ちゃんと練習しないと，試合に出さないとか，そういう基本的なことは言っていた」。「俺は，その，練習，何回か休んじゃったときがあるんだけど，試合だけ行っ」たときに，U コーチの到着が遅れていたため，臨時で O コーチが指揮をとっ

第5章　日本サッカー協会とサッカー行為者の社会的性格との関連　*173*

表 5-7　S氏のライフヒストリー解釈①（誕生から小学校4年生まで）

西暦	年齢	時期	出　　来　　事	主な語りの内容（太字は，語りからの解釈）
1981年	0歳	誕　生	父：建設会社の建築士，水泳，少林寺拳法，スキー，ボウリング等，運動神経良い，野球テレビ観戦好き（巨人） 母：当時は専業主婦，S氏が小学生頃，週3〜4日の営業パート，運動神経悪い，最近テニス（3歳上に兄がいる）	
1985年 〜 1987年	4歳 〜 6歳	幼稚園 3年間	・地域のMサッカークラブでサッカーを始める。 ・親が，1人で遊ぶことが好きだったS氏の兄に団体スポーツをやらせるため，Mサッカークラブに入れた際，S氏も入った。 ・I市からT市に引っ越す（幼稚園2年目）。 ・Fサッカークラブに入り，サッカーを続ける。 ・Fサッカークラブの活動は週2回程度で制服からサッカーのユニフォームに着替えて行っていた。 ・遊びの8割方，公園などで兄とサッカーをしていた。 ・レゴブロック遊びもしていた（親はレゴだけはいつでも買ってくれた）。	「一応コーチは」いたが，「みんなでボール蹴るってぐらいの感じ」で遊び感覚でサッカーをしていた。 ⇒サッカーは遊び Mサッカークラブに比べて，より練習をコーチの指導に基づいて行っていたが，対外試合をした記憶はなく，とても遊びに近く，みんな楽しくやっていた。 ⇒サッカーは楽しい ・サッカーの方が好きだったものの，レゴブロック（おもちゃ）遊びも大好きだった。 ⇒サッカーは遊びの1つ
1988年 〜 1991年	7歳 〜 10歳	小学校 1年〜 4年	・K小学校に入学 ・継続してFサッカークラブの小学生の部に進む。 ↑K小学校には，Kサッカークラブがあったが，親が積極的に活動に関わらなければならないため，S氏の母親が親の活動参加がほとんどないFサッカークラブを選んだ。 ・Fサッカークラブの活動は，水曜日と日曜日の週2回で，日曜日は主に試合（2学年ずつの3グループ） ・兄と一緒にプールを習わされていた（週1回）。 ・小学校1年生の頃は，週1回2時間程度，自宅のマンションの下階にいる友達の家でオルガンも兄と一緒に習わされていた。 ・サッカーやプールの習いごとがある日以外は，放課後に小学校の校庭で，野球，ドッジボール，サッカーなど ・サッカー合宿 ・Fサッカークラブでは，リフティングをすることでサッカーの基本技術が上達するという方針で，リフティング大会を行っていた。	「穏やか，優しい」印象のOコーチが小学校4年生まで同じだったこともFサッカークラブを継続した理由。 ⇒サッカーを楽しくやりたい 楽しくボールをみんなで追いかけて遊ぶという感覚 ⇒サッカーは遊び 試合方針は，勝ったら嬉しいという程度の方針 小学校1，2年生の頃は，一応，競技レベルを基準にしてグループ分けされていたが，全員機会均等に試合出場 ⇒サッカーは楽しく，勝利至上主義ではない レギュラー，非レギュラーがあったが，その意識は年を重ねるごとに強くなっていった 小学校3，4年生になると，より競技レベルによるチーム分けがされていったが，勝利至上主義ではなかった。身体の成長が早い子が上のチームにいく傾向があった。 ⇒サッカーは遊びから競技という意識へ変化していく サッカーも，比較的習いごとという意識だったが，プールと比べたら楽しかった。 ⇒サッカーは習い事であるが，楽しいものでもある 単純にリフティング回数で勝敗を決定するのではなく，リフティングの上達率が大きい子が勝つという仕組みだったため，下手な子にも勝つチャンスがあり，楽しかった。 ⇒結果ではなく過程が評価されるものという意識，サッカーは楽しい

て，自分（S氏）も試合に出してもらっていた。「別に実力的には（S氏は試合に）出れたんだけど，そのUコーチが来たら（会場に到着したら，試合に出るメンバーからS氏が）外されたっていうのはすごく覚えている。で，練習に来てなかったから（試合に）出さないって言われた」。「それ自体はまったく合っているから」，間違ったことは言っていないと思うし，勝利至上主義という感じでもなく，実力だけでなく，努力も評価していた。

　そのようなことがあっても，サッカーは，「楽しかったと思う」。ただ，「自意識というか，自我があまりなかった」から，やりたいとかやりたくないということを特に考えず，楽しさを求めるようなものとしてではなく，より競技，練習としてサッカーをしていた。そして，Fサッカークラブでの活動は「きつかったけどね。きつかった印象がやっぱりあるよ」。体力的にも「辛かった，きつかった。…練習もきつかったりしたなあ。単純に暑いとか，寒いとかもあるしさ」。それから，「自分より明らかに上手いっていうやつついたな。それについていかなきゃいけない」という意味で精神的にもきつかったが，上手い人と一緒にやりたいという気持ちもあった。また，「練習が，結構高度なことは求められていたと思う」から，「多分，そいつら（上手い人）も同じくらいきついと思っていたと思う」。

　小学校5，6年生では，Uコーチとは別のTコーチがいた。Tコーチは，サッカーの強豪校であるT高校サッカー部出身のゴールキーパーで，後にT高校のキーパーコーチになった。ただ，当時は，T高校がサッカー強豪校であることなどは知らなかった。Tコーチはキーパーを中心に指導していたこともあり，小学校「5，6年生になると，ポジションも特化していったような気がする」。また，小学校5，6年生になると，人数が「一気に絞られ」，「いわゆる（競技レベルの低い）Cチームまで」はなく，競技レベルの低い「子たちは，多分辞めてたと思う」。チームとしては，対外試合や大会も行い，市内の大会ではあまり負けなかった。東京都の大会への出場や，当時のJリーグクラブであるヴェルディ川崎の小学生年代チームなどの強いチームと練習試合をした記憶もあるが，あまり勝てなかった。

　Fサッカークラブの活動がない日は，小学校の友達と校庭で「サッカーばかり」やるようになっていた。遊びとしてサッカーをしていたので，先生や指導者はいなかったが，FサッカークラブとKサッカークラブに入っていた子供たちがいたので，「結構ハイレベルとまではいかないけれども」高いレベルでサッカーをしていた。

第5章　日本サッカー協会とサッカー行為者の社会的性格との関連　**175**

また，「サッカー以外のことも多分してたと思う。漫画読んだりとか，（テレビ）ゲームやってたりとか」。

小学校6年生になると，Jリーグが開幕したが，Jリーガーやプロサッカー選手になりたいという気持ちはなかった。その理由は，当初からJリーガーやプロサッカー選手にはなれないと思っていたからだった。「どっちかというと，うがった見方をしていて，（Jリーガーには）なれないだろうな（と思っていた）というのと，多分それは親の問題もあるんだと，問題というか，思考もあるんだと思うんだけど，（S氏を）サッカー選手にしようとは思っていないの。まったくうちの親は。…サッカー選手なんて博打だよっていう，サッカー選手というか，スポーツ選手（は）博打だよっていうことと，あとは一握りの人しかなれないというのはよく言われていた」。親から「明確に言われたことはない」が，「普通に働く人にしたかったのかもしれない」。

また，小学校「5年生，6年生とかだと，選抜（制度）というのもあ」り，「何というか，選ばれていく人間とそうじゃない人が絶対そこで生まれて，俺は当然そっち（選ばれていく人間）じゃなかった」ということを感じていた。Uコーチから，選抜（チーム）のセレクションに推薦されたこともあるが，親に「手間かけさせたくないという」気持ちから，「親にも多少気を遣った部分も」あり，また，「あと自分のチームで楽しくやっていたかった。その頃多分自分に自信もなかったんだと思」っていたという引っ込み思案だったこともあり，セレクションには行かなかった。そういったことからも，S氏は，Jリーガーやプロサッカー選手にはなれないと思っていた。さらに，10歳くらい年上のいとこ2人が，ブラジルにサッカー留学をしていたが，結局プロサッカー選手になれなかったという話を親から何となく聞いていたこともあり，自分はもちろん，親もS氏がプロサッカー選手にはなれないと思っていた。

Jリーガーやプロサッカー選手になりたいとは思っていなかったが，Jリーグが開幕したことにより，サッカー選手のカードを集めたり，サッカー選手のカードが付いているJリーグチップス（お菓子）を買ったりしていた。また，テレビでJリーグの試合を少し見ていたが，競技場に観戦に行ったことは，今まで「多分 1回あるかないかだと思う」。サッカー専門雑誌は「今の今まで多分 1冊も買ったことない」。友達との会話にはJリーグの話題が「あったと思うんだけど，俺が興味持っ

てなかったのと，そんなにやっぱり深い会話じゃなかった」。Uコーチは，Jリーグというよりも海外サッカーに興味がある人で，リフティング大会の景品として，海外選手のポスターをくれたりした。サッカーについて見たり聞いたりするよりも，「やる方が断然楽し」かった。

　小学校を卒業して，公立のK中学校に入学した。そこで，S氏は，K中学校のサッカー部に入るかFサッカークラブの中学生の部で続けるか迷った。Fサッカークラブの中学部門は，「ちゃんと成立してなかった」。「クラブチームとして組織されてるわけじゃなくて」，Uコーチがたった1人でまとめているというような，「より1個人（の）チーム的な意味合いが強かった」。

　しかし，S氏の兄は，運動部活動では，中学校1年生は球拾いをしなければいけないというような先入観があり，球拾いをしたくないからという理由で，Fサッカークラブの中学部門に入ってサッカーを続けていた。そして，S氏の兄は，Fサッカークラブの活動を続けながら，K中学校の陸上部にも入っていたが，中学校2年生のときに，陸上部とFサッカークラブを辞め，K中学校サッカー部に入部してレギュラーをとっていた。このような兄をみていたこともあり，球拾いはしたくないし，球拾いの時期が終わる2年生になってサッカー部に入るのも周りに嫌な目でみられると思い，S氏は，Fサッカークラブで3年間続けようと決めた。

　しかし，中学校1年生の夏に起きた出来事によりS氏はFサッカークラブを辞めて，K中学校のサッカー部に入ることになった。その出来事とは，S氏がFサッカークラブの中学校1年生で構成されたチームの試合に参加した際，試合中に腕を骨折してしまったが，Uコーチは別の会場で行われている中学校2年生チームの試合で監督をしていたため，対応ができなかった。中学校1年生チームには，FサッカークラブのOBである高校生がコーチとしてチームをまとめていたが，S氏の骨折に気づかずに帰宅してしまい，S氏の友人や保護者が救急車を呼ぶなどの対応をしてくれた。この出来事により，S氏の「親が（自分の子供であるS氏をFサッカークラブに）おいておけない」という思いになり，S氏自身は，「腕折ったから親に辞めさせられ」たと周りに思われて辞めるのは嫌だったが，Fサッカークラブを辞めることになった。そこで，「もうサッカーやるところ，部活しかないから」K中学校サッカー部に入った。兄がサッカー部に入っていたこともあり，「サッカー部の顧問の先生は兄貴のことを知ってて，俺が割に（サッカーを上手く）できるって

知ってたから，俺がその骨折が治ったらすぐ受け入れてくれた」。また，Ｆサッカークラブで親しくしていた先輩も，Ｋ中学校サッカー部に入っていたので，入りやすかった。

そして，Ｓ氏は，骨折が治った中学校１年生の終わり頃に，Ｋ中学校サッカー部に入ってすぐに「２年生と一緒に試合に出」場することができた。「でも，俺，他の１年生からすると，多分すごく印象悪いよね，多分きっと」。当時，Ｓ氏は，「比較的上手い（選手は）偉い」という態度をとっていたため，同級生から，その態度が嫌いだと指摘されたことがあった。サッカーが上手かったＳ氏を含む数名の１年生が上級生と一緒に練習をしていた際，他の１年生はグラウンドの端で練習をしていたが，その１年生の中で１人の子が「ミスをしたのか，変なプレーをしたときに，俺たちは笑ってしまった」。その後，同級生から，そのような見下した態度が嫌いだと指摘された。そのときに，自分が嫌な態度をしているんだと知った。

また，中学校２年生のときに，地区の選抜チームのセレクションがあり，自分はＫ中学校の10番（サッカーではエースナンバー）で上手いから，絶対に合格すると思っていたが，一緒にセレクションを受けたＫ中学校の他の４人は１次選考を合格したにもかかわらず，Ｓ氏だけは不合格となってしまった。そのセレクションは，Ｋ中学校が会場となっていたため，セレクションを受けていないＫ中学校サッカー部のメンバーも見ており，「上手い（選手は）偉いという態度の人間が（セレクションに）落ちちゃう」という事実が「すごいショック」だった。そのようなこともあり，中学生時代は，サッカーによる気持ちの浮き沈みがあった。

しかし，Ｋ中学校サッカー部では，サッカーをすること自体が楽しかったし，「点とりゃ楽しいしさ，こういうプレーができりゃ楽しいし，上手くなってりゃ楽しいし」，それから「他人より優れてるっていうのもあったと思う。あの，確かに，サッカーは他人より優れているっていう」気持ちがあって楽しかったと思う。中学生の頃は，特に，下手な子を見下していたと思う。サッカーに限らず勉強もできる方だったので，「何でそんなのできないんだっていうぐらいのことを言っていた」と思う。自分より上手い選手に対しては，「純粋に（自分と）比べてなかった気はするよ。こういうプレーの質じゃねえ，俺は，みたいな。俺は俺のプレーっていうのが，何か，意地もあったのかもしれないけど，あった気がする」。

Ｋ中学校サッカー部は，１学年20人くらいいて，中学校３年生は中学校最終年度

の早い時期に引退してしまうので，2学年の40人程度で活動していた。試合に出場することができるのは，スターティングメンバーの11人と交代選手数名だが，会場には全員で行き，下級生がボールや水などの道具を運んでいた。練習試合でも，記憶が定かではないが，試合に出場できずに帰る選手もいた。K中学校サッカー部の成績は，T「市の中では強い方」だったが，都レベルの大会には出場していない。また，K中学校サッカー部の指導者は，K中学校の数学の先生であり，「あくまでも顧問っていう感じ」で，技術的な指導もほとんどなく，部活動の5割程度しか練習には来なかった。練習はほとんど毎日あったが，サッカー部のキャプテンが全体をまとめ，過去から代々伝えられている練習メニューを用いて行っていた。試合は，メンバーの実力差が大きく，先生が少しみただけでも上手い子と下手な子が分かるため，先生がメンバーを決定していた。

　このような環境について，自分たちで練習していてサッカーに関する指導をしっかり受けられなかったのは，技術や戦術的な面はもちろん，人生を通してサッカーを楽しむという面で，今になってもったいないと思う。「もっと，ちゃんとした（サッカーを通した）教育を受け」ることができていれば，もっと人生においてサッカーを楽しむことができていたのではないかと思う。

　ここで，S氏は中学生でも，Jリーガーやプロサッカー選手ということは意識していなかった。当時，夢や目標は「なかったと思う。漫然と生きていたと思う」。ただ，毎日は「楽しかったと思う」。他の遊びよりもサッカーをしている方が楽しく，「もう何か，ボール，今でもそうだけど，1人でボール蹴ってても，まあ楽しいよ」。サッカーは楽しかったが，プロサッカー選手になりたいという夢がなかったのは，「なるための道筋も知らないし，なった人がどういう生活をしているかも知らないし」，「知識不足だろうな。多分。あと，まあ，でも身体能力的にも，その，何か（Jリーガーになれないことを）分かってた。感覚的に」プロサッカー選手になれないと思っていた。S氏の周りにも，プロサッカー選手になりたいという人は「いなかったと思う。逆にそこまで上手い人が（同級生には）いなかった」。先輩にはサッカーがとても「上手い人いたけど，その人はもう明らかにみんなと対立してた。上手すぎて」。だから，サッカーの能力差や実力差が「生む（仲間の）亀裂みたいなものがある」ということを理解していた。

　S氏のライフヒストリーから解釈できるこの時期の制度的特徴をみてみると，小

学校5，6年生頃には，サッカーは遊びから競技として捉えられるものに変化し，勝利の価値や努力の価値が高いものとして，さらに，サッカーは厳しいものであり，下手な選手や弱い選手は脱落していくものというスポーツ・イデオロギーの特徴が示される。一方で，それでもサッカーは楽しいものであるというスポーツ・イデオロギーも存在していたと考えられる。また，スポーツ・ルールでは，指導者の指示には絶対に従わなければならないという特徴的なものがあり，スポーツ行動様式も，指導者の指導に基づき，努力して練習をするということがよみとれる。小学校6年生のときにJリーグが開幕し，プロ選手やJリーガーがスポーツ・シンボルとして捉えられるが，S氏の場合，プロ選手やJリーガーは目標ではなく，夢のまた夢であるというように，自分自身とは別次元の存在として捉えていた。この理由は，プロ選手を目指していた身近な親戚がプロ選手になることができなかったという事実も影響していた。また，表5-8からわかるように，中学生になっても，小学5，6年生の頃に示されたスポーツ・イデオロギーがあった。しかし，同級生からの指摘や選抜チームのセレクションの不合格という出来事により，競技力が高いという理由で1個人として評価されると考えてきたS氏の考えが揺らいだ時期であった。スポーツ・ルールとしては，サッカーを行うためにしなければならない仕事があるということが挙げられ，スポーツ行動様式としては，競技力向上のための練習が挙げられる。

③　競技サッカーにおける挫折や努力と生涯スポーツ志向（高校時代）

　K中学校を卒業後，S氏は，兄が通っていたという理由と，都立の中では「一番学力が高いから」という理由で，東京都立K高校に入学した。そして，S氏が中学生の頃，「何か兄貴がK高校の階段から下りてくるのが，何か格好よく見えたりした」ということもK高校を選択した理由だった。高校を選択する際に，「サッカー（部）が強い，弱いっていうのは」特に気にしなかった。「だけど，（K高校サッカー部が）弱くないっていうのは知ってた。…兄貴もレギュラーになれなかったから」。また，S氏がK高校に入学する少し前に，兄に誘われて，K高校サッカー部の練習にも参加させてもらっていたため，高校でも当然サッカー部に入ってサッカーをやるものと思っていた。

　S氏は，K高校サッカー部に入部はするものの，「目標というのはあんま考えてなかったな。相変わらず」。ただ，高校では，人生で一番サッカーが「楽しくない

表 5-8　S氏のライフヒストリー解釈②（小学校 5, 6年生―中学生）

西暦	年齢	時期	出　来　事	主な語りの内容（太字は，語りからの解釈）
1992年 〜 1993年	11歳 〜 12歳	小学校 5年〜 6年	・指導者がOコーチからUコーチに変わる。 ・サッカーの強豪校であるT高校サッカー部出身の ゴールキーパーもアシスタントコーチとして指導 （当時はT高校が強豪校であることは知らない）。 ・小学校5, 6年生になると，ポジションも特化していった。 ・小学校5, 6年生になると，人数が「一気に絞られ」，「いわゆる（競技レベルの低い）Cチームまで」はなく，競技レベルの低い「子たちは，多分辞めていたと思う」。 ・チームとしては，対外試合や大会も行い，市内の大会ではあまり負けなかった。東京都の大会への出場や，当時のJリーグクラブであるヴェルディ川崎の小学生年代チームなどの強いチームと練習試合をした記憶もあるが，あまり勝てなかった。 ・Fサッカークラブの活動がない日は，小学校の友達と校庭で「サッカーばかり」やるようになっていた。 ・漫画を読んだり，TVゲームもしていた。	Uコーチは，「自分もサッカー上手くて」，「すごいサッカーが好きな人」だが，厳しく，怖く，S氏にとってはサッカーの環境や取り組み方がだいぶ変わり，どちらかというと楽しむというよりも勝つための指導になった。 **⇒勝利の価値が高いという意識** 試合中，相手の強いシュートを防ぐときに，絶対に顔を背けたり，逃げたりしてはいけないというルールがあり，そのルールを何回も破ったり，気の抜けたプレーをした子は殴られた。 **⇒指導者の言うことは絶対であるという意識** ただ，練習をしなければ試合に出さないというように，間違ったことは言っていないと思う。勝利至上主義という感じでもなく，実力だけでなく，努力も評価していた。 **⇒結果だけではなく努力も評価されるという意識**
1993年	12歳	小学校 6年	・○5/15 Jリーグ開幕 ・サッカー選手のカードを集めたり，サッカー選手のカードが付いているJリーグチップス（お菓子）を買ったりしていた。 ・時々テレビでJリーグの試合観戦（スタジアム観戦はほとんどない，サッカー専門誌の購読もない）。 ・友達との会話にはJリーグの話題があったが，あまりJリーグに興味を持っていなかった。	そのようなことがあっても，サッカーは，「楽しかったと思う」。ただ，「自意識というか，自我があまりなかった」から，やりたいとかやりたくないということを特に考えず，楽しさを求めるようなものとしてではなく，より競技練習としてサッカーをしていた。 **⇒サッカーは，競技であり，練習するものであるという意識** 活動はきつい，辛いという印象 **⇒サッカーは厳しさを伴うものであるという意識** Jリーガーやプロサッカー選手になりたいという気持ちはなかった。当初からJリーガーやプロサッカー選手にはなれないと思っていた。 **⇒目標ではなく別次元のこととして捉えていた** 親やいとこの影響（サッカーは博打，なれない），選抜制度の影響（選ばれない人） **⇒夢のまた夢であると捉えていた** 自分のチームで楽しくやっていたかった。その頃多分自分に自信もなかった。 **⇒プロは別物であるという意識** サッカーについて見たり聞いたりするよりも，「やる方が断然楽し」かった。 **⇒競技の中でも楽しさの価値が重要であるという意識**
1994年 〜 1996年	13歳 〜 15歳	中学校 1年〜 3年	・公立のK中学校に入学 ・Fサッカークラブの中学部門は，Uコーチが1人でまとめているような，しっかりと組織されたクラブではなかったが，中学校の部活では1年生は球拾いをしなければならないことを知っていたため，K中学校サッカー部ではなく，Fサッカークラブでサッカーを継続した。 ・兄は1年生のときにFサッカークラブに在籍し，球拾いをしなくても良い2年生になってからK中学校サッカー部に入部したが，S氏は同様のこと	「でも，俺，他の1年生からすると，多分すごく印象悪いよね」。当時，S氏は，「比較的上手い（選手は）偉い」という態度をとっていたため，同級生から，その態度が嫌いだと指摘されたことがあった。／「上手い（選手は）偉い」という態度の人間が（セレクションに）落ちちゃう」という事実が「すごいショック」だった。／そのようなこともあり，S氏は，サッカーによる気持ちの浮き沈みがあった。 **⇒競技力の価値が人間としての価値に通じるものであるという意識**

第５章　日本サッカー協会とサッカー行為者の社会的性格との関連　*181*

		をすると周りに嫌な目でみられると思い，３年間Fサッカークラブで続けようとした。しかし，試合で怪我をした際のFサッカークラブの対応が悪く，親に辞めさせられたため，結果的には１年生の終わり頃にK中学校サッカー部に入った。 ・K中学校サッカー部に入ってすぐ２年生と一緒に試合に出場することができた。 ・地区の選抜チームのセレクションがあり，S氏はK中学校の10番（サッカーではエースナンバー）で上手いから，絶対に合格すると思っていたが，一緒にセレクションを受けたK中学校の他の４人は１次選考を合格したにもかかわらずS氏だけ不合格となってしまった。 ・２学年の40人程度で活動，下級生がボールや水などの道具を運ぶ。試合に出場できずに帰る選手もいた。 ・T「市の中では強い方」だったが，都レベルの大会には出場していない。指導者は数学の先生で活動の５割程度に参加。	しかし，K中学校サッカー部では，サッカーをすること自体が楽しかったし，「他人より優れてるっていうのもあったと思う。中学生の頃は，特に，下手な子を見下していたと思う。サッカーに限らず，勉強もできる方だったので，「何でそんなのできないんだっていうぐらいのことを言っていた」と思う。自分より上手い選手に対しては，「純粋に（自分と）比べてなかった気がする（他人は他人，自分は自分）。 **⇒競技力の価値が高いという意識** 自分たちで練習していて，サッカーに関する指導をしっかり受けられなかったのは，技術や戦術的な面はもちろん，人生を通してサッカーを楽しむという面で，今になってもったいないと思う。「もっと，ちゃんとした（サッカーを通した）教育を受け」ることができていれば，もっと人生においてサッカーを楽しむことができていたのではないか。 **⇒サッカーは競技力が高い方が価値があるものという意識** 当時，夢や目標はなかった。ただ，毎日は楽しかった。今でもそうだけど，１人でボール蹴っていても楽しい。プロ選手になりたいという夢がなかったのは，なるための道筋も知らないし，なった人がどういう生活をしているかも知らないし，知識不足だろう。身体能力的にもなれないということを感覚的にわかっていたと思う。 **⇒プロは夢の存在であるという意識**

時期があった」。K高校サッカー部には，競技レベルが高い順に，A，B，Cの３チームがあったが，S氏は高校１年生のときにCチームに入り，同チームのメンバーがあまり上手くなく，サッカーを楽しめなかった。S氏は，AチームやBチームの選手が羨ましかったが，その「羨ましいっていうのは，別に，何かね，楽しそうだったから羨ましかったんだ，要は。俺，多分C（チーム）で楽しくやってたら，楽しくて良かった」。ただ，挫折感や劣等感も感じた。上昇志向もあり，「上手くいたい，上手く思われたい」という気持ちが「すごく強かったかといったら，そうでもないんだろうけど，多分自分の思い描いていたイメージに到達できなかった腹立たしさ，くやしさ，評価されなかったことはイラッとはしたんだろう」と思う。また，サッカー部の指導者であるK高校のH先生とも肌が合わなかったことも，サッカーを楽しむことができない時期があったことにつながった。H先生については，「俺は兄貴から聞いてたっていうのもちょっとあるんだけど，…個人的にはやっぱ兄貴が試合に出れてなかったのは何か悔しいなって思いもあったんだけど，ただ，実際に（サッカー部に）入ってみてやっぱり思ったのは，（H）先生がサッカーをやっ

てない（経験していない）っていうこと（H先生は，テニスで全国大会に出場した経験がある）で，（H先生は）サッカーをクリニック（サッカー専門雑誌）とか，多分すごい読んで（勉強してい）た。

で，毎日（部活動に）来てくれるし，（練習）メニューは考えてくれるし，良い先生だと思う。それは今でも思ってる。だけど，…（試合時の）交代もそうだし，戦術もそうだし，…人としても多分（考えが）合わなかったんだろうな。もう高校生ぐらいになると完全に自我がある」から，考えが合わない人が出てくる。それから，「高圧的なんだよ，あの人（H先生）は。気に入った人は気に入っちゃうし，でも，ダメな人にも当たってくれる。先生としては正しい。で，それに対して，はね返してくれる人，人間には応えるんだよ，（H）先生は。だから，良い先生なんだよ。良い先生なんだよ」。「教育者としては良い先生，良い先生。コーチとしてはかなり低い。そこに多分（H）先生はすごく，（H）先生自身も悩んでたと思うけどね。で，…速さと高さは誰にも邪魔できない」から速い選手や高い選手を重視するというH先生のサッカーの方針が，「一番俺が，こう，理想とするサッカーの逆だった」。「だから，なおさら（H先生に対する）反発を強めてしまったよね，俺は」。だから，H先生が重視する速さや高さではなく，あくまでも技術（リフティングやドリブル）を重視しようと思った。幼稚園や小学校の時にFサッカークラブで技術重視だったという影響もあり，サッカーはH先生の方針以外の価値観もあることが分かっていた。後になって振り返ると，なぜ技術を重視していたのかというと，「ずーっとサッカーをしていたいと思ったの。プロにはならないけど，ずーっと（サッカーで）遊んでいたいし，そのときに必要なのは」衰えてしまうスピードやパワーではなく，技術だと思った。そのことを明確に思ったのは高校生の頃だが，小学生や中学生の頃も思っていたと思う。

しかし，Cチームで楽しくない時期はあっても，サッカーを「辞めるっていう選択肢がなかった」。「もう，きついだけで，何でサッカーやってんのかなって思うときもあった。辞めてもいいんじゃないかと」。でも，その期間を耐えれば上手い人とやれると思っていたし，「結果辞めなくて良かったと思ってる」。ただ，「その耐えた時間はすごくもったいなかった」。プロサッカー選手を目指していたわけではないが，「高校時代に，もっとよりハイレベルな指導を受けられたら」もっとサッカーを楽しめたと思う。

第5章　日本サッカー協会とサッカー行為者の社会的性格との関連　**183**

　そして，サッカーに限らず勉強でも同じだが，上手くなるためには努力も必要で，上手くなったらより楽しくなるものと思っていた。ただ，同級生の1人は，「決して上手くなかったけど，ちゃんと勉強をしていて，昼練（昼休みのサッカー練習）も別にやってなかったけれども，その（サッカー部の）練習の時間は集中してやっていて，で，実際その，こう，インテリジェンスなプレーをたまに，ごくまれにしたりしてた」から，そういう人は尊敬する。そして，その人自身も楽しんでいたと思う。

　また，当時のヴェルディ川崎のようなJリーグクラブのユースチームの選手については，Jリーガーと同様，「別世界」の人と思っていた。見た目に関係なく，「何となく，その，上手い人はやっぱ（それなりにたくさん練習や努力を）やってるんだろうなって思ってた」から，茶髪や金髪だからといって，試合に出さないというようなルールは間違っていると思っていた。また，S氏の周りには，サッカーが上手く，好きな人ほど練習をしていたため，「そういうメンバーと（一緒にサッカーを）やれたのは良かったと思ってるしね。その人間形成においてもね」。所謂不良がやっているサッカー部に対しては，見下すというわけではなく，自分自身は一生懸命練習しているという自負があるから，絶対に負けたくないという意識はあった。

　入部当初は，明確な目標はなかったが，高校2年生や3年生の頃は，東京都大会の1回戦を突破したいという目標があった。「それもちょっと（H）先生への反発もあったんだけど，（H）先生が全国大会行くとか，都のベスト8だとか，いうことを言ってたんだけど，もう兄貴の代からずっと（都大会）1回戦も突破できねーのに，何言ってんだというふうに思っていて，（H）先生は毎回，ことあるごとに，都大会（ベスト）8突破だって言ってた」から，S氏は，とにかく1回戦突破だと思って，それを目標にしていた。結果的に，高校3年生の最後の大会で都大会1回戦を突破できたので，嬉しかった。また，入学当初のCチームでの時期は楽しくなかったが，高校サッカー部の3年間としては，「もう1回同じことやれと言われたらできないくらい頑張ったと自分の中では思って」いる。そして，そこまで頑張れたのは，周りも頑張っていたからで，「今でも付き合いあるぐらいのメンバーと出会えて良かったと思って」いて，楽しかった。もちろん授業中はそれなりに勉強をしていたが，高校生活の中心はサッカーだった。

この時期のサッカー制度の特徴を解釈してみよう。高校生時代は，基本的に，中学時代までのスポーツ・イデオロギーが継続して存在していたと考えられる。ただし，Ｓ氏は，サッカーは競技力が高いと楽しいものであり，勝利至上主義のような競技としてではなく，楽しみとしてのサッカーにも価値があることを認識していた。また，表5-9からもわかるように，結果よりも過程・内容が重視されるスポーツ・イデオロギーもあったと解釈できる。それは，努力に価値があり，結果よりも内容を楽しむというような生涯スポーツとしてのスポーツ・イデオロギーと捉えることもできる。また，サッカーに対する考え方がＳ氏と異なる指導者の存在があったが，サッカーを行うためにはその指導者にも従う必要があり，それがスポーツ・ルールの特徴として挙げられる。そして，辞めるという選択肢がなかったというように，価値観が異なる指導者の下でも，部活動は高校生として当然行うべきものというスポーツ・イデオロギーがあったと考えられる。その他の制度を構成する要素については中学時代から大きな変化はみられない。

④　競技としてのサッカーの終わりと生涯スポーツとしてのサッカー（大学時代）

Ｓ氏は高校を卒業して，Ｔ大学の建築学科に入学した。高校３年生の始め頃まで，どこの大学のどの学科に入りたいという目標はなかった。高校３年生になってから少し経った頃，小さい頃にレゴブロックが好きだったので，「何か，ものづくりやりたいなあ」と思い，建築学科に進学することを決めた。Ｔ大学には建築学科があり，公立で費用が安く，自宅からも近いため費用のかかる一人暮らしをせずに済み，さらに，兄が通っていたこともあり，進学の希望条件が揃っていた。そして，大学では，部活としてサッカーをやることは一切考えていなかった。「大学で（スポーツの）部活やる人はプロ目指す人」というイメージがあった。「サークルは遊び」と思っていたので，大学生以降は，高校までＳ氏自身がやってきたような，プロ選手は目指さないけれども，真剣に競技としてのサッカーをするところはもう存在しないと考えていた。一般的に18歳で，プロ選手としての競技サッカーと生涯スポーツとしてのサッカーに枝分かれするものだと思っている。反対に，高校までは競技としてのプロ選手を目指すサッカーも生涯楽しむためのサッカーも，部活動やクラブチームでの競技サッカーという同じレール上にあると考えている。

ただ，自分はその競技サッカーというレール上にいても，そもそも「プロになるためにやってるんじゃないから，将来的にも楽しめるプレーヤーになろうとしてた」。

第5章　日本サッカー協会とサッカー行為者の社会的性格との関連　**185**

表 5-9　S氏のライフヒストリー解釈③（高校生）

西暦	年齢	時期	出　　来　　事	主な語りの内容（太字は，語りからの解釈）
1997年 〜 1999年	16歳 〜 18歳	高校 1年〜 3年	・東京都立K高校に入学（兄が通っていたという理由と，都立の中では「一番学力が高いから」という理由）。 ・競技レベルが高い順に，A，B，Cの3チームがあった。 ・高校では，人生で一番サッカーが楽しくない時期があった。1年生のときに競技レベルの低いCチームに入り，同チームのメンバーがあまり上手くなく，サッカーを楽しめなかった。 ・サッカー部の指導者であるK高校のH先生と肌が合わなかった。 ・H先生は，毎日部活に来て，サッカーを勉強して練習メニューを考えてくれて，良い先生だったが，先生自身がサッカーをしていなかったこともあり，サッカーの戦術観や人としての価値観も合わなかった。 ・入学当初のCチームでの時期は楽しくなかったが，高校サッカー部の3年間としては，「もう1回同じことやれと言われたらできないくらい頑張ったと自分の中では思って」いる。そして，そこまで頑張れたのは，周りも頑張っていたからで，「今でも付き合いあるぐらいのメンバーと出会えて良かったと思って」おり，楽しかった。高校生活の中心はサッカーだった。	高校を選択する際に，サッカー部が強いか弱いかということは特に気にしなかった。ただ，入学前に，兄に誘われて，K高校サッカー部の練習にも参加していたため，高校でも当然サッカー部に入ってサッカーをやるものと思っていた。相変わらず目標は考えていなかった。 **⇒サッカーは習い事の延長で，勉強と同じように高校生がやるものという意識** A・Bチームの人が羨ましかったが，上手くて羨ましいというよりも，楽しんでいたから。多分自分の思い描いていたイメージに到達できなかった腹立たしさ，くやしさ，評価されなかったことが楽しくなかった。 **⇒サッカーは，上手いと楽しいと当時に，自分に適したレベルだと楽しいものであるという意識** H先生は教育者としては良い先生だとは思うが，速い・高い選手を重視するというサッカーの方針が，技術（リフティングやドリブル）を重視する自分と異なり，指導者としては良くなかったと思う。 **⇒教育と競技は別のものとして捉えていた** なぜ技術を重視していたのかというと，プロにはならないけど，ずっとサッカーで遊んでいたいから，そのときに必要なのは，衰えてしまうスピードやパワーではなく，技術だと思った（Fサッカークラブで技術重視だったという影響もある）。 **⇒サッカーを，生涯スポーツ，遊び，楽しいものとして捉えていた** サッカーに限らず勉強でも同じだが，上手くなるためには努力も必要で，上手くなったらより楽しくなるものと思っていた。Jリーグのユースチームの選手は，プロと同様，「別世界」の人と思っていた。見た目に関係なく，上手い人はたくさん練習や努力をしていると思っていたから，茶髪や金髪だからといって，試合に出さないというルールは間違いだと思っていた。 **⇒サッカーは努力すれば競技力が向上するものであるという意識** 同級生に上手くない選手がいたが，勉強もサッカーの練習もしっかりして，サッカーでは，インテリジェンスなプレーをすることもあったから，そういう人は尊敬する。そして，その人自身も楽しんでいたと思う。いわゆるヤンキーのようなサッカー部に対しては，見下すというわけではなく，自分自身は一生懸命練習しているという自負があるから，絶対に負けたくないという意識はあった。 **⇒サッカーを真面目・真剣に行うことは評価に値するものであるという意識**

　ただし，中学や高校のときに，競技サッカーと，大学サークルのような比較的生涯楽しむためのサッカーという2つのレールがあったとしても，前者の競技サッカーを選んでいたと思う。「もう18歳はターニングポイントだなって思ってた」。「ただ，唯一ちょっと違うのが，…（競技レベルの高い）リーグに入るような大学…で，サッカーをやるとしたら，そういう（プロ予備軍の人がやるものだと思っている）。

だから，18歳でプロになるんだったらプロになる…。俺が（18歳で）建築のプロを目指したように。そこはターニングポイントだったんだろうなと思ってた。と言いつつ，何となく（建築学科に）入ったって部分あるけどさ，俺も…。ただ，大学はやっぱり…飯食うための技術を学ぶところというイメージがあったから，だから，それこそ文系（の人）で（大学で）何も学ばなかったりしたら意味ねーなって思ってたよ」。だから，大学の部活で行うサッカーはプロ予備軍の人が行うものであって，自分自身が高校の頃から将来ずっと遊びでサッカーを続けようと思っていたようなサークルで行うサッカーとは，全く別のもとして考えていた。そして，それら2つのサッカーを上下関係や優劣関係でみてはいない。

　このような考えがあるので，サッカー部の競技レベルが高い大学以外の大学部活動でサッカーをする人の心境がわからない。プロサッカー選手になれる確率がほとんどないにもかかわらず，週に4～5日部活動を行い，その部活動の影響で，授業に出れなくなり，勉強が疎かになると，「何のために，じゃあ大学に来たの」かという疑問を抱いてしまう。そのため，自分自身も，サッカー部に勧誘されたが，断った。

　それは，高校までの，下手でも努力してサッカーをしている人を尊敬するということとは異なる。なぜなら，「それは結局俺が決めてるだけだけど」，部活は18歳（高校）までは「やるべきというか，やってて当たり前みたいなとこがあったから，そん中で，いかに頑張ってるかっていうのは…リスペクトすべきなんだけど」，プロ予備軍でもない大学のサッカー部に入るということが「俺の中では…間違った選択なんだ」。大学で勉強第一ではなく，プロサッカー選手になれない確率が高いにもかかわらず部活動をやるということは，「本来やるべきことをほっぽってる（放り投げている）っていうことに」なる。「だから，そこにいくら頑張っていようが，もう根本を間違っちゃってる」と考えている。なぜ18歳という線引きをしたのかは，「18（歳）までがモラトリアムだと思ってたのかも」しれない。

　そして，18歳までは何をやってもいいと思っていた。全国高校サッカー選手権はよく見ていて知っていたが，プロ選手になる場合，当時は高校を卒業してすぐにプロ選手になるという流れがあったように記憶していて，大学サッカーのことはほとんど知らなかったため，高校卒業で真剣に取り組むスポーツは終わりになるという感覚があった。

第5章　日本サッカー協会とサッカー行為者の社会的性格との関連　**187**

　このように，大学では部活動としてサッカーをしていないが，サークル活動の遊びとしてサッカーを続けた。大学1年生のときに，建築学科と土木学科の合同の体育の授業後，両科の同級生でミニサッカーをして遊んでいたところ，サッカーが好きだった友人（中学生くらいまでサッカーをしていた）が，サッカーサークルをつくろうという話になり，彼が，同学年のみで20人程度のサッカーサークルを立ち上げ，そのサークルに入ることになった。週1日，大学のグラウンドを確保していたので，そこで練習ではなく，サッカーをして遊ぶという感覚で参加していた。他の学部のサークルとの試合や，合宿を兼ねて大会にも参加したが，「面倒くさかったから」あまり積極的に活動には参加しなかった。ただし，参加したときは，遊びとして，楽しく，一生懸命サッカーをしていた。大学卒業後は，そのまま T大学の大学院に進学したが，大学院での2年間も基本的には大学時代と同じ生活だった。

　この時期のサッカー制度の特徴を解釈してみると，高校卒業後，サッカーとのかかわりが少なくなるにつれて，サッカー制度を構成する要素をよみとることが難しくなるが，サッカーは遊びであるというスポーツ・イデオロギーがよみとれる。スポーツ行動様式も一生懸命にサッカーをするものの，楽しんで行うという特徴が考えられる。一方で，中学時代や高校時代に存在していた，勝利の価値や努力の価値が高く，サッカーは厳しいものであり，下手な選手や弱い選手は脱落していくものというスポーツ・イデオロギーはよみとれなくなる。S氏は，高校卒業時に，競技スポーツと生涯スポーツの分岐があり，競技スポーツは終わるものであるという。例外として，プロ選手やプロ予備軍と呼ばれるようなプロ選手の一歩手前の選手は，大学の部活動で競技スポーツを続けるものだと思っているという。それ以外の選手にとっては，大学生以降は，遊びや楽しみとしてのサッカーのみ存在するという認識であるという。したがって，S氏は，大学生以降，スポーツ・ルールやスポーツ・シンボルはなく，遊びとしてサッカーを行っている。

⑤　社会人としてのサッカーとのかかわりとS氏のサッカー観

　大学院終了後は，大学時代に目標としていた建築のプロになる，または建築で生計を立てるという目標を達成し，建築関係の株式会社Nに入社した。そして，高校生の頃から考えていたように，社会人になっても，休みの日などに，会社の同僚，高校や大学の友人とサッカーを生涯続けていくものと思っていた。

　実際，S氏が入社した株式会社Nにはサッカーサークルのような老若男女の集ま

表 5-10 S氏のライフヒストリー解釈④（大学時代）

西暦	年齢	時期	出　来　事	主な語りの内容（太字は，語りからの解釈）
2000年 ～ 2003年	19歳 ～ 22歳	大学 1年～ 4年	・T大学の建築学科に入学（高校3年生の始め頃，小さい頃にレゴブロックが好きだったので，「何か，ものづくりやりたいなあ」と思い，建築学科を志望／費用，兄の影響もあり）。	大学では，部活としてサッカーをやることは一切考えていなかった。大学でスポーツの部活をやる人はプロを目指す人で，サークルは遊びだと思っていた。大学生以降は，高校までのような，プロは目指さないけれども真剣に競技としてのサッカーをするところはもう存在しないと考えていた。部活とサークルは全く別のものとして考えていたため，上下関係や優劣関係でみていない。 一般的に18歳で，プロ選手としての競技サッカーと生涯スポーツとしてのサッカーに枝分かれするもの。高校までは競技としてプロ選手を目指すサッカーも生涯楽しむためのサッカーも，部活動やクラブでの競技サッカーという同じレール上にあると考えている。
2004年 ～ 2005年	23歳 ～ 24歳	大学院 1年～ 2年	・サークル活動の遊びとしてサッカーを続けた。 ・週1日，大学のグラウンドを確保していたので，そこで練習ではなく，サッカーをして遊ぶという感覚で参加していた。 ・試合や合宿には積極的に参加しなかった。	サッカー部の競技レベルが高い大学以外の大学部活動でサッカーをする人の心境がわからない。プロ選手になれる確率がほとんどないにもかかわらず，週に4～5日部活動を行い，その部活動の影響で，勉強が疎かになると，何のために大学に来たのかという疑問を抱く。それは，高校までの，下手でも努力してサッカーをしている人を尊敬するということとは異なる。なぜなら，部活は18歳まではやるべき，やっていて当たり前という考えがあるため，いかに頑張っているかというのはリスペクトすべき。しかし，プロ予備軍でもない大学のサッカー部に入るということが「俺の中では…間違った選択」。 なぜ18歳という線引きをしたのかは，「18（歳）までがモラトリアムだと思ってたのかも」しれないという。そして，18歳までは何をやってもいいと思っていた。全国高校サッカー選手権はよく見ていて知っていたが，プロになる場合，当時は高校を卒業してすぐにプロ選手になるという流れがあったように記憶しており，大学サッカーのことはほとんど知らなかったため，高校卒業で真剣に取り組むスポーツは終わりになるという感覚だった。 ⇒高校卒業時が，競技スポーツの終わりであり，競技スポーツと生涯スポーツの分岐

りがあり，そこで現在もサッカーを，楽しみやストレス解消法として続けている。特に公式な大会などには参加していないが，練習試合等でも，単純に対戦相手には負けたくないという気持ちでやっている。ただし，高校までやってきたような真剣なサッカーをしていない相手に対して，真面目にやっていないから価値が低いというようなイメージはない。大学時代から思っていたが，高校までの部活動を含むプロサッカー選手を目指すサッカーと，大学のサークルや民間大会が主催する大会で行うサッカーは，別のレールにのったもので，上下関係や優劣関係で比べることはできない。「より，そのプロ志向と，あと勝ち組というか，サッカー界でエリート

第5章　日本サッカー協会とサッカー行為者の社会的性格との関連　**189**

表 5-11　S氏のライフヒストリー解釈⑤（社会人～現在）

西暦	年齢	時期	出　　来　　事	主な語りの内容（太字は，語りからの解釈）
2006年 ～ 2012年	25歳 ～ 31歳	社会人 ～ 現在	・建築関係の株式会社Nに入社（目標の達成）。 ・株式会社Nにはサッカーサークルのような老若男女の集まりがあり，そこで現在もサッカーを，楽しみやストレス解消法として続けている。 ・特に公式な大会などには参加していない。	高校生の頃から考えていたように，社会人になっても，休みの日などに，会社の同僚，高校や大学の友人とサッカーを生涯続けていくものと思っていた。 練習試合等でも，単純に対戦相手には負けたくないという気持ちでやっているという。ただし，高校までやってきたような真剣なサッカーをしていない相手に対して，真面目にやっていないから価値が低いというようなイメージはない。 高校までの部活動を含むプロサッカー選手を目指すサッカーと，大学のサークルや民間大会が主催する大会で行うサッカーは，別のレールにのったもので，上下関係や優劣関係で比べることはできない。 **⇒競技スポーツと生涯スポーツの上下関係や優劣関係はない。**

であればあるほど，そういう感情（大学の部活でしっかりやっている人の方が，サークルでやっている人よりも価値が高いという感情）を，多分上まで（年齢が上がるまで長い期間）もっていっちゃうんだよ」。そうすると，サークルや民間大会で大学生や社会人が行うサッカーは，高校までの競技サッカーとは別物であると考えることができず，どちらのサッカーも同じレールの上でみることにより，価値の優劣をつけてしまうのではないか。

　S氏が社会人になってからのサッカー制度の特徴は，大学時代と変わらないと考えられる。高校までに存在していた，勝利の価値や努力の価値が高く，サッカーは厳しいものであり，下手な選手や弱い選手は脱落していくものという競技スポーツのスポーツ・イデオロギーは，高校生までのスポーツ・イデオロギーとして捉えている。大学以降は遊びとしてのサッカーしかないのだから，真面目，努力，勝利の価値というような語彙に代表される競技スポーツと，遊びや楽しみという語彙に代表される生涯スポーツとの関係に上下関係や優劣関係はないという。

　以上のS氏のライフヒストリーから解釈できたサッカー制度の特徴をでまとめると，表5-12のとおりである。ここで，M氏と同様に，S氏のライフヒストリーから解釈できる制度の特徴には，「教育者としては良い先生」だが，「コーチとしては…」というようなS氏本人の発言があったように，教育（学校）制度の局面の特徴とサッカー制度の局面の特徴とが混在していると考えられる。M氏の場合と同様，この点については，第4節で詳しく述べることとし，ここでは，ひとまず，S氏を取り巻く制度（局面）の特徴として示しておく。

表 5-12　S氏のライフヒストリーから解釈できる制度の特徴

【S氏】	小1～4	小5・6	小6 Jリーグ	中学生	高校生	大学生 大学院生	現在
①スポーツ・イデオロギー	遊び、習い事ではなく結果が大事であり評価されるもの	遊び→競技、勝利の価値、努力の価値、厳しさ、楽しさ、下手な子は辞めるもの		競技力の価値大、しっかりやるもの、楽しさ	競技力が高いと楽しいもの、真面目、努力、教育過程と競技は別、結果より過程・内容が大事、生涯スポーツ、遊び、習い事、楽しさ、当然やるべきもの	高校卒業が競技スポーツの終わり・競技スポーツと生涯スポーツの分岐、遊び、楽しさ	生涯スポーツ、遊び、ストレス解消
②スポーツ・ルール	コーチの指導に従う、競技レベルによるチーム分け	指導者の言うことは絶対		活動のための仕事、球拾い	指導者に従う、指導者と価値観が異なっても続ける		
③スポーツ・シンボル			プロ選手、Jリーガー（目標ではなく夢の存在として）	プロ選手（別次元の存在として）	プロ選手（別次元の存在として）		
④スポーツ行動様式	遊び、習い事	コーチの指導、練習	観戦、会話	競技力向上のための練習	競技力向上のための練習	遊び	楽しく、一生懸命
⑤スポーツ文物	学校のグラウンド（施設）、ユニフォーム、スパイク	学校のグラウンド（施設）、ユニフォーム、スパイク	テレビ、Jリーグカード、Jリーグチャンプス	グラウンド、ユニフォーム、スパイク、テレビ	グラウンド、ユニフォーム、スパイク、テレビ	大学グラウンド、ユニフォーム、スパイク	テレビ、本
⑥スポーツ組織	Fサッカークラブ	Fサッカークラブ、小学校		学校部活動	学校部活動	大学サークル	会社サークル

③
サッカー行為者の社会的性格の特徴と制度的構造との関係

　ここでは，前節で呈示したライフヒストリーから，M氏とS氏それぞれの現在の社会的性格の特徴を解釈する。そして，それらの特徴がどのように形成されてきたのかを，前節で示した制度的構造の特徴との関係から考察していく。なお，既に述べてきているが，社会的性格とは，社会的構造から一般的に説明され得るものであり，感情や意志，高度化志向，劣等感や疎外感，あるいは，不満や不安などの心理的側面を含む，曖昧な概念である。したがって，リースマン（1964，p. 25）が述べるように，あくまでも，社会的性格と，前節で示した制度的構造の特徴との「関係」に関心をおきながら考察していく。

(1)　M氏の社会的性格の特徴

　スポーツは「真剣にやった方が，何か得るものがあるんじゃないかと思っているんで，何か，もしかしたら自分がもうワンステップ，こう，何ていうか成長するきっかけを与えてくれるかもしれないっていう気は思っています」というように，M氏は，スポーツを真剣に行うことに価値があると考えている。この「真剣」という言葉の対比として「遊び」という言葉を用いて，「何か遊びだったら別に，そのまま何か楽しければいいって終わるじゃないですか。そこで得るものってそんなに，楽しいっていう気持ちだけ」だと思うというように，遊びのスポーツは真剣に行うスポーツに劣るものという考えがある。

　また，スポーツは，「ちゃんと」やってこそ価値があるものだといい，「ちゃんと」というのは，「ヘラヘラ球を蹴っている」というイメージの「サークルとかでなくて」，サッカーを「真面目に」やることとして考えている。そして，「やっぱり職場の人とは完全に遊びでやるもんじゃないですか。それはそれで面白いものがあるんですけど，でもやっぱり真剣勝負をしたいっていうのもあるじゃないですか」というように，M氏自身は，競技として真剣に行うサッカーを志向していると解釈できる。さらに，例えば，大学で部活をやっている人とサークルでやっている人の2人がいた場合，「僕が採用面接者だったら，部活をやっているやつを採ります，絶対。それはもう何ですかね。日本人のそういう感覚的なもの」ではないかというように，

真剣にスポーツを行うことに対する評価が高い。

　そして，現在，日本サッカー協会に登録されている競技志向のチームに入団してサッカーを行い，「最後，まあちゃんとやって終わりたいっていう気持ちが芽生えたと思う」といっていることからもわかるように，競技力向上志向で真剣にサッカーを行うことで心が満たされるという社会的性格が形成されていると考えられる。なお，真剣に，真面目にスポーツを行うということは，勝利や競技力向上のために真剣に，真面目に行うことであると考えられることから，高度化志向を，M氏の社会的性格の特徴の 1つとして解釈することができよう。

　ここで，このような社会的性格の特徴の形成過程を，前節で示した制度的構造の特徴との関係から考察していこう。

　M氏は，小学校 3年生頃からクラブチームにおいて，保護者のサポートやコーチの指導の下でサッカーを行うというスポーツ行動様式により，サッカーをすることは，楽しいものであるという感情と同時に，周囲に認められるものであるという感覚をもつようになったと考えられる。また，放課後にサッカーをしないと仲間外れにされるというスポーツ・ルールや，半強制的に本気で放課後に仲間とサッカーをするというスポーツ行動様式により，サッカーには権威があり，仲間との交流に必要不可欠なものであると感じていたと考えられる。そして，小学校 6年生のときのJリーグ発足により，プロ選手やJリーガーというスポーツ・シンボルを目標にしていたことや，テレビ，専門雑誌等のスポーツ文物から彼らや彼らの試合を観戦，購読するというスポーツ行動様式により，プロ選手やJリーガーのようになることがサッカーにおいては価値が高いものと考えていたと解釈できる。さらに，小学校 6年生のときに活動した選抜チームでは，その時期のサッカー制度を構成する要素の特徴（勝利の価値が高いというスポーツ・イデオロギー，勝利のために競技力が高い選手が試合に出場するというスポーツ・ルール，M氏よりも上位の選抜チームやその選抜チームの選手というスポーツ・シンボル，勝つための方法やコーチの指導に基づく練習というスポーツ行動様式，選抜大会や関東大会などの競技力が高く，権威性のある大会などのスポーツ組織）により，サッカーは遊びではなく競技であり，勝利や競技力が高いことに価値や意義があるという考え方が形成されていったと考えられる。

　中学校の部活動では，その時期の制度的特徴（真剣，真面目，競技力向上，文武

両道，規則厳守，厳しさ（楽しいだけではない）というものがサッカーには大切であるというスポーツ・イデオロギー，高くて速くて若い選手が試合に出場し，私生活のルール（集合時間に遅れないことや身だしなみを整えることなど）を守ると同時に，指導者やチームの方針に従わなければならないというスポーツ・ルール，競技力向上のために真剣・真面目に，指導者に従って練習をすると同時に勉学に励み，私生活も規則正しい生活をするというようなスポーツ行動様式）により，サッカーは，真剣に競技力向上を目指すとともに，勉学に励むことや私生活の規則遵守を含めて，厳しさを伴いながら真面目に行うことに意義や価値があるという考え方が形成されたといえる。

　中学生の終わり頃に挫折を経験することで，高校生時代は，スポーツ・シンボルがプロ選手から全国大会出場選手に変わるが，競技力が高い選手がスポーツ・シンボルとなっていることに変化はなく，その他の制度的特徴もほとんど変わらず，M氏の社会的性格の特徴は，小学校6年生や中学生の頃に形成されたものが強化されていったと考えることができる。

　しかし，大学生時代には，高校生までとは異なり，サッカー部の選手たち自らがルールや行動様式を決めており，特にM氏が中心となってそれらを決めていた時期があった。したがって，高校生までに形成されたサッカーに対する考え方等に基づいてルールや行動様式が決められていたと考えられるため，小学校6年生や中学生の頃に形成され，高校時代に強化された社会的性格を引き続き保持する。一方で，浪人時代に経験した友人とのサッカーを通して得た所謂プレイとしてのサッカーの重要性もM氏のサッカーに対する考え方に加わるようになる。他方，先に示したように，M氏の現在の社会的性格の特徴としては，やはり遊びのサッカーは真剣に行うサッカーに劣るものという考えがある。

　このように，前節で示したM氏を取り巻くサッカーの制度的構造の特徴が，高度化志向というM氏の社会的性格の特徴の1つを形成してきたと解釈することが可能であろう。そして，特に小学校6年生や中学生の頃の制度的特徴が，M氏の社会的性格の形成に大きな影響を及ぼしていると考えることができる。なお，M氏の言葉としては直接的に示されていないが，制度的特徴との関係の考察から，M氏は，特に競技志向のサッカーに対する権威性を認めていると解釈できる。

(2)　Ｓ氏の社会的性格の特徴

　Ｓ氏は，競技としてのプロ選手を目指すサッカーと生涯楽しむためのサッカーは，上下関係や優劣関係で比べることはできないという。それは，高校までやってきたような真剣なサッカーをしていない相手に対して，真面目にやっていないから価値が低いというようなイメージはない，といっていることからもわかるように，真剣に行う競技志向のサッカーと楽しさを重視する遊びのサッカーにはそれぞれの価値や意義があると考えていると解釈できる。むしろ，高校卒業後の18歳以降では，プロサッカー選手になれない確率が高いにもかかわらず部活動をやるということは，「本来やるべきことをほっぽってる（放り投げている）っていうことに」なる，というように真剣に取り組むサッカーの評価は低い。Ｓ氏は，社会人になっても，休みの日などに，会社の同僚，高校や大学の友人とサッカーを生涯続けていくものと思っていた，というように，生涯スポーツとしてサッカーを捉えている。そして，実際に，所属する会社のサッカーサークルのような老若男女の集まりのなかで，現在もサッカーを，楽しみやストレス解消法として続けており，高度化を志向しているとは考えられない。

　ただし，18歳の高校生までは，部活のような真剣に取り組むサッカーは「やるべきというか，やってて当たり前みたいなとこがあったから，そん中で，いかに頑張ってるかっていうのは…リスペクトすべき」だというように，真剣に努力して競技力向上を目指すサッカーを，価値があるものとして捉えていると考えられる。そして，Ｓ氏の同級生の１人は，「決して上手くなかったけど，ちゃんと勉強をしていて，昼練（昼休みのサッカー練習）も別にやってなかったけれども，その（サッカー部の）練習の時間は集中してやっていて，で，実際その，こう，インテリジェンスなプレーをたまに，ごくまれにしたりしてた」から，そういう人は尊敬する，というように真剣に努力して行うサッカーを評価している。しかし，それは，上手くなるためには努力も必要で，上手くなったらより楽しくなるものと思っていた，というように，競技力向上の先に「楽しさ」があると考えていた。

　すなわち，Ｓ氏は，最終的にはサッカーは楽しむものであるという考え方をもっていると解釈できる。また，一方で，Ｊリーガーなどについては，「何となく，その，上手い人はやっぱ（それなりにたくさん練習や努力を）やってるんだろうなって思

ってた」から，茶髪や金髪だからといって，試合に出さないというようなルールは間違っていると思っていた，というように，競技力向上や高度化志向のサッカーについても評価をしている。これは先に述べたとおり，高度化を志向するような競技スポーツと，楽しさを重視するような生涯スポーツは「別物」であるという感覚をS氏がもっており，それがS氏の社会的性格の特徴の1つであると解釈できよう。ここでも，このような社会的性格の特徴の形成過程を，前節で示した制度的構造の特徴との関係から考察していく。

　S氏は，小学校1年生から4年生頃までに，遊びとして，あるいは，習い事としてのサッカー実施というスポーツ行動様式や，競技レベルによるチーム分けというスポーツ・ルール，また，リフティングの上昇率を競う大会などを通して，結果ではなく過程が大切であると感じていたと解釈できる。小学校5，6年生頃になると，競技レベルによるチーム分けが一層進み，指導者の言うことは絶対であるというスポーツ・ルール，また，指導者の指導の下，努力して辛い練習を行うというスポーツ行動様式などにより，サッカーは競技力向上や勝利の価値が高く，厳しいものであり，一生懸命に努力することに意義があるという考え方が形成されたと解釈できる。

　ただし，試合に出場するためには競技力が高いだけではなく，休まず練習に参加する必要があったこと（スポーツ・ルール）などから，勝利というような結果だけではなく努力することが評価されるという考え方も形成されたと考えられる。小学校6年生のときにJリーグが開幕するが，プロ選手やJリーガーは目標ではなく，夢のまた夢としてのスポーツ・シンボルとして捉えていたため，競技力が最も高い彼らを目指す（競技力向上を目指す）ことだけがサッカーではないという考えをこのときには既にもっていたと考えられる。

　中学生時代は，その時期の制度的特徴（競技力の価値が高く，遊びではなく競技としてしっかりやるものというスポーツ・イデオロギー，サッカーをするためには球拾いや活動するための仕事・作業を行わなければならないというスポーツ・ルール，競技力向上のためのスポーツ行動様式，学校部活動という（社会構造の局面を構成する要素としての）スポーツ組織）により，小学5，6年生に形成された社会的性格の特徴が強化されていったと考えられる。高校時代も，その社会的性格の特徴がさらに強化されるが，一方で，サッカーは競技力が高いと楽しいものであると

いうことや，結果よりも過程・内容を重視していたことなどから，遊びや楽しさという語彙に表されるような生涯スポーツとしてのサッカーにも価値があるという考え方をもっていたと考えられる。

高校を卒業すると，サッカー実施の減少に伴い，サッカー制度の制度的特徴はなくなってくるが，突然，サッカーは遊びであるという考え方のみをもつようになる。それは，S氏は，高校まで実施してきたような競技スポーツとしてのサッカーは，高校卒業後は，プロ選手やプロ選手になる一歩手前の選手のみが行うものであり，それ以外は生涯スポーツといわれるような遊びとしてのサッカーを行うものであるという考え方をもっていたからである。このことは，リフティングの上昇率を競う大会，プロ選手やJリーガーを目指さなかったこと，競技力だけではなく努力が評価されたことなどを通して，過程や努力などの，勝利という結果や競技力向上だけではないサッカーに対する考え方が形成されており，それが，高校卒業という時期を境に表に現れたと考えることができるのではないだろうか。すなわち，S氏は，所謂競技スポーツとしてのサッカーの価値と生涯スポーツとしてのサッカーの価値を小学生の頃に認識し，そのような考え方を同時にもっていたが，高校生までは競技スポーツとしてのサッカーの価値が高いという意識が，その時期の制度的特徴によって引き出されていたと考えることができるのではないだろうか。

そもそも，中学や高校時代も，S氏はプロ選手を目指さず，生涯楽しむためにサッカーをしていたが，高校生までは，競技スポーツとしてのサッカーを行う環境・場しか存在しなかったため，競技スポーツとしてサッカーを行っていたという。しかし，中学や高校時代に，生涯スポーツとしてサッカーを行う環境があったとしても，S氏は部活動で競技スポーツとしてサッカーを行っていただろうということから，高校生までは競技スポーツとしてのサッカーを行い，高校卒業後は，一部のプロ選手などを除いて，生涯スポーツとしてのサッカーを行うものであるというスポーツ（サッカー）に対する考え方が形成されていたといえる。

このように，前節で示したS氏を取り巻くサッカーの制度的構造の特徴が，真剣に行う競技志向のサッカーと楽しさを重視する遊びのサッカーにはそれぞれの価値や意義があるというS氏の考え方（社会的性格の特徴の1つ）を形成してきたと解釈することができよう。また，それぞれのサッカーの価値や意義は，高校卒業時の18歳を境にした時期によって異なるという捉え方をしており，これらの考え方は，

特に小学生や中学生の頃の制度的特徴によって大きな影響を受けていると考えることができる。

④ 日本サッカー協会が生成する制度的構造の現状と課題

　ここでは，M氏とS氏の場合を比較することで，サッカー行為者の社会的性格の特徴と制度的構造の特徴との関係について（特に本研究の関心事である日本サッカー協会との関係について），「個別を通して普遍にいたる道を志向」（谷，2008a，p. iv）しながら，一般論としての説明を試みたい。

　まず，M氏は，日本サッカー協会の公認資格をもった指導者による指導や，同協会の選抜システムによってつくられたチームなどでの活動を通して，S氏に比べて，日本サッカー協会から大きな影響を受けたと考えられる。また，中学生や高校生の頃に，スポーツ・シンボルとしてプロ選手や全国大会出場選手を目標としたことは，同協会がつくりだしたシンボルやスポーツ組織に影響を受けていたといえる。

　一方，S氏は，小学校6年生のときにJリーグが開幕するが，プロ選手やJリーガーは目標ではなく，夢のまた夢としてのスポーツ・シンボルとして捉えていたため，M氏に比べれば，日本サッカー協会からの影響を受けていないと捉えられる。また，中学生時代は，特に資格をもった指導者などはいなかったことから，同協会との関係や影響は小さいものと考えられる。

　このように考えると，日本サッカー協会との関係が強い制度的特徴をもつサッカー制度のなかで育ったサッカー行為者は，高度化志向という社会的性格をその特徴の1つとして形成するものと考えられる。

　なお，両者に共通した点では，M氏もS氏も，小学生や中学生の頃に現在の社会的性格を形成する礎が築かれたことから，この時期が社会的性格を形成する重要な時期であると考えることができる。特にM氏については，この時期にJリーグが開幕し，プロ選手やJリーガーを目標（スポーツ・シンボル）にしたことが1つの大きな要因と考えられる。

　ここで，本研究の目的は，日本サッカー協会を事例として，わが国のスポーツ組織が潜在的なスポーツ愛好者を組織化する自立的なスポーツ組織として成立するた

めに，スポーツ組織が生成する制度的構造の現状と課題を明らかにすることであった。そこで，ここでは，日本サッカー協会とサッカー行為者の社会的性格との制度を媒介とした関係を踏まえ，これまでの分析から，日本サッカー協会が生成する制度的構造の現状と課題を示したい。

　まず，第2章で説明した構造的関係は，図5-1のとおりである（未登録者との関係は図から除いている）。これは，サッカー行為者の高度化志向という社会的性格は，日本サッカー協会が創出・形成するサッカー制度に因るものとして捉えられる

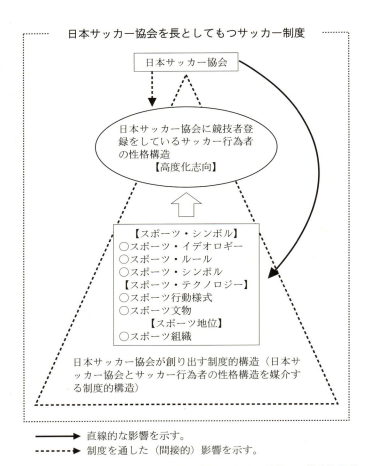

図 5-1　日本サッカー協会とサッカー行為者の社会的性格との構造的関係

ことを示している。

　そして，第3章では，日本サッカー協会が創出・形成してきたサッカー制度の特徴を分析した。そこでは，日本サッカー協会は，1978年から2005年までは，競技力の向上が重要であるというスポーツ・イデオロギー，如何に競技力を向上させるかというスポーツ行動様式，日本代表選手やプロ選手というスポーツ・シンボルを強調してきたことを示した。これらの強調された制度的特徴を，より競技力向上志向の選手を育て，日本のサッカーを強くしていこうとする日本サッカー協会の主体的構えとして解釈した。また，制度を構成する要素としてのスポーツ組織について，日本サッカー協会の権威を強調することで，同協会に登録する選手等の帰属意識や帰属欲求を高めようとしていたことも示唆された。

　一方で，第4章では，組織化されていないサッカー愛好者や未登録者が，登録者に比べて劣等感や疎外感を抱きやすいという問題が示された。

　そして，第5章では，サッカー制度とサッカー行為者の社会的性格との関係を分析・解釈した。そこでは，日本サッカー協会との関係が深いと考えられる特徴をもつ制度的構造のなかで育ったサッカー行為者（M氏）は，高度化志向という社会的性格の特徴が形成されるものとして考えられた。具体的には，M氏は競技として真剣に行うサッカーを志向していると解釈でき，真剣にスポーツを行うことに対する評価が高いことが示された。

　そして，真剣にスポーツを行うということは，勝利や競技力向上のためであると考えられることから，高度化志向を，M氏の社会的性格の特徴の1つとして解釈することができた。また，その社会的性格の特徴は，小学校6年生や中学生のときのM氏を取り巻く制度的構造の特徴により大きな影響を受けたものとして捉えられた。その制度的特徴とは，小学校6年生のときには，勝利の価値が高いというスポーツ・イデオロギー，勝利のために競技力が高い選手が試合に出場するというスポーツ・ルール，プロ選手やJリーガー，M氏よりも上位の選抜チームやその選抜チームの選手というスポーツ・シンボル，勝つための方法やコーチの指導に基づく練習というスポーツ行動様式，選抜大会や関東大会などの競技力が高く，権威性のある大会などのスポーツ組織，といったものが考えられた。

　また，中学校の部活動では，真剣，真面目，競技力向上，文武両道，規則厳守，厳しさ（楽しいだけではない）というものがサッカーには大切であるというスポー

ツ・イデオロギー，高くて速くて若い選手が試合に出場し，私生活のルール（集合時間に遅れないことや身だしなみを整えることなど）を守ると同時に，指導者やチームの方針に従わなければならないというスポーツ・ルール，競技力向上のために真剣・真面目に，指導者に従って練習をすると同時に勉学に励み，私生活も規則正しい生活をするというようなスポーツ行動様式，などが特徴として示された。ただし，本章第2節で指摘したように，M氏の「やっぱり学校でも体育の先生なので，私生活の方も結構ビシバシやっているような人だったので」という語りから，私生活（時間・身だしなみ）の規則というルールや規則正しい生活をするという行動様式は，教育（学校）制度の局面を構成する要素の特徴として解釈できる。また，中学生時代の文武両道や規則厳守というイデオロギー，勉学にも励むという行動様式などは，多分に教育（学校）制度の特徴として捉えられる。

　さらに，真面目，厳しさを求めるイデオロギーや指導者に従って練習をするという行動様式なども，教育（学校）制度の特徴としても捉えることが可能であろう。これらの解釈については，S氏についても同様に考えることができる。このように，ライフヒストリーの解釈からは，両氏ともに，彼らを取り巻く制度的特徴は，サッカー制度と教育（学校）制度の特徴が混在しており，これら2つの制度的特徴により，彼らの社会的性格が形成されていることが指摘できる。この状況は，すなわち，特に教育（学校）制度に依存していた依存型スポーツ組織による制度的構造から，自立型スポーツ組織による制度的構造への過渡期として理解することが可能だろう。

　なお，サッカー制度の特徴と教育（学校）制度の特徴とをライフヒストリーから明確に区別することは難しく，ここにライフヒストリー法の限界があると指摘できる。あるいは，それはまた，複数の制度が絡み合う状況において，ある要素がどの制度の局面を構成するのかということを断定することができないという意味において，ガース・ミルズ（1970）の性格と社会構造の理論の限界ということもいえる。しかし，それでもなお，プロ選手やJリーガー，選抜チーム，選抜大会，日本サッカー協会の資格を有している指導者による指導などは，サッカー制度が生成する1つの特徴として解釈することが妥当であると考えられ，第3章の，日本サッカー協会が創出・形成してきたサッカー制度の特徴の機関誌による分析も踏まえることで，サッカー制度とサッカー行為者の社会的性格との関係の解釈は，ある程度理解可能

なものになるといえよう。

　以上から，日本サッカー協会とサッカー行為者の社会的性格の問題との関係は，図5-2のように示すことができよう。

　すなわち，日本サッカー協会は，高度化を強調し，同協会への帰属意識を高める制度的構造を生成しており，そのために，サッカー行為者を高度化志向へと方向づけ，未登録者（愛好者）を組織化できないだけでなく，彼らの劣等感や疎外感を生じさせている。ただし，そこでは，現在のところ，文武両道，規則正しい生活態度，真面目というような教育（学校）制度の要素として解釈できるような特徴も影響を及ぼしている。また，このような制度的構造を生成している現状では，例え愛好者を組織化したとしても，序章でも述べたように，彼らを高度化志向へと方向づけてしまうことになる。したがって，「自立型スポーツ組織による制度的構造モデル」に向けて，高度化以外のスポーツに対する志向の価値をいかに強調し，愛好者を愛好者のまま（として）組織化できるような制度的構造の生成がどのようにして可能なのかが組織的課題として提示できよう。一方で，日本サッカー協会は，このように教育（学校）制度の影響もあるが，自ら生成した制度を通してサッカー行為者の社会的性格を形成しており，社会的性格を主体的に形成することができるという意味において，サッカー行為者を自立的に組織化しつつあるものとして捉えることもできよう。

5 制度を生成する日本サッカー協会

　日本サッカー協会が生成する制度的構造によって，サッカー行為者が高度化志向へと方向付けられてしまう現状を示してきた。ここでは，その制度的構造を変革し得る制度の長としての日本サッカー協会について，その目指すべき方向性を示す一助とするため，なぜ日本サッカー協会がそのような制度的構造を生成し，高度化を強調してきたのかということを考察する。

　佐伯（2004，pp. 62-65）や日下（1985，1988）がいうように，日本のスポーツ全国組織は，愛好者組織を束ねるものとしてではなく，日本を代表する選手を選抜するための競技大会を開催する組織として結成され，発展してきた。したがって，日

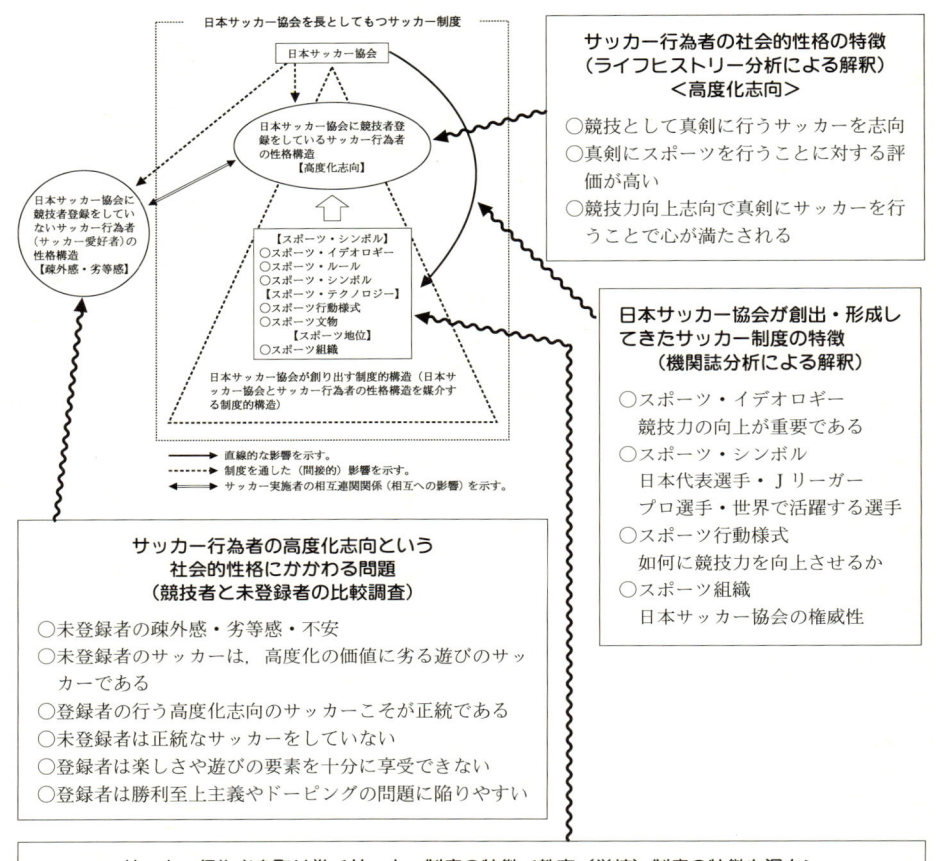

図 5-2　日本サッカーの制度的構造とその問題

本サッカー協会を含めた日本のスポーツ組織が，これまで高度化を強調する制度的構造を生成してきたことは当然であるといえよう。

　しかし，スポーツ（組織）は，「時代と共に変化するスポーツに対する社会的課題や社会的要求に応えねばならない」（佐伯・仲澤，2005，p. 14）。そして，佐伯（2004，pp. 65-66）や菊（2006）が指摘するように，スポーツ組織に対する社会的要求は，社会の変動である高齢化社会や環境破壊等による健康不安から必要とされるスポーツを実践していくことや，高度経済成長に伴う生活水準の向上やレジャー欲求の増大などから求められる楽しみや生きがいとしてのスポーツを拡大していくことであると考えられる。このように，当初の創設目的やこれまでの発展過程における社会的要求とは異なった課題が現代のスポーツ組織に突き付けられているにもかかわらず，日本におけるスポーツ組織が，依然として制度的変革を成し得ることができていない状況を，ここでは，清水（2009，p. 4）が指摘する「組織の成員の認識に見られる主意性や主観性」に着目して，若干ではあるが考察していきたい。

　清水（2009）や田原（2010）は，スポーツ組織（中央競技団体）における重要な意思決定を担う理事会の構成員について，その多くは競技者としても指導者としても競技レベルが高い実績を有しているという同質性を指摘している。そのような「同質のキャリア（経験）を積んだ人間たちには，価値観・態度・パーソナリティ・思考様式・行動様式等に類似した傾向がみられる可能性が高い」（清水，2009，p. 5）ことから，彼らが施策や事業を通して高度化を志向する制度的構造を生成してきたと考えられる。そこで，ここでは，理事ではないが，普及関係の管理職である日本サッカー協会のプレジデンツ・ヘッドクォーターズ部長（兼）登録・普及部部長（以下「普及部長」と略す）へのインタビュー内容を踏まえて高度化を重視する制度的構造が生成される背景について解釈してみたい。なお，インタビューは，2008年11月18日に日本サッカー協会事務所（JFAハウス）にて，約1時間行った[4]。

　まず，他のスポーツ組織と同様，日本サッカー協会のビジョンとして掲げられているサッカーの普及と強化の関係性についての捉え方を確認した。普及部長は，ピラミッド・モデルが示しているとおり，強化のためには普及が必要であるという考え方もあるが，裾野にいる人が大多数であり，彼らが一生涯サッカーを中心にスポーツを楽しむことが重要だとしている。しかし，普及にかかわる事業の実施に対する理解を強化の関係者から得る場合，ピラミッド・モデルの頂点を高くするために，

普及事業を通して裾野を広げる必要があるという説明が有効だと指摘する。他方，普及のためには強化が必要であるともいう。ピラミッド・モデルの頂点を高くするために環境が良くなれば，それは裾野の人びとも喜ぶことであるから，強化と普及の関係は，どちらもサッカーの環境がよくなるために行っているという意味で，「言い方だけの問題」であるというのである。

　この内容からは，2つのことが指摘できる。1つは，強化の関係者には，やはり強化が最終目的であり，高度化志向こそが正統なスポーツ，あるいは，価値の高いスポーツとして捉えられていることである。序章で示したように上杉（1984）によれば，高度化志向は多様化の一面であり，他の志向の上にあるものではない。現代では，普及部長も述べているように，多様な志向をもったスポーツ行為者が一生涯スポーツを楽しむことが求められているのである。

　したがって，日本代表選手を選抜するために組織化されてきた日本のスポーツ組織には，強化の関係者が多数を占めてきたことは容易に想像できるため，高度化以外の価値や志向性を高めるような制度をつくりだすことは難しかったと考えられる。また，サッカーワールドカップの現代社会における影響の大きさを考えれば，日本サッカー協会は，そこでの活躍を期待できる日本代表選手を選抜することに，より注力していくことが想像できる。

　そして，もう1つの指摘は，強化のために普及をするということは，「言い方だけの問題」ではなく，本研究でこれまで論じてきたように，サッカー行為者の社会的性格にかかわってくる大きな原因として捉えられるということである。それは，ガース・ミルズ（1970，pp. 286-295）が，シンボル局面と地位局面との関連や，シンボル局面とテクノロジー局面との関連における双方向の影響について述べているように，さらに，シンボル局面と制度的秩序との強い関連について説明しているように，強化のための普及というイデオロギー的側面（シンボル局面）は，テクノロジーや地位の局面に作用し，日本サッカー協会が生成する制度的構造にまで大きな影響を及ぼすのである。その制度的構造によってサッカー行為者の社会的性格が形成されていくことは，これまで論じてきたとおりであり，したがって，強化のために普及するという考え方は，本研究においては大きな問題として捉えられる。

　次に，多様なニーズに応じた事業を行うことについて，民間企業への後援や共催を含めてその可否について確認したところ，普及部長によれば，サッカー行為者の

志向性やニーズに合わせて，日本サッカー協会が定めた競技規則等を変更して行う大会等であっても，後援することはまったく問題ないという。

　また，そのような大会を都道府県レベルなどで実施していくことについても肯定的に捉えていたが，その業務に割く時間や人員（数）についての難しさを指摘していた。この点，すなわち，日本サッカー協会の人員（数）や業務量を理由として，多様な志向性に応じた事業の主催や後援の実施の難しさを述べている点に，高度化を志向するサッカー行為者のための施策や事業を優先しているという意味で，高度化を志向するスポーツこそが第1であるという認識があると考えられるだろう。

　最後に，日本サッカー協会あるいは都道府県サッカー協会が主催する都道府県の社会人リーグ等において，選手（プレイヤー）としてだけではなく，試合運営（本部や審判等）の役割を担わせていることについて質問した。普及部長の回答では，日本サッカー協会として，そのような役割を，責任感をもってできる人間を登録者として取り入れたいと考えており，そのようなことができない者を登録させる必要はないとのことであった。ここでは，序論で定義した高度化の概念に含まれる「真面目」などのイデオロギーを強調する制度的構造がつくられていると考えられる。これは，教育制度を構成する要素として捉えられ，やはり日本サッカー協会がまだ教育制度への依存から脱しておらず，試合運営等には興味を持たないが純粋にサッカーのプレイを楽しみたいといった愛好者をも包摂するようなスポーツ制度への移行を成し遂げていないことが指摘できるだろう。

　以上のように，日本サッカー協会の構成員の主観性や主意性，あるいは日本サッカー協会のイデオロギー的側面（シンボル局面）が，高度化を重視する制度的構造の生成に大きく作用しているといえる。これが，高度化を志向する制度的構造の生成背景として指摘できるものと考える。したがって，日本サッカー協会が愛好者を組織化するためには，まずは日本サッカー協会が多様な志向性をもった人びとで構成される（いわゆる多様性の確保の）必要があるのではないだろうか。

⑥ まとめ

　「自立型スポーツ組織による制度的構造モデル」からみた，日本サッカー協会が

生成する制度的構造（日本サッカー協会とサッカー行為者との構造的関係）の現状を解釈し，その課題を示すため，まず，日本サッカー協会が主体的に形成しようとしてきた制度的構造と，サッカー行為者が抱える社会的性格（性格構造）の問題とが，第2章で示した分析枠組みに基づくと，どのように解釈できるのかということを示した。

　具体的には，ライフヒストリー分析により，実際のサッカー行為者の主観的意味から解釈する制度的構造の特徴を示すとともに，サッカー行為者の社会的性格（性格構造）も同時に解釈し，それらの関係を解釈した。

　はじめに，本研究におけるライフヒストリー分析の具体的方法を示し，研究の関心（問題意識）と方法論からの要請に基づき，M氏とS氏を対象者として選定した。そして，両者それぞれのライフヒストリーを呈示するとともに，そこから解釈できる，両者それぞれを取り巻くサッカーの制度的構造の特徴を示した。

　次に，両者の現在の社会的性格の特徴を解釈し，その形成過程を，先に示した制度的構造の特徴との関係に焦点をあてて考察した。そこでは，M氏を取り巻くサッカーの制度的構造の特徴が，高度化志向というM氏の社会的性格の特徴の1つを形成してきたと解釈することが可能であった。

　また，S氏を取り巻くサッカーの制度的構造の特徴が，真剣に行う競技志向のサッカーと楽しさを重視する遊びのサッカーにはそれぞれの価値や意義があるというS氏の考え方（社会的性格の特徴の1つ）を形成してきたと解釈することができた。そして，両者を比較することにより，サッカー行為者の社会的性格の特徴と制度的構造の特徴との関係について，一般論としての説明を試みた。

　その試みでは，真剣，真面目に，指導者の指示の下にサッカーをするというスポーツ・ルールやスポーツ行動様式，プロ選手やJリーガーというスポーツ・シンボル，全国大会や選抜システムなどの制度を構成する要素としてのスポーツ組織などのような，日本サッカー協会との関係が深いと考えられる特徴をもつ制度的構造のなかで育ったサッカー行為者は，高度化志向という社会的性格の特徴が形成されるものとして考えられた。ただし，ライフヒストリーの解釈からは，サッカー行為者を取り巻く制度的特徴は，サッカー制度と教育（学校）制度の特徴が混在しており，これら2つの制度的特徴により，彼らの社会的性格が形成されていることが指摘された。この状況は，日本におけるサッカー制度が，特に教育（学校）制度に依存し

第5章　日本サッカー協会とサッカー行為者の社会的性格との関連　*207*

ていた依存型スポーツ組織による制度的構造から，自立型スポーツ組織による制度的構造へと移行している過渡期にあるものとして捉えることができた。

そして，日本サッカー協会が生成する制度的構造の特徴に加えて，教育（学校）制度の要素として解釈できるような特徴が，高度化志向というサッカー行為者の社会的性格を形成し，それらの制度的特徴は，また，未登録者（愛好者）の組織化を阻むとともに，彼らの劣等感や疎外感を生じさせているものとして理解できた。なお，両制度の特徴の区別が困難であることが，ライフヒストリー法及びガース・ミルズ（1970）の性格と社会構造の理論の限界として示された。

さらに，自立型スポーツ組織による制度的構造モデルを踏まえ，これまでの分析から，日本サッカー協会が生成する制度的構造の現状と課題を示した。そこでは，日本サッカー協会は，自立的にサッカー行為者を組織化しつつあるものとして捉えられるが，これまで，高度化を強調し，同協会への帰属意識を高める制度的構造を生成してきたために，また，教育（学校）制度の要素として解釈できるような文武両道，規則正しい生活態度，真面目などの特徴も相俟って，未登録者（愛好者）を組織化できずに彼らの劣等感や疎外感を生じさせているという現状が示された。このような現状のままで，日本サッカー協会が例え未登録者（愛好者）を組織化しても，彼らを高度化志向へと方向づけてしまう制度的構造になっていると考えられた。したがって，「自立型スポーツ組織」に向けて，愛好者の多様な志向性を包摂しつつ組織化できるような仕組み（制度的構造）を生成していくことが課題として指摘できた。

最後には，なぜ日本サッカー協会が高度化を強調するような制度的構造を生成してきたのかということを，日本サッカー協会の構成員の主観性や主意性に着目して考察した。そして，日本サッカー協会の普及部長のインタビューを通して，日本サッカー協会のイデオロギー的側面（シンボル局面）が，高度化を重視する制度的構造の生成に大きく作用しているものとして解釈できた。したがって，日本サッカー協会が愛好者を組織化するための1つの提言として，日本サッカー協会の構成員における多様性の確保という方向性が示された。

注

1) 菊（1993, p. 33）は，「分析のための段階的把握として，ここでは特定個人のもつ『考え方』のイデオロギー的性格を『信念』とし，特定集団のそれを『信条』とし，それらがスポーツ界全体に明示され得る段階にまで達したものを『イデオロギー』として一応区別しておく。しかし，イデオロギーの内容をその深部まで論じるためには，信条や信念に対する総合的な洞察が必要となってくるのであり，これらは区別されながらも，あくまで総体として捉えられなければならない」という。ここで，本研究において，対象となるサッカー行為者のライフヒストリーから導かれる考え方は，「信念」として捉えられるが，その考え方（のイデオロギー的性格）が，特に，対象者特有の（特殊・特別な）考え方ではないと解釈できる限り，対象となるサッカー行為者を取り巻く制度の下では一般的に明示され得るものという「スポーツ・イデオロギー」として捉えることとする。ただし，信念，信条，イデオロギーの区別は，ライフヒストリー研究という方法論の限界でもあり，課題といえよう。

2) 第2・3章と同様に，ここでの「スポーツ組織」とは，「スポーツ集団（クラブ，運動部，チーム）やそれらを統括するアソシエーション（協会，連盟，コミッショナー）等」（菊，1993, pp. 33-34）を指す。本研究で定義する「スポーツ組織」は，菊（1993）が指摘する「スポーツ地位の局面としてのスポーツ組織」の中で，制度の長の役割を担っている「スポーツ組織」を指している。すなわち，スポーツ組織が制度のなかの一部（局面）であると同時に，制度を創り，制度を通して人に影響を及ぼすものであると捉えている。制度の局面を構成する要素として「スポーツ組織」という語を用いる場合の捉え方は以下同様とする。

3) 谷（2008b, p. 36）が指摘する，「一般に，社会調査の成否のカギを握る」調査者と対象者のラポール（信頼関係）については，両氏ともに調査者の知人であったことから，信頼関係が十分に確保できていると考えられる。ただし，オーバーラポールに注意し，調査前には研究の趣旨及び調査目的の説明を複数回行った。

4) 本インタビューは，第4章におけるアンケート調査実施後に，サッカーの普及に関する日本サッカー協会のビジョンや，アンケート調査結果に対する意見等を半構造化インタビューで確認したものであるが，ここでは，その内容から，高度化を志向する制度的構造が生成される背景に関連する内容を抽出して考察する。

結　章

まとめ，課題と展望

1
日本サッカー協会が生成する制度的構造と改革の方向性

　本研究の目的は，日本サッカー協会を事例として，わが国のスポーツ組織が潜在的なスポーツ愛好者を組織化する自立的なスポーツ組織として成立するため，スポーツ組織が生成する制度的構造の現状と課題を明らかにし，制度的構造の改革の方向性について若干の提言を試みることであった。

　まず，自立的なスポーツ組織という視点から，日本サッカー協会とサッカー行為者との関係を検討した。第2章で述べたように，日本サッカー協会とサッカー行為者（の社会的性格）との構造的な関係は，ガース・ミルズ（1970）の『性格と社会構造』の理論を踏まえ，スポーツ行為者をその内にもつスポーツ制度の長としてスポーツ組織を捉え，スポーツ組織がスポーツ制度を媒介にしてスポーツ行為者の社会的性格に結びつけられるものとして捉えることによって論じることができるようになる。このとき，スポーツ行為者の社会的性格における問題の解決をスポーツ組織（が創りだすスポーツ制度）に求める論理を新たなスポーツ組織論として提示した。そして，その新たなスポーツ組織論に基づけば，日本サッカー協会が創出・形成するサッカー制度に因って，サッカー行為者の高度化志向という社会的性格がつくられ，それは，競技者登録をしていないサッカー行為者の疎外感や劣等感をもたらすという構図が理論的に示された。

　すなわち，この関係が，日本サッカー協会と日本におけるサッカー行為者の社会的性格との，サッカー制度を媒介とした構造的な関係として説明されるものである。なお，スポーツ組織が生成し，「多様な」スポーツ・イデオロギー，スポーツ・ルール，スポーツ・シンボル，スポーツ行動様式，スポーツ文物，スポーツ組織とい

う要素によって構成される，高度化を強調するだけではないスポーツ制度（制度的構造）を「自立型スポーツ組織による制度的構造モデル」（理念型モデル）として示した。

　次に，この関係と理念型モデルを踏まえて，第3章では，日本サッカー協会のサッカー行為者の組織化の方向性の現状を，同協会発行の機関誌から分析した。そこでは，高度化志向の選手を育て，日本のサッカーを強くしていこうとする日本サッカー協会の主体的構えが制度的構造の特徴として示された。また，日本サッカー協会の権威を強調することで，同協会に登録する選手等の帰属意識や帰属欲求を高めようとしていたことも示唆された。

　したがって，日本サッカー協会が生成する制度的構造は，「多様な」スポーツ・イデオロギー，スポーツ・ルール，スポーツ・シンボル，スポーツ行動様式，スポーツ文物，スポーツ組織という要素によって構成される「自立型スポーツ組織による制度的構造」としては捉えられない現状にあることが指摘された。ただし，2006年以降の機関誌は，同協会の主張の転換を図っているものとして捉えられ，「自立型スポーツ組織による制度的構造」が形成されていく過程と捉えることも可能であった。

　続く第4章では，サッカー行為者が組織化される，あるいは，組織化されないことでどのような問題を抱えているのかを，登録者と未登録者の比較により分析した。そして，サッカー行為者が高度化を志向するために，未登録者の劣等感や不安，さらには疎外感が生じるという問題が示された。

　最後に，第5章では，ライフヒストリー分析により，実際のサッカー行為者の社会的性格の特徴を解釈し，その形成過程を，彼らが捉える制度的構造の特徴との関係に焦点をあてて考察した。そこでは，高度化を重視するものとしてサッカー行為者に捉えられている制度的構造によって，サッカー行為者の社会的性格は高度化を志向する者へと方向づけられると解釈することができた。さらに，これまでの分析・解釈から，日本におけるサッカー行為者は，日本サッカー協会が創りだした高度化を特徴とするサッカー制度により，また，教育（学校）制度の要素として解釈できる特徴によっても，高度化志向という社会的性格や同協会への帰属意識が形成され，その結果，比較的高度化を志向しない未登録者（愛好者）が，劣等感や疎外感を抱くようになるという構造が説明された。

また，このような制度的構造の現状では，例え愛好者を組織化したとしても，彼らを高度化志向へと方向づけてしまうことになるため，「自立型スポーツ組織による制度的構造モデル」に向けては，高度化以外のスポーツに対する志向の価値をいかに強調し，愛好者の多様な志向性を包摂しつつ組織化できるような制度的構造の生成がどのようにして可能なのかが課題として示された。

ただし，これまでの分析により，日本サッカー協会が，自ら主体的に生成した制度を通してサッカー行為者の社会的性格を形成しているものとして考えることができることから，同協会主導の理念や規範をサッカー行為者の社会的性格の形成に反映させ得ることができるという意味において，同協会は，サッカー行為者を自立的に組織化しつつあると捉えられよう。そして，日本サッカー協会のイデオロギー的側面（シンボル局面）が制度的構造の生成に大きく作用することから，愛好者の多様な志向性を保持した組織化のためには，まず同協会の構成員の多様性の確保が必要であることが示唆された。

なお，ミルズ（1965，p. 42）は，「いうまでもなく，どんな思想であっても，どんな本であっても，その内容を1つの文章のなかに圧縮することもできれば，20巻にわたって展開することもできる」という。そこで，本研究の結論を圧縮するとすれば，次のとおりとなる。日本サッカー協会は，自立的にサッカー行為者を組織化しつつあるが，これまで，高度化を強調し，同協会への帰属意識を高める制度的構造を生成してきたために，また，教育（学校）制度の要素として解釈できるような文武両道，規則正しい生活態度，真面目などの特徴も相俟って，未登録者（愛好者）を組織化できずに彼らの劣等感や疎外感を生じさせている。そればかりか，例え彼らを組織化しても高度化志向へと方向づけてしまう。したがって，「自立型スポーツ組織」に向けて，愛好者の多様な志向性を包摂しつつ組織化できるような仕組み（制度的構造）の生成が課題である。なお，その課題克服には，日本サッカー協会の構成員の多様性の確保が1つの方向性として考えられる。

以上、日本サッカー協会がこれまでに生成してきた制度的構造の現状と課題を示し，若干の提言を述べてきたが，最後に，このような日本サッカー協会を事例として，わが国のスポーツ組織が潜在的なスポーツ愛好者を組織化する自立的なスポーツ組織として成立するための制度的構造の改革の方向性を若干追加して述べておきたい。

まず，愛好者（未登録者）の劣等感や疎外感は，ドロップアウトやセカンドキャリア問題に関係してくる問題として捉えられることから，新たなスポーツ組織論的視点からは，このサッカー行為者の問題を，その原因となる高度化志向をつくりだしているサッカー制度を主体的に制御し得る，あるいは，改革し得る日本サッカー協会の問題（構造的な問題）として捉えていく必要性が示唆されよう。

　その意味で，第3章の機関誌分析で示されたような，2006年からの日本サッカー協会の変化は注目に値する。サッカーは，「こころの成長」，「人間的成長」，「社会貢献」，「フェアプレー」，「楽しさ」，「健全」，「リスペクト」などの様々な価値をもたらすというスポーツ・イデオロギーの強調や，サッカーを通して人間的成長やこころの成長を促し，社会貢献をするための具体的なスポーツ行動様式の強調は，サッカー行為者の新たな社会的性格を形成するものと予想される。ただし，それを示すためには，2006年以降，日本サッカー協会によって形成されてきた制度のなかでサッカー行為をしてきた者の社会的性格をみていく必要がある。そこから，さらに日本サッカー協会とサッカー行為者の社会的性格との構造的な関係がより明確化されることが期待できる。そして，その明確化された構造的関係により，愛好者が愛好者のまま（高度化志向になることなく）組織化される制度的構造を考えていくことが可能となろう。

　また，次の議論が，愛好者を組織化する自立的なスポーツ組織として成立するための制度的構造を考えるうえで大きな示唆を与えるものになると考える。奥村（2014）は，スポーツは截然と勝者と敗者を分け，ひとりの勝者をつくるために膨大な敗者を生産するシステムであると述べ，長谷（2012）が脚本家山田太一のドラマを通じて述べているような，敗者が敗者のままで輝くことができる文化の必要性を指摘している。長谷（2012, p. 218）は，「敗者の想像力」を，サークル活動や合同コンパで楽しそうに大学生活を満喫しているように見える若者たちの心の中に，自分たちが一流大学の学生ではないという劣等感を読み取ってやること，あるいは，楽しそうに街を闊歩して消費生活を謳歌しているように見えるOLたちの心の中に，仕事で一人前に扱ってもらえない悔しい思いや結婚への不安が渦巻いていることを想像してみることであるという。

　そして，それらの敗者の劣等感や不安等は，同時代の風俗現象や理知的な会話の雑音にかき消されて，あまり聞き取れないように微かに聞こえてくるにすぎないた

め，私たちは，その微かな声を「敗者の想像力」を使って繊細に感じ取らなければならないという（長谷，2012，p. 219）。そこで，多くの人（敗者）が前向きに生きるためには，「頑張れば夢はかなう」と言うのではなく，自分の可能性を断念して生きていくことを説くことの方がずっと重要だと山田は主張しているという（長谷，2012，p. 222）。ただし，長谷（2012，p. 223）は，そこには，夢に向かって前向きに生きている人間を，どうせ頑張っても無駄だと，そこから引きずり降ろしてやれというような後ろ向きの力が働くところがあることを指摘している。

　しかし，必死に夢にしがみついて「勝者」になろうと頑張っている人びとこそ，実は自分の能力のなさに秘かに劣等感を抱えている「敗者」であると考えれば，私たちは，「勝者の思想」に対抗して「敗者の思想」を叩きつけるのではなく，反対に「勝者」をもやさしく包み込んでしまうような，もう1つ別の「敗者の思想」を考える必要があるという（長谷，2012，p. 224）。それは，頑張って努力すれば獲得できるような世俗的な小さな成功の夢ばかりを見るのではなく，途方もなく馬鹿げた夢をみることだ，という議論をしているが，自身も認めているように，その点については論じ尽くされてはいない（長谷，2012，pp. 224-226）。

　この長谷（2012）の議論を本研究に応用すれば，敗者が敗者のままで輝くことができるような制度的構造を日本サッカー協会が創出・形成することにより，愛好者（未登録者）の劣等感などの敗者の社会的性格の問題を解決するとともに，愛好者を愛好者のまま組織化することができるようになるのではないだろうか。この議論は今後の課題となるが，「近代スポーツそのものが瞬発力や筋力など男性に優位な能力を基準につくられて」（水野，2012，p.51）いるため，近代スポーツにおける高度化の側面では男性を超えられず，常に敗者となってしまう女性スポーツを検討することは，この議論を進展させてくれるように思う。

② 課題と展望

　日本サッカー協会を，自立的基盤をもち，サッカー行為者の社会的性格を形成し得るものとして捉え，学校運動部を議論から外したスポーツ組織論として論じてきたが，サッカーにおいても，序章で示した学校運動部数等によれば，未だ，学校運

動部によるサッカー行為者への影響は大きいものとして捉えることもできる。

　また，ライフヒストリーの解釈からは，教育（学校）制度の特徴が及ぼす影響についても解釈することができたことから，現状を，特に教育（学校）制度に依存していた制度的構造から，自立型スポーツ組織による制度的構造への過渡期として理解し，日本サッカー協会と学校運動部との関係も詳細に検討する必要があったかもしれない。しかし，サッカー制度と教育（学校）制度の特徴の区別が困難であることが，ライフヒストリー法及びガース・ミルズ（1970）の性格と社会構造の理論の限界として示されることから，学校運動部との関係の詳細な議論には異なる分析枠組みや方法が求められよう。この点に本研究の課題を指摘できるものと考える。

　なお，方法論的課題としては，以下の点も指摘できる。第3章では，日本サッカー協会の主体的な制度形成を，機関誌の分析から解釈したが，機関誌には，広報・宣伝としての役割もあるため，比較的，理念や理想を発信する傾向にあることも考えられる。したがって，機関紙分析のほか，日本サッカー協会による実際の事業や施策を通して，同協会の主体的な制度形成を解釈していくことも必要であろう。さらに，菊（1993）も指摘するように信念，信条，イデオロギーの区別は，特にライフヒストリー研究という方法論の限界でもあり，課題といえよう。

　また，日本サッカー協会を事例として，スポーツ組織の自立化について検討してきたが，序章でも述べたように，すべてのスポーツ組織が自立化に向かう必要があると主張しているのではなく，自立型スポーツ組織が成立することによって，学校や企業との望ましい依存関係を示すことができる可能性があると考えている。そこで，ここでは，スポーツ組織の依存概念について，自立概念との関係から再検討するとともに，スポーツ組織が自立することによる問題を新たな課題として示しておきたい。

　まず，序章でも説明したように，学校運動部モデル（学校・企業）を介してスポーツ行為者（特に競技者）との関係を維持する構造をもったスポーツ組織が依存型スポーツ組織であり，競技者に加えてスポーツ愛好者を自立的に組織化していることが自立型スポーツ組織の大きな要素であると述べた。しかし，自立と依存を全く相反するものとして捉えるのではなく，愛好者を自立的に組織化するということは，愛好者に広く依存するという捉え方が可能である。すなわち，学校運動部モデル（学校・企業）のみに依存したスポーツ組織ではなく，多様な愛好者に依存するこ

終章　本研究のまとめ，課題と展望　*215*

とが自立型スポーツ組織であると考えているのである。

　例えば，スポーツ組織が学校と企業のみに依存してきた場合，企業スポーツが衰退してきている現代スポーツにおいて，スポーツ組織の体制が大きく崩れてしまうことは想像に難くない。一方で，多様な愛好者に依存するスポーツ組織であれば，企業スポーツの衰退によって組織基盤が揺らいでしまうようなこともなく，存続（自立）していくことが可能だろう。このような意味で，学校や企業に全く依存しないことが自立型スポーツ組織の条件ではなく，多様な依存関係を確保することがスポーツ組織の自立であると考えられる。

　したがって，多様な依存関係を構築するということは，スポーツ組織自身が，何にどれだけ依存しているのかということを自覚することが求められることになる。その意味で，先に述べたように，スポーツ組織と学校運動部との関係を構造的なレベルで詳細に検討すること（依存関係を自覚し，知ること）は今後の課題としてあげられる。すなわち，スポーツ組織は，学校運動部にどの程度依存しているのか（どのような依存関係にあるのか）ということを把握することが第1に求められているといえる。

　次に，スポーツ組織が自立することによる問題を，このような「多様な愛好者への依存＝自立」という捉え方から考察すると，スポーツそのものの愛好とスポーツによる多様な価値の享受との関係性が新たな課題として指摘できる。本研究では，スポーツ愛好者を，高度化という概念を志向する競技者と対比される概念として捉えて論じてきた。したがって，健康志向や交流志向など，スポーツがもたらす多様な価値を享受する者によって支えられていくことは，多様な愛好者を組織化する自立型スポーツ組織に向かうものとして捉えられる。

　しかし，そこでは，スポーツそのものを自己目的的に行い，それを愛し好むということとの関係が問題として生じてくる。それは，序章において，純粋なスポーツ愛好心という内発的なコントロールによって組織化されることが，愛好者の組織化であると述べたが，スポーツがもたらす多様な価値を求める者は，純粋なスポーツ愛好心をもっているといえるのだろうか。

　ここでは，スポーツがもたらす多様な価値を求める者も，その根底には，スポーツそのものへの愛好心があると捉える方が適切だろう。それは，例えば，健康や交流が目的であれば，食生活を見直すことによる健康や，スポーツ以外の文化活動に

参加することによる交流など，彼らはスポーツをする必要はない。それにもかかわらず，彼らがスポーツを選択しているということは，その根底に，スポーツそのものへの愛好心があるためであると考えられる。

さらに，スポーツそのものへの愛好と社会がスポーツに求めるものとの関係についても述べておく必要があろう。第3章の機関誌分析によれば，日本サッカー協会が，2006年からサッカーを通した「こころの成長」，「人間的成長」，「社会貢献」などを強調してきていることから，多様な愛好者によって支えられる自立型スポーツ組織への移行期にあると捉えられた。このように，日本サッカー協会は，サッカーそのものへの愛好心を高めるというよりは，社会がサッカー（スポーツ）に求めていると考えられる価値を強調することで，多様な愛好者によって支えられることを目指していると考えられる。

これは，佐伯・仲澤（2005，p.20）がいうように，「スポーツにおける私的な楽しみや目的（私益）が，社会の利益（公益）に連続線上につながっていることが，望ましいスポーツの振興の方向である」とすれば，日本サッカー協会は，まさに，愛好者のスポーツ愛好心を社会の利益に結びつけていると捉えることもできる。ただし，「何かの手段（道具）としてのスポーツが強調されすぎては，スポーツの文化的な自立への障害となる」（佐伯・仲澤，2005，p.20）と指摘されるように，スポーツ組織は，スポーツそのものへの愛好心を高めることを前提として，そのうえで，その愛好心を社会の利益に結びつけていくことが求められる。

したがって，ここでは，スポーツそのものへの愛好心を高めるような愛好者の育成が新たな課題として示される。それは，日本サッカー協会が，サッカーがもたらす社会の利益を強調することはもちろん重要だが（それこそがスポーツ組織の役割であるとも考えられるが），その前提となるサッカーそのものへの愛好心を高める局面を担保した制度の生成も必要になるということである。前節の最後に，愛好者を競技者としてではなく愛好者として組織化するために女性スポーツの検討の必要性を指摘したが，ここでも，高度化による男性との比較においては常に敗者となってしまう女性スポーツのスポーツ欲求を考えることは，スポーツそのものへの愛好心を高める制度形成に示唆を与えてくれるであろう。いずれにしても，スポーツそのものへの愛好心を高める局面については，自立型スポーツ組織による制度形成を考えるうえでの新たな課題といえよう。

終章　本研究のまとめ，課題と展望　*217*

　以上のような新たな課題（①スポーツ組織の学校運動部などへの依存関係の実態把握，②スポーツにおける私益から公益への展開，③スポーツそのものへの愛好心を高める局面の検討）の解決には，海外のスポーツ組織とスポーツ行為者の社会的性格との関係を分析し，日本の場合と比較してみることが有効になると思われる。

　例えば，最近のドイツでは，全日制の学校が増えており，午後の学校活動として，スポーツが最も頻繁に実施されている（黒須，2014，p. 16）。このように，ドイツは「世界に先駆け教科名をスポーツに変更したり，選択制授業を導入するなど，教科体育において積極的な取り組みをしてき」ているという（越川，2002，p. 17）。これは，一見すると，本研究で議論したような学校運動部モデルへの依存からの脱却とは反対の方向に進んでいる現象であると考えることもできる。

　しかし，スポーツ組織は，多様な依存関係を確保することが重要であると先に指摘したように，ドイツでは地域スポーツクラブだけでなく，多様な依存関係の1つとして，学校に注目していると捉えることも可能ではないだろうか。ドイツにおける教科スポーツの存在根拠を検討した越川（2002）は，「ドイツにおいて地域のスポーツクラブの充実があろうとも，学校における有意味な学習経験が重要なのである」と述べているが，それは，スポーツ組織にとっても，多様な依存関係を確保するという意味で重要と考えられる。

　また，「地域のスポーツクラブの充実」は，まさにスポーツによる私益を公益に結び付けた成果であると考えられると同時に，スポーツそのものへの愛好心が高まっているからこその帰結であると捉えられる。このような海外の場合を踏まえて，スポーツ組織研究をさらに深めていくことが，今後のスポーツ組織に増々求められるようになると思われる。

文　　献

赤岡広周（2009）中央競技団体の戦略と組織．経済学研究，59（2）：49-56．

安藤延男（1993）性格構造．森岡清美ほか編，新社会学辞典．有斐閣，p. 639．

青木康容（1993）プラグマティズム．森岡清美ほか編，新社会学辞典．有斐閣，p. 1274．

荒井貞光・松田泰定（1977）スポーツ行動に関する実証的研究（2）．体育学研究，22：137-152．

朝日新聞（2012a）ロンドン五輪メダル至上主義でなく．7月15日朝刊 13版-9面．

朝日新聞（2012b）勝負はこれからフットサル木暮賢一郎．9月18日朝刊 14版-15面．

朝日新聞（2012c）メダル取ったけど競技人口横ばい．12月20日夕刊 4版-15面．

バーナード：山本安次郎・田杉競・飯野春樹訳（1968）新訳経営者の役割．ダイヤモンド社，p. 75．

海老原修（1991）スポーツ社会化における成果と課題．体育・スポーツ社会学研究，10：153-171．

エツィオーニ：綿貫譲治監訳（1966）組織の社会学的分析．培風館．

エツィオーニ：渡瀬浩訳（1967）現代組織論．至誠堂．

FCバルセロナ（online）新規入会（15歳以上）．http://www.fcbarcelona.jp/members/membership/
detail/card/new-membership-registration-process-older-than-15-years，（参照日2014年6月14日）．

ガース・ミルズ：古城利明・杉森創吉訳（1970）性格と社会構造．青木書店：東京．

後藤貴浩（2010a）スポーツライフの差異に関する研究―ライフヒストリー分析を通して―．教育
系・文系の九州地区国立大学間連携論文集，4（1）：1-10．

後藤貴浩（2010b）生活者としての障害者とスポーツ．スポーツ社会学研究，18（2）：67-78．

長谷正人（2012）敗者たちの想像力 脚本家山田太一．岩波書店．

広瀬一郎（2006）サッカーマーケティング．ブックハウス・エイチディ．

ホワイト：岡部慶三・藤永保共訳（1959a）組織のなかの人間―オーガニゼーション・マン―上．
東京創元社．

ホワイト：辻村明・佐田一彦共訳（1959b）組織のなかの人間―オーガニゼーション・マン―下．
東京創元社．

藤田紀昭（1998）ある身体障害者のスポーツへの社会化に関する研究．スポーツ社会学研究，6：
70-83．

市原清志（1990）バイオサイエンスの統計学―正しく活用するための実践理論―．南江堂．

井腰圭介（1995）記述のレトリック 感動を伴う知識はいかにして生まれるか．中野卓・桜井厚編，
ライフヒストリーの社会学．弘文堂，pp. 109-136．

飯田義明・森岡理右・松本光弘（1997）組織間関連視点からの地域スポーツシステムへのアプロ
ーチ．筑波大学体育科学系紀要，20：85-94．

池田勝・江橋慎四郎・永吉宏英（1976）勤労青少年のスポーツ実施を規定する要因の分析．日本
体育学会大会号，27：112．

伊奈正人（1991）ミルズ大衆論の方法とスタイル．勁草書房．

伊奈正人（2013）C. W. ミルズとアメリカ公共社会―動機の語彙論と平和思想．彩流社．

稲嶺貴史・粟木一博（2012）中央競技団体の国際競技力向上を目的とした情報戦略活動の枠組み
に関する一考察．仙台大学大学院スポーツ科学研究科修士論文集，13：1-8．

一般財団法人日本クラブユースサッカー連盟（online）連盟概要．http://www.jcy.jp/?page_id=4,

（参照日2013年11月8日）.

伊東卓（2013）運動部活動の指導における体罰に関する報道事例の分析. 菅原哲郎・望月浩一郎編集代表, スポーツにおける真の勝利. エイデル研究所, pp. 30-40.

伊藤豊彦（2007）スポーツと動機づけ. 中込四郎ほか著, スポーツ心理学. 培風館, pp. 97-116.

嘉戸脩・永島惇正・川辺光・萩原美代子・加藤爽子（1984）直接的スポーツ関与の分析とその要因に関する研究. 体育社会学研究会編, スポーツ参与の社会学. 道和書院, pp. 25-56.

影山健・今村浩明・佐伯聰夫（1984）スポーツ参与の社会学について. 体育社会学研究会編, スポーツ参与の社会学. 道和書院, pp. 1-23.

金芳保之（2004）レジャーとスポーツ. 金芳保之・松本芳明編, 現代生活とスポーツ文化. 大修館書店, pp. 14-20.

金崎良三・多々納秀雄・徳永幹雄・橋本公雄（1981）スポーツ行動の予測因に関する研究(1)—社会学的要因について—. 九州大学健康科学, 3：55-69.

金崎良三・徳永幹雄・藤島和孝・岡部弘道・橋本公雄（1989）スポーツ行動の継続化とその要因に関する研究(1)—婦人テニス教室参加者の場合—. 九州大学健康科学, 11：71-85.

嘉納治五郎（1911）日本体育協会の創立とストックホルム大会予選会開催に関する趣意書. http://www.joc.or.jp/100th/contents.html,（参照日2013年11月8日）.

樫山祐子・柳沢和雄・東海林毅（2006）山鹿市ハンドボール協会の普及方策—小学校におけるハンドボール授業導入の試み—. 体育・スポーツ経営学研究, 20(1)：45-52.

加藤秀俊（1964）訳者あとがき. リースマン：加藤秀俊訳, 孤独な群衆. みすず書房, pp. 287-289.

ケニヨン・マクファーソン：山本教人・中塚義実訳（1988）身体活動やスポーツにかかわり合うようになること—社会化の過程—. ケニヨン・マクファーソン：粂野豊編訳, スポーツと文化・社会. ベースボール・マガジン社, pp. 331-361.

菊幸一（1993）近代プロ・スポーツの歴史社会学—日本プロ野球の成立を中心に—. 不昧堂出版.

菊幸一（1994）女子大学生のスポーツ意識とスポーツ行動予測—大学体育の意義をめぐって—. 奈良女子大学文学部「研究年報」, 第38号別刷.

菊幸一（2006）スポーツ行政施策からスポーツプロモーション施策へ. 菊幸一ほか編, 現代スポーツのパースペクティブ. 大修館書店, pp. 96-112.

菊幸一（2013a）競技スポーツにおける Integrityとは何か—八百長, 無気力試合とフェアネス—. 日本スポーツ法学会年報, 20：6-40.

菊幸一（2013b）スポーツにおける「新しい公共」の原点と可能性. 日本スポーツ社会学会編, 21世紀のスポーツ社会学. 創文企画, pp. 103-123.

金恵子（1997）スポーツ組織に関する先行研究の検討. 日本体育学会大会号, 48：176.

小林幸一郎（1988）まえがき. 青井和夫監修, 小林幸一郎・梅澤正編, 組織社会学. サイエンス社, pp. i-iii.

小林多寿子（2000）二人のオーサー. 好井裕明・桜井厚編, フィールドワークの経験. せりか書房, pp. 101-114.

小椋博・森川貞夫・枝村亮一（1984）スポーツに対する態度, 特に勝利志向の分析—「スポーツへの社会化」に関する国際調査から—. 体育社会学研究会編, スポーツ参与の社会学. 道和書院, pp. 57-68.

コリンズ：井上俊・磯部卓三訳（2013）脱常識の社会学（第二版）—社会の読み方入門. 岩波書店.

越川茂樹 (2002) ドイツにおける教科スポーツの存在根拠に関する研究―その変遷にみられるゆらぎの契機に着目して―. 上智大学体育, 35：17-31.

古城利明・杉森創吉 (1970) 解説. ガース・ミルズ：古城利明・杉森創吉訳, 性格と社会構造. 青木書店, pp. 485-510.

公益財団法人日本中学校体育連盟 (online) 学校数・加盟校数 (男子) 平成24年度加盟校調査集計. http://www18.ocn.ne.jp/~njpa/pdf/kamei/h24kameikou_m.pdf, (参照日2013年11月8日).

公益財団法人全国高等学校体育連盟 (online) 平成24年度 (公財) 全国高等学校体育連盟加盟状況【全日制＋定通制】. http://www.zen-koutairen.com/pdf/reg-24nen.pdf, (参照日2013年5月12日).

久木留毅 (2011) 競技団体の情報戦略活動. 月刊トレーニング・ジャーナル, 33(5)：62-66.

粂野豊 (1984) 第2章スポーツの社会的構造と機能. 菅原禮編著, スポーツ社会学の基礎理論. 不昧堂出版, pp. 37-66.

粂野豊・池田勝・山口泰雄 (1979) パス解析によるスポーツ参与の分析. 筑波大学体育紀要, 2：23-30.

蔵本健太・菊池秀夫 (2006) 大学生の組織スポーツへの参加動機に関する研究―体育会運動部とスポーツサークル活動参加者の比較―. 中京大学体育学論叢, 47(1)：37-48.

黒須充 (1988) クラブスポーツと学校運動部の可能性―選手づくりの長所と短所―. 三好喬ほか編, スポーツ集団と選手づくりの社会学. 道和書院, 67-84.

黒須充 (2014) 序章ドイツにおける地域スポーツ政策とスポーツクラブに関する基礎知識. プロイアー, K.・黒須充編著, ドイツに学ぶ地方自治体のスポーツ政策とクラブ. 創文企画, pp. 9-32.

黒須充・梅野孝・山田幸雄 (1987) 民間テニスクラブにおけるジュニア育成に関する研究―クラブ育ちと運動部育ちの社会化過程の比較を中心に―. 日本体育学会大会号, 38A：126.

日下裕弘 (1985) わが国におけるスポーツ組織の形成過程に関する研究(Ⅰ). 仙台大学紀要, 17：29-43.

日下裕弘 (1988) わが国におけるスポーツ組織の形成過程に関する研究(Ⅱ). 仙台大学紀要, 20：1-17.

日下裕弘 (1996) 日本スポーツ文化の源流. 不昧堂出版.

松田薫二 (2009) JFA news が創刊300号を迎える. 松田薫二・JFA news 編集グループ編, JFA news, No. 300：6-7.

松田泰定・東川安雄・荒井貞光 (1979) スポーツ行動に関する実証的研究(3)―スポーツ種目選択行動について―. 体育学研究, 24：1-11.

松橋崇史・金子郁容 (2007) スポーツ組織マネジメントにおける地域コミュニティ戦略― J クラブの事例研究―. スポーツ産業学研究, 17(2)：39-55.

松村和則 (1999) スポーツと開発・環境問題. 井上俊・亀山佳明編著, スポーツ文化を学ぶ人のために. 世界思想社, pp. 266-282.

松島佳子 (2010) 中央競技団体における食育の取り組み― JOC エリートアカデミーの実際 (特集 未来のアスリートを育成する "スポーツ食育" の推進). トレーニング科学, 22(2)：99-105.

松崎康弘 (2014) JFA エンジョイフットサル総合サイト「j-futsal」が4月1日よりオープン. 西澤和剛・JFA news 編集部編, JFA news, No. 360：17.

ミルズ：鈴木広訳 (1965) 社会学的想像力. 紀伊國屋書店.

ミルズ：田中義久訳 (1971) 状況化された行為と動機の語彙. I.L. ホロビッツ編：青井和夫・本間

康平監訳，権力・政治・民衆．みすず書房，pp. 344-355.

宮内孝知（1988）日本的スポーツ組織の歴史・社会的性格．森川貞夫・佐伯聰夫編，スポーツ社会学講義．大修館書店，pp. 80-89.

水上博司（2009）1964年東京オリンピック出場アスリートのライフヒストリーからみた就労体験．スポーツ社会学研究，17(2)：49-64.

水野英莉（2012）性差とジェンダー．井上俊・菊幸一編著，よくわかるスポーツ文化論．ミネルヴァ書房，pp. 50-51.

文部科学省（2010）スポーツ立国戦略．http://www.mext.go.jp/component/a_menu/sports/detail/__icsFiles/afieldfile/2010/09/16/1297203_02.pdf，（参照日 2013年11月8日）.

文部科学省（2012a）スポーツ基本計画．http://www.mext.go.jp/component/a_menu/sports/detail/__icsFiles/afieldfile/2012/04/02/1319359_3_1.pdf，（参照日 2013年 11月 8日）.

文部科学省（2012b）スポーツ予算関係資料．ロンドンオリンピックにおける選手育成・強化・支援等に関する検証チーム（第2回）配布資料（資料2）．http://www.mext.go.jp/ b_menu/shingi/chousa/sports/016/shiryo/__icsFiles/afieldfile/2012/10/19/1327015_1.pd f，（参照日2013年11月8日）.

文部省（2000）スポーツ振興基本計画．http://www.mext.go.jp/a_menu/sports/plan/ 06031014.htm，（参照日2013年11月8日）.

森喜朗（2011）スポーツ宣言日本―二十一世紀におけるスポーツの使命―．http://www. japan-sports. or.jp/portals/0/data0/uploadFiles/20110804142538_1.pdf，（参照日2013年11月8日）.

長沼健（1978）新時代に即した組織の確立を！―年齢別種別制度，後援会も発足―．鈴木武士編，サッカー JFA NEWS，第1号：2-17.

内閣府（2009）体力・スポーツに関する世論調査（図6）．http://www8.cao.go.jp/survey/h21/h21-tairyoku/images/z06.gif，（参照日2012年6月14日）.

中江桂子（2012）狩りのスポーツ．井上俊・菊幸一編著，よくわかるスポーツ文化論．ミネルヴァ書房，pp. 70-71.

中込四郎（2007）スポーツ心理学とは．中込四郎ほか著，スポーツ心理学．培風館，pp. 1-12.

中西純司（2007）民間スポーツ・フィットネスクラブにおけるヒューマン・サービス組織特性に関する実証的研究．体育学研究，42：273-287.

中野卓（1995）歴史的現実の再構成 個人史と社会史．中野卓・桜井厚編，ライフヒストリーの社会学．弘文堂，pp. 191-218.

中野卓・桜井厚（1995）まえがき．中野卓・桜井厚編，ライフヒストリーの社会学．弘文堂，pp. 7-12.

中塚義実（2013）学校体育の指導現場からみえるもの―体罰の背景と部活動改革の試み―．平成25年度日本体育学会第64回大会体育社会学専門領域シンポジウム資料.

中山正吉（1985）スポーツの構造―その制度的側面―．島根大学教育学部紀要（人文・社会科学），19：1-13.

奈良光晴（2009）我が国の中央競技団体における収支構造について（各中央競技団体の収支報告書の考察から）．武蔵大学人文学会雑誌，40(3)：45-66.

日本サッカー協会（online1）公益財団法人日本サッカー協会組織図．http://www.jfa.or.jp/jfa/organization/outline2.html，（参照日 2013年 1月 30日）.

日本サッカー協会（online2）Jリーグ百年構想．http://www.j-league.or.jp/100year/about/，（参照日

2013年12月14日）．

日本サッカー協会（online3）JFA2005年宣言．http://www.jfa.or.jp/dream/，（参照日2013年12月14日）．

日本サッカー協会（online4）社会貢献活動．http://www.jfa.or.jp/jfa/social_contribution/index.html#m04，（参照日2013年12月14日）．

日本サッカー協会（online5）公益財団法人日本サッカー協会定款．http://www.jfa.or.jp/jfa/rules/download/17.pdf，（参照日2012年6月14日）．

日本サッカー協会（online6）チーム登録数【2012年度】．データボックス．http://www.jfa.or.jp/jfa/databox/team/index.html，（参照日2013年11月8日）．

日本サッカー協会（online7）指導者登録数【2012年度】．データボックス．http://www.jfa.or.jp/jfa/databox/coach/index.html，（参照日2013年11月8日）．

日本サッカー協会（online8）公認指導者登録制度. JFA公認指導者ライセンス. http://www.jfa.or.jp/coach_referee/coach/registration.html，（参照日2013年5月12日）．

日本商工会議所（2007）日本初の本格的なソシオ制で市民を巻き込む HC 日光アイスバックス．月刊石垣，27：20-22．

生沼芳弘（1988）スポーツの社会システム．森川貞夫・佐伯聰夫編，スポーツ社会学講義．大修館書店，pp. 32-43．

岡部慶三・藤永保（1959）訳者はしがき．ホワイト：岡部慶三・藤永保共訳，組織のなかの人間―オーガニゼーション・マン―上．東京創元社，pp. 3-7．

岡田猛・山本教人（1983）スポーツと社会化論についての一考察―Social Agentと Socializeeの相互作用の観点から―．体育・スポーツ社会学研究，3：79-95．

奥村隆（2014）「スポーツする身体」と「教える／学ぶ身体」の交わるところ―学校運動部における「体罰」をめぐって―．スポーツ社会学研究，22(1)：35-50．

大野貴司（2004）日本プロスポーツビジネスの経営戦略―ステイクホルダーとの関係性の視点から―．横浜国際社会科学研究，9(3)：63-79．

大野貴司（2007）ファン・コミュニティ―性格と機能―．体育・スポーツ経営学研究，21：47-55．

リースマン：加藤秀俊訳（1964）孤独な群衆．みすず書房．

リーヴァー：亀山佳明・西山けい子訳（1996）サッカー狂の社会学．世界思想社．

ロイ・インガム：山本教人訳（1988）子どもと青少年の心理―社会学的発達におけるプレイ，ゲーム，スポーツ．ロイ・インガム：粂野豊編訳，スポーツと文化・社会．ベースボール・マガジン社，pp. 284-330．

佐伯聰夫（1987）スポーツ組織．日本体育協会監修，岸野雄三ほか編，最新スポーツ大辞典．大修館書店，pp. 608-613．

佐伯年詩雄（2004）現代企業スポーツ論～ヨーロッパ企業のスポーツ支援調査に基づく経営戦略資源としての活用～．不昧堂出版．

佐伯年詩雄（2005）スポーツの概念と歴史．公益財団法人日本体育協会編，公認スポーツ指導者養成テキスト共通科目Ⅰ．公益財団法人日本体育協会，pp. 32-39．

佐伯年詩雄（2006）現代スポーツへの眼差し．菊幸一ほか編，現代スポーツのパースペクティブ．大修館書店，pp. 11-21．

佐伯年詩雄・仲澤眞（2005）社会の中のスポーツ．公益財団法人日本体育協会編，公認スポーツ指導者養成テキスト共通科目Ⅱ．公益財団法人日本体育協会，pp. 14-20．

坂口俊哉・菊池秀夫（1998）商業スポーツクラブにおける顧客満足と関与に関する研究：サービス評価と利用行動特性に着目して．中京大学体育学論叢，39（2）：79-87．

桜井厚（2002）インタビューの社会学―ライフストーリーの聞き方．せりか書房．

産経新聞（2010）草の根から代表まで…豊富な資金多岐に活動．9月22日朝刊 12版-6面．

笹川スポーツ財団（2011）スポーツ白書―スポーツが目指すべき未来―．笹川スポーツ財団．

佐藤健二（1995）ライフヒストリー研究の位相．中野卓・桜井厚編，ライフヒストリーの社会学．弘文堂，pp. 13-41．

佐藤勉（1993）制度．森岡清美ほか編，新社会学辞典，有斐閣，p. 863．

佐藤嘉倫（1996）＜書評論文＞盛山和夫著『制度論の構図』．社会学評論，46：459-465．

澤井和彦（2007）スポーツ競技団体の雇用に関する調査研究．情報と社会，17：127-136．

澤井和彦（2010）成人のサッカー実施率は増えている？．http://xxx-phere.cocolog-nifty.com/beobachtungen/2010/08/post-de3a.html，（参照日2012年6月14日）．

盛山和夫（1995）制度論の構図．創文社．

清水紀宏（2002）体育・スポーツ経営とは．八代勉・中村平編著，体育・スポーツ経営学講義，大修館書店，pp. 16-39．

清水紀宏（2009）スポーツ組織現象の新たな分析視座―スポーツ経営研究における「応用」―．日本体育学会体育経営管理専門分科会 体育経営管理論集，1：1-7．

新村出編（2008）広辞苑（第六版）．岩波書店．

塩原勉（1980）社会学における組織研究―動向と課題―．年報人間科学，1：9-16．

菅原禮（1980）第Ⅰ章スポーツとスポーツ・ルール．菅原禮編，スポーツ規範の社会学．不昧堂出版，pp. 9-73．

杉浦善次郎（2006）スポーツの組織とその論理．菊幸一ほか編，現代スポーツのパースペクティブ．大修館書店，pp. 138-153．

鈴木守（2006）NFの組織化の現状と課題．佐伯年詩雄監修，菊幸一・仲澤眞編，スポーツプロモーション論．明和出版，pp. 100-114．

鈴木武士（1978）編集後記．鈴木武士編，サッカー JFA NEWS，第1号：64．

田原陽介（2010）中央競技団体構成員のスポーツ経験が組織の意思決定に及ぼす影響について～個人特性に焦点をあてて～．日本・体育スポーツ経営学会第37回大会研究抄録集，23-24．

田原陽介（2012）中央競技団体における競技力向上システムの更新に関する事例研究：競技者育成プログラム策定過程を中心に．環太平洋大学研究紀要，6：191-197．

高瀬武典（1991）組織と集団．今田高俊・友枝敏雄編，社会学の基礎．有斐閣，pp. 97-120．

武隈晃（1995）スポーツ組織研究の動向と展望―組織論的研究を中心に―．鹿児島大学教育学部研究紀要人文・社会科学編，46：65-75．

多木浩二（1992）スポーツという症候群．多木浩二・内田隆三編，零の修辞学．リブロポート，pp. 352-399．

種村紀代子・黒田公子・山根尚美・丹羽劭昭（1979）ミニバスケットボール教室参加者のパーソナリティ（5）―Y‐G性格特性群についての追跡的検討―．日本体育学会大会号，30：152．

種村紀代子・黒田公子・山根尚美・牛窪洋子・丹羽劭昭（1976）ミニ・バスケットボール教室参加者のパーソナリティ―集団成員間の人間関係とパーソナリティとの関係―．日本体育学会大会号，27：127．

種村紀代子・丹羽劭昭（1980）スポーツ教室参加児童のパーソナリティの検討．体育学研究，25（1）：1-11.

種村紀代子・山根尚美・黒田公子・丹羽劭昭（1980）ミニバスケットボール教室参加者のパーソナリティ(6)―3年間の教室継続参加児童を中心に―．日本体育学会大会号，31：207.

種村紀代子・山根尚美・黒田公子・牛窪洋子・丹羽劭昭（1977）ミニ・バスケットボール教室参加者のパーソナリティ(2)―ソシオメトリー構造や成員の地位のパーソナリティの追跡的検討―．日本体育学会大会号，28：153.

種村紀代子・山根尚美・黒田公子・牛窪洋子・丹羽劭昭（1978）ミニバスケットボール教室参加者のパーソナリティ(4)―ソシオメトリーによる社会的地位やY‐G性格特性の比較を中心に―．日本体育学会大会号，29：148.

谷富夫（2008a）はしがき．谷富夫編，新版ライフヒストリーを学ぶ人のために．世界思想社，pp. i-vi.

谷富夫（2008b）ライフヒストリーで社会を読み解く．谷富夫編，新版ライフヒストリーを学ぶ人のために．世界思想社，pp. 1-38.

田嶋幸三（2012）JFA TODAY．公益財団法人日本サッカー協会ホームページ，http://www. jfa.or. jp/jfa/jfatoday/2013/01/119.html，（参照日2013年5月11日）.

多々納秀雄・小谷寛二・菊幸一（1988）「制度としてのスポーツ」論の再検討．体育学研究，33(1)：1-13.

多々納秀雄・厨義弘（1980a）スポーツ参加の多変量解析（Ⅰ）―数量化理論第Ⅱ類による要因分析―．九州大学健康科学，2：103-118.

多々納秀雄・厨義弘（1980b）スポーツ参加の多変量解析（Ⅱ）―数量化理論第Ⅲ類によるパターン分析―．九州大学健康科学，2：119-140.

徳田仁（2004）草の根スポーツのビジネス化―株式会社の試みから．鈴木崇正編，サロン2002公開シンポジウム報告書2004年度版．サロン 2002理事長中塚義実，pp. 22-32.

徳永幹雄・橋本公雄・金崎良三・多々納秀雄（1981）スポーツ行動の予測因に関する研究(2)―心理的・身体的要因について―．九州大学健康科学，3：71-85.

徳永幹雄・金崎良三・多々納秀雄・橋本公雄（1985）スポーツ行動の予測と診断．不昧堂出版．

徳永幹雄・金崎良三・多々納秀雄・橋本公雄・菊幸一（1989）スポーツ行動の継続化とその要因に関する研究(2)―大学生の場合―．九州大学健康科学，11：87-98.

東京大学大学院人文社会系研究科グローバルCOEプログラム「死生学の展開と組織化」（2009）シンポジウム報告論集―軸の時代Ⅰ／軸の時代Ⅱ―いかに未来を構想しうるか？．東京大学大学院人文社会系研究科．

富岡信夫（1999）日本サッカー協会・機関誌 JFA news 創刊20周年．機関誌「JFA news」編集部編，JFA news，No. 176：34-36.

内田治（2007）すぐわかる SPSS によるアンケートの調査・集計・解析（第3版）．東京図書．

宇土正彦（1991）「スポーツ・プロデュース」の概念化と課題に関する研究．日本体育学会大会号，42A：454.

宇土正彦（1992）「スポーツプロデュース」の課題に関する研究．日本体育学会大会号，43A：449.

宇土正彦（1993）「スポーツプロデュース」の課題に関する研究（その2）．日本体育学会大会号，44A：443.

文　　献　225

上杉正幸（1984）スポーツ価値意識論の方向性．体育社会学研究会編，スポーツ参与の社会学．道和書院，pp. 193-211.

梅澤正（1988）現代社会の組織現象．青井和夫監修，小林幸一郎・梅澤正編，組織社会学．サイエンス社，pp. 1-45.

牛窪洋子・種村紀代子・黒田公子・山根尚美・丹羽劭昭（1977）ミニ・バスケットボール教室参加者のパーソナリティ（3）―遊びの傾向とパーソナリティの追跡的検討―．日本体育学会大会号，28：154.

牛窪洋子・種村紀代子・黒田公子・山根尚美・丹羽劭昭（1978）児童の遊びとパーソナリティ―遊びに関する諸条件とY‐G性格特性との関係から―．日本体育学会大会号，29：149.

渡邉勝裕・永田秀隆（2009）中央競技団体の組織間関係に関する研究―統括組織としての日本ボート協会を事例として―．仙台大学大学院スポーツ科学研究科修士論文集，10：37-44.

渡辺深（2007）組織社会学．ミネルヴァ書房．

渡正（2010）スポーツにおける二つの社会性―制度・相互行為．徳山大学論叢，70：99-123.

山口泰雄（1988）日本人のスポーツ観．森川貞夫・佐伯聰夫編，スポーツ社会学講義．大修館書店，pp. 56-67.

山口泰雄・池田勝（1987）スポーツの社会化．体育の科学，37：142-148.

山本清洋（1987）子どもスポーツに関する社会化研究の現状と課題．体育・スポーツ社会学研究，6：27-49.

山本教人（1990）大学運動部への参加動機に関する正選手と補欠選手の比較．体育学研究35：109-119.

山本教人・多々納秀雄・吉田毅・三本松正敏・松尾哲也（1999a）高校一流サッカー選手のキャリア形成過程とキャリア志向．九州大学健康科学，21：29-39.

山本教人・吉田毅・多々納秀雄（1999b）スポーツ選手のリタイアメントに関する社会学的研究―調査結果の検討―．九州大学健康科学，21：77-91.

柳沢和雄（2012）「見て見ぬふり」の怖さ―雑感：スポーツ基本計画からみた構造問題―．日本体育・スポーツ経営学会会報，61：2-5.

八代勉（2002）現代スポーツと体育・スポーツ経営学．八代勉・中村平編著，体育・スポーツ経営学講義，大修館書店，pp. 2-15.

吉田幸司（2008a）トップアスリートのセカンドキャリア．トップアスリート・セカンドキャリア支援プロジェクト編，トップアスリートのセカンドキャリア支援教育のためのカリキュラム開発（3）平成19年度報告書～日本型支援モデルの提案～．トップアスリート・セカンドキャリア支援プロジェクト，p. 8.

吉田幸司（2008b）3 基礎研究の総括．セカンドキャリア問題を捉える視角．トップアスリート・セカンドキャリア支援プロジェクト編，トップアスリートのセカンドキャリア支援教育のためのカリキュラム開発（3）平成19年度報告書～日本型支援モデルの提案～．トップアスリート・セカンドキャリア支援プロジェクト，pp. 19-33.

吉田毅（1990）スポーツの社会化における「主体的―受身的論争」の検討―主体的自我論を基底として．体育・スポーツ社会学研究，9：103-122.

吉田毅（1992）スポーツ社会学における社会化論への一視角：主体性をめぐって．体育学研究，37：255-267.

吉田毅（1996）地域スポーツクラブの質的課題再考―福岡市のスポーツクラブ調査から―．九州健康科学，18：65-75.

吉田毅（2001）競技者の困難克服の道筋に関する社会学的考察：主体的社会化論を手がかりに．体育学研究，46：241-255.

吉田毅（2006）競技者の転身による困難克服の道筋に関する社会学的考察：元アメリカ杯挑戦艇クルーを事例として．体育学研究，51：125-138.

吉田毅（2010）金メダル獲得をめぐる競技者のキャリア形成プロセス―ノルディック複合金メダリストのライフヒストリー―．スポーツ社会学研究，18(1)：43-58.

吉田毅・松尾哲也（1992）スポーツ選手のバーンアウトに関する社会学的研究―社会学的概念規定への試み―．体育の科学，42：640-643.

吉田毅・松尾哲也・山本教人・谷口勇一（1998）スポーツ選手のスポーツキャリア形成過程をめぐる日本的特徴―第18回ユニバーシアード競技大会参加選手の国際比較調査から―．九州大学健康科学，20：63-76.

吉田毅・山本教人・多々納秀雄（1999）スポーツ選手のリタイアメントに関する社会学的研究―先行研究の動向―．健康科学，21：69-75.

あ　と　が　き

　本書のもとになった博士学位論文「日本サッカー協会が生成する制度的構造に関する研究―スポーツ組織とスポーツ行為者との関係に着目して―」を執筆してから現在まで，本書の内容を深化させた論考や，本書で示した分析枠組みを用いた海外事例の解釈を以下の論文で示しているので，参照していただければ幸甚である。
・主体的なスポーツ組織論の理論構成とその意義―行為者の主体性との関連から―．スポーツ社会学研究，第26巻第 1 号，43-58，2018年．
・スポーツ組織における自立概念の検討からみえる日本サッカー協会の課題．山梨体育・スポーツ科学研究，第 7 号，1-12，2019年．
・ドイツのサッカーを事例としたスポーツ組織と行為者の社会的性格との構造的関係．山梨学院大学スポーツ科学研究，第 1 号，19-32，2018年．
・ブラジルのサッカーを事例としたスポーツ組織と行為者の社会的性格との構造的関係．山梨学院大学スポーツ科学研究，第 2 号，1-9，2019年．

　また，本書の一部のもとになった筆者の論文の初出一覧は以下のとおりである。
・サッカーの愛好者と競技者の特性比較からみたサッカー市場の拡大に関する考察―スポーツ行動の予測モデルを用いて―．スポーツ産業学研究，第20巻第 1 号，29-41，2010年（平成22年度日本スポーツ産業学会学会賞受賞論文）．
・スポーツ実施者からみた新たなスポーツ組織論とその分析視座．体育学研究，第57巻第 1 号，83-101，2012年（第27回筑波大学河本体育科学研究奨励賞受賞論文）．
・日本サッカー協会によって形成されてきた制度に関する一考察：機関誌分析から．体育・スポーツ経営学研究，第27巻第 1 号，87-116，2014年．
・スポーツ行為者及びスポーツ組織の構造的連関に関する研究：日本サッカーを中心として．筑波大学体育系紀要，第37巻，149-153，2014年．

　本書の刊行に至るまで多くの方々のご指導とご協力をいただいた。特に菊幸一先生には，2007年の大学院（修士課程）入学以来，現在においても終始ご指導を賜っ

ている。先生には研究指導だけではなく，スポーツ研究の面白さを教えていただく
とともに，研究途中で乗り越えなければならない多くのハードルを前に挫折しそう
になる著者を励まし勇気づけていただいた。さらに，博士後期課程単位取得退学後
には，研究者の道に導いていただいた。このように，菊幸一先生は，著者にとって
は研究の指導教員を越えて，かけがえのない恩師であり，ここにこれまでのご恩に
深く感謝するとともに，心から御礼を申し上げたい。

　また，学位取得に至るまで様々な視点から貴重なご教示を賜り，研究討論等にお
いて大変お世話になった清水諭先生，清水紀宏先生，本書の研究対象であるスポー
ツ組織の最前線でご活躍されている現場からの視点で数々のご指摘をいただいた尾
縣貢先生，その後の研究への大きな励みとなった初めての論文投稿にあたって多く
のご指導をいただいた髙橋義雄先生，その他関係してくださった諸先生方，博士学
位論文完成までに多くの示唆やご協力をいただいた筑波大学スポーツ社会学研究室
及び菊幸一先生ゼミの先輩・後輩諸氏に，心から御礼を申し上げたい。

　さらに，研究調査の実施にあたって，秩父宮記念スポーツ博物館・図書館，日本
サッカー協会，株式会社セリエ等の関係各位ならびに調査対象者に多大なるご協力
をいただいた。これらの方々にも心から感謝を申し上げたい。なお，日本スポーツ
振興センターの方々には，在職中の大学院での研究活動に対して全面的なご支援を
賜った。ここに，あらためて感謝の意を表したい。

　そして，本書を刊行することに快く同意していただいた不昧堂出版の水谷安見氏
に心から感謝を申し上げたい。

　最後に，著者をいつも励まし，支えてくれた家族にも感謝したい。

　2019年 9 月

笠　野　英　弘

◆著者紹介

笠 野 英 弘（かさの ひでひろ）

1981年	神奈川県生まれ
2004年	筑波大学第三学群工学システム学類卒業
	卒業後，ドイツ・ザールランド州のサッカーアマチュアクラブに1年間留学
2005年	株式会社セリエ（サッカー・フットサル大会の企画・運営など）
2006年	独立行政法人日本スポーツ振興センター（サッカーくじtotoの業務など）
2009年	筑波大学社会人大学院修士課程体育研究科スポーツ健康システム・マネジメント専攻修了
2012年	筑波大学大学院博士後期課程人間総合科学研究科体育科学専攻　単位取得満期退学
2012年	筑波大学体育系特任助教
2015年	筑波大学大学院にて博士（体育科学）の学位取得
現　在	山梨学院大学スポーツ科学部准教授
	山梨学院大学サッカー部部長

著書

『子どもにサッカーの"本質"が伝わる本』（共著、東邦出版）

主な論文

「スポーツ実施者からみた新たなスポーツ組織論とその分析視座」
　　（体育学研究，第57巻第1号）

「主体的なスポーツ組織論の理論構成とその意義―行為者の主体性との関連から―」
　　（スポーツ社会学研究，第26巻第1号）

「ドイツのサッカーを事例としたスポーツ組織と行為者の社会的性格との構造的関係」
　　（山梨学院大学スポーツ科学研究，第1号）

「ブラジルのサッカーを事例としたスポーツ組織と行為者の社会的性格との構造的関係」
　　（山梨学院大学スポーツ科学研究，第2号）

「スポーツ組織における自立概念の検討からみえる日本サッカー協会の課題」
　　（山梨体育・スポーツ科学研究，第7号）

「日本サッカー協会によって形成されてきた制度に関する一考察：機関誌分析から」
　　（体育・スポーツ経営学研究，第27巻第1号）

「『新しい公共』形成からみた国内スポーツ組織の現状と課題」（共著：筆頭）
　　（体育・スポーツ経営学研究，第32巻）

スポーツ組織の社会学
― 日本サッカー協会の制度 ―

2019 年 10 月 7 日　初版発行　　定価（本体 3,300 円＋税）

著　者	笠野英弘
発行者	宮脇陽一郎
発行所	株式会社 不昧堂出版

〒 112-0012
東京都文京区大塚 2 丁目 14 番 9 号
電話 03-3946-2345　FAX03-3947-0110
Email:fumaido@tkd.att.ne.jp

印刷製本	株式会社 トープラ

Ⓒ 2019 Hidehiro Kasano.　　　ISBN978-4-8293-0514-0